Marianne Quoirin
Agentinnen aus Liebe

Marianne Quoirin

# Agentinnen aus Liebe

Warum Frauen für den Osten spionierten

Eichborn.

Für Peter

Die Namen vieler Agentinnen tauchen in den Schlagzeilen auf. Sie gelten als Personen der Zeitgeschichte, dennoch haben sie ein Recht auf Diskretion in ihrem neuen Leben. Aus diesem Grund erscheinen die meisten Nachnamen abgekürzt, nur wenige Frauen, deren Namen untrennbar mit der Geschichte der deutsch-deutschen Spionage-Szene verknüpft sind, werden mit Vor- und Zunamen genannt.

Die Deutsche Bibliothek – CIP-Einheitsaufnahme

**Quoirin, Marianne :**
Agentinnen aus Liebe : warum Frauen für den Osten spionierten / Marianne Quoirin. – Frankfurt am Main : Eichborn, 1999
ISBN 3-8218-0780-6

© Eichborn GmbH & Co. KG, Frankfurt am Main, August 1999
Umschlaggestaltung: Christina Hucke
Umschlagfoto: © photonica/Berno Hjalmrud
Lektorat: Palma Müller-Scherf
Satz: Fuldaer Verlagsanstalt GmbH, Fulda
Druck und Bindung: Wiener Verlag, Himberg
ISBN 3-8218-0780-6

Verlagsverzeichnis schickt gern:
Eichborn Verlag, Kaiserstraße 66, D-60329 Frankfurt am Main
www.eichborn.de

»so viel Lügen geliebt,
so viel Worten geglaubt,
die nur aus der Wölbung der Lippen kamen,
und dein eigenes Herz
so wandelbar, bodenlos und augenblicklich«

Gottfried Benn, 1951, aus dem Gedicht »Spät«

# Inhalt

Vorwort 9

**I. Der Romeo, der aus der Kälte kam**
Die Sekretärin aus dem Bilderbuch und der
»schöne Franz« 13

**II. Die Masche der Romeos**
Die Anmache 33
Das Vorspiel der Verstrickung 42
Die Offenbarung – und eine neue Lügengeschichte 51
Die Verpflichtung 57
Eine Sekretärin schöpft Verdacht 59
Zwischen Angst und Frust – der Alltag der Agentin 61

**III. Venus Z. oder was eine Frau zum Spionieren braucht**
Die Kamera im Lippenstift 76
Die Puderdose mit doppeltem Boden 79
Der rosa Kunstbusen der Rosalie K. 81

**IV. Wege der Kommunikation**
Zwei Kreuze an der Wand 85
Das doppelte Model am toten Briefkasten 86
Der Agententreff oder Liebe auf Raten 89
Eine verhängnisvolle Affäre 92

**V. Im Vorzimmer der Macht**
Die Jagd auf blonde Eminenzen 95

**VI. Abenteuerspielplatz Bonn**
Im Dunstkreis von Mottenpulver 102

|  |  |  |
|---|---|---|
|  | Raumstation Regierungsviertel | 105 |
|  | Der Reiz der Provinz | 109 |
|  | Die Einsamkeit der Sekretärin | 110 |
| VII. | **»Lieber Gott, laß Gerda anders werden ...«** | |
|  | Kindheit und Jugend von Agentinnen | 112 |
|  | Der Sprung über den eigenen Schatten | 122 |
|  | Die ewige Suche nach dem Vater | 125 |
| VIII. | **»Die erste Jugendblüte ist vorbei ...«** | |
|  | Frauen im dreißigsten Jahr | 129 |
|  | Die Ehe als Köder | 132 |
|  | Ein Mann nach Maß für »Gudrun« | 134 |
|  | »Im fortgeschrittenen Alter von 32 Jahren ...« | 137 |
| IX. | **»Da gab es nur noch den Ekel vor dem Verrat«** | |
|  | Das Ende des Doppelspiels | 140 |
|  | Der KGB-Offizier als Hausmann | 142 |
|  | »Ich war früher doch ganz anders« | 144 |
|  | Die tödliche Angst vor dem Wiedersehen | 146 |
| X. | **Schmierenstücke mit HVA-Komparsen** | |
|  | Ein falscher Priester läßt Gnade walten | 153 |
|  | Nur die Ringe der Braut waren echt | 161 |
|  | Ein Grabstein für fiktive Schwiegereltern | 167 |
|  | Kein Kind der Liebe | 172 |
| XI. | **Johanna Olbrich in der Maske der Sonja Lüneburg** | |
|  | Überzeugungstäterin in besonderem Auftrag | 182 |
| XII. | **Die Täter hinter den Tätern** | |
|  | Die Regisseure der Spionage und ihre Helfer | 194 |
|  | Streicheleinheiten für die Seele – die psychologische Kriegsführung | 203 |

Markus Wolf: Der Meisterspion und die
ledigen Fräuleins 211

## XIII. Blick zurück nicht nur im Zorn
Das neue Leben der Agentinnen 218
Die fortgesetzte Verdrängung 221
Sehnsucht nach einem Schlußstrich 223
Ein Neubeginn mit 53 Jahren 227
Das befleckte Lämmchen 231

## XIV. Das kalte Herz
Romeos auf der Flucht vor ihrer Vergangenheit 236
Nach Bedarf Macho oder Kuschelbär 240
»Es war alles wahr und doch gelogen« 246
»Spionage macht müde und schlapp« 248

Glossar 251

Literaturverzeichnis 254

## Vorwort

Zwischen der Verhaftung von Margret H. im August 1985 und dem Prozeßauftakt 1987 im Saal A 01 des Oberlandesgerichts in Düsseldorf hatten sich Journalisten mit Mutmaßungen überschlagen. Abermals tat sich »ein Abgrund von Landesverrat« auf, andere zitierten aus »Liebesbriefen« des Romeo. »Ihre schönen Augen lachten nie«, lautete die Schlagzeile einer Boulevardzeitung, die vorgab, ihren Bericht auf Aussagen der besten Freundin über »die graue Maus« aus dem Bundespräsidialamt und deren Affäre mit dem fremden Beau vom sowjetischen Geheimdienst zu stützen.

Von wegen »graue Maus«. Margret H., damals 51 Jahre alt, eine aparte, vielseitig interessierte Frau, paßt in keines der üblichen Klischees von Bonner Sekretärinnen, die aus Liebe zu Verräterinnen wurden. Margret H. sucht selbstkritisch nach Antworten, warum sie das für sie selbst Unbegreifliche getan hat: sich einzulassen auf das verhängnisvolle Doppelspiel, bei dem es nur Verlierer gab.

Das Verfahren und spätere Gespräche zeigten, warum die im Prinzip simple, aber psychologisch und strategisch ausgeklügelte Methode der Romeos so gut funktionierte, warum sich Opfer zu Täterinnen entwickelten: Die Weichen für das Drama sind bereits in der Kindheit gestellt, die Parallelen zu den Biographien von Terroristinnen nicht zu übersehen.

Margret H. hat die Neugier auf die Hintergründe ihrer Geschichte geweckt – wie die auf die Erlebnisse anderer Frauen, deren Aussagen vor Gericht bei einer skeptischen Gerichtsberichterstatterin zunächst Zweifel hervorriefen. Zu unbegreiflich, zu mysteriös, zu romanhaft schienen diese vor Gericht zu entwirrenden Beziehungsgeflechte, denen auch etwas anrührend Altmodisches anhaftete. Das Motiv Liebe sollte ewig währen, selbst wenn eine neue intensive Partnerschaft dem

Verhältnis mit dem Romeo gefolgt war. Und schließlich gab es immer nur diese eine Person, die über die verhängnisvolle Affäre Auskunft gab.

In den Prozessen nach der Wende kam vieles ans Tageslicht. Auch die Methoden des DDR-Spionageapparats konnten trotz der Aktion Reißwolf in der Hauptverwaltung Aufklärung (HVA) weitgehend rekonstruiert werden. Im ersten Prozeß gegen Markus Wolf, Leiter der HVA bis 1986, sagten als Zeugen nicht nur Abteilungs- und Referatsleiter, Führungsoffiziere, Instrukteure und zwei erfolgreiche Romeos aus, sondern auch der Chefpsychologe der HVA, zuständig für die psychologische Strategie und Betreuung von DDR-Spionen und Agentinnen. Das Bild, zusammengesetzt aus den vielen Mosaiksteinen von etwa 40 Fällen, ist noch immer nicht komplett, aber längst nicht mehr diffus. Es wird weiterhin ergänzt durch Funde der Gauck-Behörde. Die Entschlüsselung der geheimen Datenbank der DDR-Auslandsspionage Ende 1998 bietet eine komplette Aufstellung über das, was welcher Spion und welche Agentin verraten haben – oft mehr, als er oder sie vor Gericht unter der Last der Beweise einräumen mußte. Für die strafrechtliche Aufarbeitung sind solche Quellen inzwischen ohne Belang, für die historische Betrachtung sind sie es nicht.

Die Bundesrepublik gehört zu den wenigen Ländern der westlichen Welt, in denen Presse und Publikum zu Spionageprozessen zugelassen sind und nur bei Verlesung der klassifizierten Dokumente und dem Vortrag des Gutachters ausgeschlossen werden. Die Öffentlichkeit erhält so einen Blick hinter die Kulissen eines zwielichtigen Gewerbes und braucht sich nicht auf die Lektüre von Thrillern zu beschränken. Öffentlichkeit trägt dazu bei, Mythen und Legenden zu entschleiern, auch jene, an denen Täter und Opfer aus unterschiedlichen Gründen selbst gestrickt haben. Dennoch gilt auch hier die Erfahrung, die sich in Bonn zu einem Bonmot verdichtet hat: Am ehesten bleibt geheim, was offen auf dem Tisch liegt.

Die Prozesse haben immer wieder offenbart, wie das Leben in einer zweiten Identität zu einer Deformation der menschlichen Psyche mit unterschiedlichen Ausprägungen führt. Die Nachrichtendienste schieben ihre Spione und Agenten wie Figuren auf dem Schachbrett hin und her, manipulieren sie so sehr, daß sich die Grenzen zwischen Täter und Opfer, Jäger und Gejagtem bald verwischen. Nach dem Ende des Kalten Krieges haben sich die Schauplätze und teilweise die Akteure verändert; der Untergang von HVA und KGB bedeutet aber nicht das Aus für die perfide Anbahnungsmethode auf höchst emotionaler Ebene. Sie funktioniert nicht nur beim Verrat klassifizierter Regierungsdokumente und von Staatsgeheimnissen, sondern ebenso in der Industriespionage.

Die Verfahren gegen die Opfer von Romeos aus dem Ostblock fanden bis auf Ausnahmen vor dem Oberlandesgericht Düsseldorf statt, da seit dem 8. September 1969 die erstinstanzliche Zuständigkeit für Staatsschutzstrafsachen auf jene Oberlandesgerichte übertragen ist, in deren Bezirk die Landesregierungen ihren Sitz haben. Vor dem OLG Düsseldorf, zuständig für Nordrhein-Westfalen und damit auch für den Tatort Bonn, endeten die Agenten-Karrieren von Kanzleramtsspion Günter Guillaume und dessen Frau Christel, des Top-Agenten bei der NATO, Rainer Rupp (»Topas«), der seine Frau Ann-Christine (»Türkis«) zum Spionieren für die HVA verführte. Fünf Berufsrichter und -richterinnen zogen auch den juristischen Schlußstrich unter die Tragödien von Verstrickung und Schuld der Sekretärinnen aus Bonner Ministerien und Parteizentralen. Dem Ehepaar Guillaume wurde 1975 mit dem Bau des abhörsicheren und fensterlosen Saal A 01 im Tiefgeschoß des wilhelminischen Prunkbaus in der Cecilienallee ein Denkmal gesetzt; die Sekretärinnen, denen seither in dem holzgetäfelten Saal wegen Landesverrats oder geheimdienstlicher Agententätigkeit der Prozeß gemacht wurde, haben das Ambiente des Bunkers vor allem als bedrückend empfunden. Atmosphäre, Verhandlungsstil und Ton waren aber auch in Zeiten des Kalten Krieges durchweg sachlich bis verbindlich, ganz im Gegensatz zu den Strafverfahren gegen Terroristen. Das Klima in den Prozessen erklärt ebenfalls, warum die meisten Agentinnen ausgepackt, die Verfahren mehr über die Realitäten und Absurditäten der deutsch-deutschen Spionagen enthüllt haben, als es später die Erinnerungen der Täter und Opfer vermochten.

Bisweilen haben die Prozesse auch das Geheimnis der Lust an Verborgenem und Verschlüsseltem durchscheinen lassen: die Verheißung von Abenteuer jenseits des Alltags in der Bonner Provinz. Das Doppelleben mit gefälschten Pässen, gestohlenen Identitäten und erfundenen Legenden, der berühmte Blick über die Schulter, die ewige Suche nach einer menschlichen Schwäche als möglicher Quelle für Informationen prägen das Bild der Nachrichtendienste auch heute noch. Überall lauert angeblich Geheimes, das der Enttarnung harrt. Die Spione Kim Philby und Graham Greene haben in ihren Memoiren verraten, was ein solches Leben früher bot: Fluchtwege aus der Realität, der Langeweile – und vor sich selbst. Für die Agentinnen aus Liebe aber endeten die Fluchtwege in einer Sackgasse. Die Wirklichkeit erwies sich bald als banal, brutal und bedrohlich für die eigene Existenz.

# I. Der Romeo, der aus der Kälte kam

## Die Sekretärin aus dem Bilderbuch und der »schöne Franz«

Seit Monaten lebt sie im Zwiespalt, von ihren Gefühlen hin- und hergerissen. Manchmal quält sie Angst vor einem Wiedersehen, manchmal sehnt sie es herbei, weil sie hofft, danach den Schlußstrich ziehen zu können und endlich ihren Seelenfrieden zu finden. Erneut plagen sie Zweifel, ob sie die Begegnung mit dem Mann, der ihr Leben so dramatisch verändert hat, verkraften wird. Lächelnd räumt sie ein, nach all den Jahren auf »Franz Becker« neugierig zu sein. Gleichzeitig fürchtet sie, das Treffen könnte Erfahrungen, die sie in den tiefsten Schichten der Erinnerung belassen möchte, in ihr Bewußtsein zurückbringen: all die Lügen, den 15 Jahre währenden Betrug, die Jahre im Gefängnis, das Ende ihres bürgerlichen Lebens, den Verrat an ihrer Seele. Aber andererseits sagen ihr die Zahlen, deren Mystik sie fasziniert, daß sein echtes und ihr Geburtsdatum auf Harmonie hindeuten.

In jenem fensterlosen Saal des Oberlandesgerichts Düsseldorf, in dem Margret H. vor elf Jahren ihr Leben, ihre facettenreiche Beziehung zu Franz Becker und ihre Schuld offenbarte, soll sie ihm nun wieder begegnen. Eine langjährige Freundin, Medizinerin in Bonn, will sie begleiten. Im Wechselbad der Empfindungen zeigt Margret H. erste Anzeichen von Anspannung und Streß. Als der Tag des Wiedersehens kurz bevorsteht, diagnostiziert ein Arzt die beginnenden Symptome einer Gürtelrose.

Margret H., 62 Jahre alt, ist im November 1998 als Zeugin im Prozeß gegen Franz Becker geladen, der die ehemalige Vorzimmerdame aus dem Bundespräsidialamt vor 30 Jahren zum Spionieren für den sowjetischen Geheimdienst KGB verführt hatte. 1987 war die Sekretärin wegen Landesverrats vom 4. Strafsenat des Oberlandesgerichts Düsseldorf zu acht Jahren Freiheitsstrafe verurteilt worden. Der Fall der Margret H. hatte am Ende des Kalten Krieges noch Schlagzeilen gemacht: Die Geschichte der Sekretärin mit der Bundesverdienstmedaille des Verdienstordens der Bundesrepublik Deutschland, mit dem Silbernen Kreuz des spanischen Ordens Isabel Católica, mit der Medaille Erster Klasse der finnischen Weißen Rose und dem kargen Lohn vom KGB bot abermals Einblicke in die Arbeitsmethoden östlicher Agenten, die seit den 50er Jahren in der Bundeshauptstadt Bonn Jagd auf Sekretärinnen machten.

Der 17 Tage dauernde Prozeß gegen die angebliche Top-Spionin Margret H. geriet zum Medienspektakel ohnegleichen. Die Boulevardzeitungen erzählten wieder mal die reißerische, aber falsche Story von der legendären Meisterspionin und Tänzerin Mata Hari und ihren deutschen Nachfolgerinnen, diesmal am Beispiel von Margret H: »Mata Hari: Ihre Töchter leben in Bonn«. Die meisten Tageszeitungen kamen in ihren Berichten und Kommentaren der Realität jedoch erheblich näher, auch wenn viele Aspekte damals im Halbdunkeln blieben. »Der Fall der Margret H. scheint wie kaum ein anderer geeignet, die seelischen Defekte und menschlichen Tragödien zu offenbaren, die sich mitunter hinter den Masken untadeliger Vorzimmerdamen verbergen, und die sie auf so erstaunliche Weise anfällig machen können für das Werben dieser Romeos«, schrieb Hans-Ulrich Jörges am 19. Juni 1987 in der »Süddeutschen Zeitung«.

Heute weiß keiner mehr, wer die psychologisch geschulten Verführer aus der Hauptverwaltung Aufklärung (HVA) des Ministeriums für Staatssicherheit (MfS) und der KGB-Dependance Karlshorst bei Ostberlin zuerst »Romeos« nannte, der Begriff hat sich jedenfalls eingeprägt wie ein Markenname. Nicht einmal Heinz Hülser, jahrzehntelang beim Bundesamt für Verfassungsschutz (BfV) mit dem Romeo-Phänomen befaßt, erinnert sich an die Paten des Romantik und Dramatik verheißenden Namens. Hinter Hülsers Schreibtisch prangt ein

Foto des schönsten Verführers aller Zeiten – ein schwarzer Kater, der Romeo heißt. Er posiert aber nicht als Lockvogel für das zweitälteste Gewerbe der Welt, sondern wirbt für Luxuskatzenfutter.

»Romeo ist eine irreführende Bezeichnung«, schreibt Dr. Klaus Wagner, der als Vorsitzender Richter am Oberlandesgericht Düsseldorf bis zu seiner Pensionierung im Jahre 1995 über 100 Agenten verurteilt hat. Unter ihnen mehr als ein Dutzend Opfer von Ostblock-Casanovas, auch Margret H.: »Romeo liebte, wie bei Shakespeare nachzulesen ist, seine Julia und ging wegen ihres Verlustes in den Tod. Die Sendboten der Geheimdienste gaukelten dagegen den umworbenen Frauen in den meisten Fällen wahre Liebe nur vor. Eine dauerhafte Bindung und ständiges Beisammensein scheiterte häufig schon an Sicherheitsbedenken.« Wagner charakterisiert die Masche der Romeos als eine »der wohl menschlich übelsten Methoden der HVA und des KGB«, weil diese Nachrichtendienste »die in ihrem Auftrag planmäßig erweckte Zuneigung und Liebe der Frauen zu den auf sie angesetzten Männern rücksichtslos ausnutzten und für sich ausbeuteten«.

Dem Romeo der Margret H. wirft im Spätherbst 1998 die Bundesanwaltschaft – analog zu den Taten seines Opfers – Landesverrat vor; es ist einer der seltenen Fälle, in dem einem der etwa 40 erfolgreichen Romeos der Prozeß gemacht wird. Insgesamt sollen Ende der 60er Jahre etwa 80 Agenten der HVA Versuche im Anbandeln mit Sekretärinnen und Sachbearbeiterinnen in der Bundesrepublik gestartet haben. Diese ungewöhnlich hohe Zahl hat der britische Fernsehsender Channel 4 in einer am 21. Juli 1997 ausgestrahlten Dokumentation »Spying for love« genannt. Auf Anfrage betont der Sender, daß er sich dabei auf eine Information des früheren HVA-Chefs Markus Wolf stützt. Sollte die Angabe zutreffen, sieht die Erfolgsbilanz der HVA in Sachen Romeo erheblich dürftiger aus, als Verfassungsschützer und Bundesanwaltschaft bisher angenommen haben. Nicht einmal jeder zweite Casanova aus Ostberlin wäre demnach bei seinem Liebeswerben ans Ziel gekommen. Wolf wußte, daß der in vielen Details bemerkenswerte Film niemals in Deutschland gezeigt werden darf; eine frühere Spionin hatte ihre Aussagebereitschaft davon abhängig gemacht.

Von vielen der selbst in die Erfolgsstatistik eingegangenen Romeos konnte bis heute die wahre Identität nicht geklärt werden. In einer Reihe von Fällen waren die Straftaten bereits verjährt, bevor sie namhaft gemacht wurden, in anderen Fällen sind die Ermittlungen aus diversen Gründen eingestellt worden. Das Verfahren gegen Franz Becker vor dem 7. Strafsenat des Oberlandesgerichts Düsseldorf, zunächst auf mindestens zehn Tage terminiert, findet mangels Interesse quasi unter Ausschluß der Öffentlichkeit statt und endet überraschend schon am zweiten Verhandlungstag. Die Probleme mit dem hochbetagten Gutachter, der bereits im Verfahren gegen Margret H. die Qualität der von ihr verratenen Dokumente bewertet hatte, führen zu einem Deal zwischen allen Prozeßbeteiligten im neunten Jahr nach der Wende: zwei Jahre Haft auf Bewährung, 80 000 Mark Geldstrafe. Den Zeugen, auch Frau H., bleibt ein Auftritt vor Gericht erspart. Sie scheint erleichtert, an den Folgen der schmerzhaften Gürtelrose wird sie allerdings noch Monate leiden.

\*

Szenenwechsel. Eine große Anwaltskanzlei an der Budapester Straße in Berlin, Ende Januar 1999. Der Mann, der sich Franz Becker nannte, sitzt in einem Konferenzraum, vor sich einen Stapel sorgfältig sortierter Papiere. Wer sich an die Bilder erinnert, die nach der Festnahme von Margret H. im August 1985 in den Nachrichtensendungen ausgestrahlt und in fast allen Tageszeitungen abgedruckt wurden, erkennt ihn auf Anhieb wieder – trotz der Fülle, die von den Medikamenten zur Behandlung einer schweren Herzerkrankung herrührt.

Aktennotizen, handschriftliche Aufzeichnungen und Zeitungsausschnitte in Reichweite bekundet er nun Bereitschaft, die Geschichte eines deutsch-deutschen Dramas aus seiner Perspektive zu schildern. Die einzige Bedingung: keinen Hinweis auf seinen Namen, nicht einmal eine Abkürzung und keine Andeutung bezüglich seines anspruchsvollen Arbeitsplatzes. Der Mann, der nur als Franz Becker zitiert werden will, läßt sich das schon von seinem Anwalt schriftlich gegebene Versprechen der Diskretion noch einmal mit einem Handschlag besiegeln. Er, der das Doppelspiel nahezu perfekt beherrschte, kann die Angst nicht verbergen, mit 57 Jahren seinen Job zu verlieren. Es ist der erste seines Lebens ohne Legende, ohne Deckadresse, ohne eine Fluchtburg im Schattenreich des KGB, dennoch bedroht von den Hinterlassenschaften der Vergangenheit. Franz Becker, einer der erfolgreichsten Romeos, bemitleidet vor allem sich selbst.

Vor Gericht, nachdem er nervös und den Tränen nahe eine persönliche, gleichwohl sehr allgemein gehaltene Erklärung verlesen hatte, zeigte die Vorsitzende Richterin des 7. Strafsenats am Oberlandesgericht Düsseldorf, Claudia Neuhaus, Erbarmen mit dem Romeo. Sie brach die Sitzung ab, damit er sich fangen konnte, bevor er sich der Befragung des Gerichts stellte. Keine Frage: Franz Becker sieht sich nicht nur als Täter, sondern ebenso als ein Opfer der Ereignisse und Zeitläufte – und es fällt nicht leicht, ihm zu widersprechen. Er fürchtet neben dem Verlust des Arbeitsplatzes eine neue Krise seiner Ehe, die schon zweimal in einer Tragödie zu enden drohte. Angeblich fühlt er sich auch vor seinen alten Auftraggebern nicht sicher. »Der KGB ist nicht tot«, sagt Franz Becker, »er hat nur einen neuen Namen und ein neues Gesicht.«

Die Geschichte von Margret H., scheinbar das Musterbild einer tüchtigen deutschen Sekretärin, und von Franz Becker, dem Studenten der Pädagogik und KGB-Agentenführer, steckt voller Dramatik und menschlicher Tragik, voller Rätsel und Widersprüche. Sie erzählen zu wollen, bleibt ein Annäherungsversuch an die Wahrheit, die unter den diffusen Schichten von Erinnerungen begraben liegt, der Selbsttäuschung und den oft unbewußten Versuchen ausgeliefert, beim Blick zurück begangene Fehler korrigieren und das Geschehene mit dem eigenen Part in Einklang bringen zu wollen – und zwar mit einer Rolle, mit der man leben und vor sich selbst bestehen kann.

Das Drama von Margret und Franz beginnt am 2. Mai 1968 an einer Telefonzelle in der Römerstraße gegenüber der Pädagogischen Hochschule im Bonner Norden. Margret H., 32, wohnt um die Ecke im Sigambrerweg und will an diesem Tag ihre Eltern in Löhne anrufen. Sie hat bislang keine Verbindung bekommen und geht deshalb vor der Fernsprechzelle ungeduldig auf und ab, als sie von Franz Becker plötzlich angesprochen wird. Er bewohnt ein möbliertes Zimmer gegenüber und erzählt ihr, er habe durchs offene Fenster das Klappern ihrer Absätze gehört und sei davon neugierig geworden. Er stellt sich vor, und nach einem kleinen Wortgeplänkel gehen sie zusammen am Rhein spazieren. Einige Wochen später ist das Verhältnis intim, und Franz Becker, den angeblich jüngere Frauen nicht interessieren, nennt Margret H. »meine kleine Kräuterhexe«.

Welch ein ungleiches Paar: sie, ausnehmend hübsch, aber furchtbar schüchtern, errötet manchmal wie ein kleines Mädchen. Sie will nicht auffallen, trägt sehr dezente Kleidung und die Haare bieder hochgesteckt. Und er? Nicht nur Margret H. beschreibt ihn als gutaussehend, höflich, sympathisch und gewandt. Allen, die ihn kennen, erscheint er als ein Mann, der weiß, was er will, und mit sich und der Welt im reinen ist. Auch seine neue Bekannte ist von seiner Legende beeindruckt: Flucht aus der DDR, Verkauf der geliebten Briefmarkensammlung, um das Abitur im Westen nachzuholen und zu studieren, dann Werkstudent. Die äußere Gegensätzlichkeit des Paares täuscht jedoch. Beide sind extrem sensibel, beide reagieren auf emotionale Störungen höchst empfindlich. Wie Margret H. leidet auch Franz Becker unter psychischem Streß, der sich in einer Reihe seelisch bedingter Erkrankungen immer wieder manifestiert. Wie ein Seismograph hat sie jedesmal die Leiden ihres Partners registriert und später in ihrem Prozeß beschrieben, lange bevor Beckers wahre Identität und wesentliche Passagen seines Lebenslaufs publik wurden.

Die Biographien der beiden weisen erstaunliche Parallelen auf, vergißt man das Märchen, das er ihr erzählt hat. Beide stammen aus kleinbürgerlichen Verhältnissen. Margret H., aufgewachsen im westfälischen Löhne, ist die Tochter eines Tischlers. Die Mutter, gelernte Schneiderin, gab nach der Geburt ihrer ersten Tochter den Beruf auf. Franz Becker, Sohn eines Installateurs und einer Arbeiterin in einer Munitionsfabrik, hat schon als Schüler Zeitungen ausgetragen, um das Familieneinkommen aufzubessern. Beide mußten die Zukunftsträume ihrer Jugend begraben. Margret H., ein begabtes Mädchen, wollte gern das Gymnasium besuchen, um später studieren zu können, aber die Mutter verhinderte dies. Franz Becker begann nach einer Lehre zum Elektriker und dem Besuch einer Abendschule das Ingenieurstudium, war aber gezwungen, es aus gesundheitlichen Gründen nach nur einem Jahr aufzugeben. Margret H. entfloh der mütterlichen Bevormundung und begann mit 22 Jahren eine erstaunliche Karriere in Bonn, stieg von der Stenotypistin im Auswärtigen Amt zur Vorzimmerdame im Bundespräsidialamt auf. Aber »das unbewältigte Verhältnis zur Mutter«, so Margret H. Jahre später vor Gericht, bleibt auch in Bonn allgegenwärtig, überschattet ihre Beziehungen zu Männern; die Probleme belasten sie bis zum Tod der Mutter.

Franz Becker, Lehrlingsausbilder in einem Berliner Glühlampenwerk, suchte über die Jungen Pioniere, die »Gesellschaft Technik und Sport« und die SED ein Ziel zu erreichen, das seinen Jugendträumen nahekam. Irgendwann Mitte der 60er Jahre offerierte ihm die HVA über das Innenministerium einen Job. Abenteuerlust und finanzielle Anreize gaben den Ausschlag, ihn anzunehmen. Ob die HVA ihn an den großen Bruder KGB vermittelt oder ob der KGB den ehrgeizigen und begabten jungen Mann angefordert hat, bleibt offen. Jedenfalls beschattete Becker bald unter Anleitung erfahrener Operateure Besucher aus dem Westen in Ostberlin, bevor er das Handwerk der Spionage von der Pike auf lernte.

Im Jahr 1966, kurz nach der Heirat mit einer Lehrerin,

kommandierte der KGB den 24jährigen ins feindliche Ausland ab. Der echte Franz Becker, geboren am 29.1.1941, war nach enttäuschenden Jahren in der Bundesrepublik in die DDR zurückgekehrt. Der falsche Franz, geboren am 24.12.1941, soll in seine Identität schlüpfen, damit die kostbaren Westpapiere für zukünftige Geheimdienstoperationen nicht verlorengingen. Mit dem Abmeldeformular seines Namensgebers aus Köln meldete sich der neue Franz Becker binnen eines Monats in Detmold an. Mehr als 30 Jahre später wird er behaupten, daß er damals keine Wahl gehabt hätte und der Auftrag eine Auszeichnung und Ehre für ihn gewesen sei. Übrigens ein Argument, daß Romeos der HVA gebetsmühlenartig wiederholen, wenn sie von der Zentrale in Ostberlin oder von einer Bezirksverwaltung aus ihrem Beruf als Theaterdirektor, Ingenieur oder Chemiker und aus ihrer Familie herausgerissen und zu Playboy-Diensten auf Zeit verpflichtet wurden. Der Grund war immer der gleiche: Sie paßten vom Typ, Alter und sonstigen Eigenschaften her am besten zu einer schon ausgeguckten potentiellen Agentin.

Franz Becker erschien der angeblich nicht näher definierte Einsatz in der Bundesrepublik als seine erste und vielleicht auch seine einzige Chance, Karriere zu machen und in den Westen zu kommen. Binnen drei Wochen mußte er sich entscheiden. Von dem Augenblick an, da er ja gesagt hatte, führte der KGB Regie in seinem Leben: brutal und rücksichtslos. Mit dem ersten Einsatz begann die typische »déformation professionnelle« des KGB-Offiziers Franz Becker: Charakter, Intellekt, Sinneswahrnehmungen und Realitätsorientierung verändern sich allmählich. Robert Gates, ein früherer Direktor des US-Geheimdienstes CIA, hat die Optik der Agenten so beschrieben: »Ein Geheimdienst blickt durch ein einzigartiges und düsteres Prisma auf die Welt. Wenn ein Mitarbeiter Blumen riecht, dann schaut er sich nach einem Sarg um.«

Ein bis zwei Jahre, so hatte man ihm gesagt, sollte er in der Bundesrepublik nach »interessanten Personen« Ausschau halten, sobald er sich in der neuen Identität etabliert habe. Bei seiner ersten Weststation Detmold fand er als Hilfsarbeiter in einer Sargfabrik einen Job, bis er in Bonn mit einem gefälschten DDR-Abiturzeugnis (der echte Franz Becker ist fast Analphabet!) das Pädagogik-Studium begann. Seiner jungen Frau in Ostberlin log er vor, in Moskau zu studieren. Alle Briefe, die er ihr aus Bonn nach Ostberlin schrieb, wurden über Moskau geschickt. Wenn er sie in den Semesterferien besuchte, mußte er auf Umwegen über seinen vorgeblichen Studienort anreisen, ihr Erlebnisse aus der Sowjetunion berichten und Souvenirs made in UdSSR als Beleg mitbringen.

Als Franz Becker der sechs Jahre älteren Margret H. begegnet, studiert er tatsächlich, als Sonderfach Politikwissenschaften. Er engagiert sich im Allgemeinen Studentenausschuß (AStA) und in der Fachschaft, wo er für politische Bildung zuständig ist. Kommilitonen von früher werden sich noch Jahre später an seine Aktivitäten an der Hochschule erinnern. Unter anderem beschafft er Studentinnen Adressen von Ärzten, die auch unverheirateten Frauen die Pille verschreiben – Ende der 60er Jahre keine Selbstverständlichkeit. Aus gleichem Anlaß organisiert er eine Studentendemonstration in Düsseldorf.

Das offene, wenn nicht gar öffentliche Leben des Studenten Franz B. wechselt nach den Vorlesungen und den Aufgaben beim AStA in ein verborgenes Doppelspiel – unter anderem mit Margret H. aus der Nachbarschaft. War schon das erste Treffen an der Telefonzelle, wie Jahre später Ermittler und Richter vermuten, eine Inszenierung? Ein abgekartetes Spiel? Ein raffiniert als Zufall getarntes erstes Rendezvous, bei dem ein auf die Bedürfnisse seines Opfers sorgfältig ausgewählter und abgerichteter Romeo seine vorab geheimdienstlich ermittelte Julia trifft? Margret H. und Franz Becker sprechen von echtem Zufall. Die beiden passen freilich so gut zusammen, daß jede Führungsstelle eigentlich stolz sein müßte, hätte sie das Paar nach dem üblichen Muster zusammengeführt.

Frau H. erinnert sich, Monate nach dem ersten Treffen mit ihm über ihren Arbeitsplatz gesprochen und dabei bemerkt zu haben: »Als ich Bundespräsidialamt sagte, da hat es bei ihm

Klick gemacht.« Franz Becker pflichtet ihr bei und behauptet gar, der KGB schien zunächst gar nicht so interessiert, als er Meldung über den Job seiner Bekannten machte: Der Geheimdienst hatte das Bundespräsidialamt angeblich als »minderwertiges Objekt« eingestuft. Die Führungsstelle sei erst dann wie elektrisiert gewesen, als er Fakten über die Rolle des Amtes und die dort zusammenfließenden Informationswege aus allen Ministerien und dem Bundeskanzleramt nachgeliefert habe. Ausgerechnet einer von Beckers Professoren, der gelegentlich für den Bundespräsidenten tätig war, hatte dem KGB-Agenten Nachhilfe in Organisationsstrukturen und Aufgabenverteilung des Bundespräsidialamtes gegeben. Als es danach auch beim KGB geklickt hat, muß sich der Agent Franz B. auf Befehl um seine Geliebte kümmern. Nach zwei Jahren beginnt sich die Beziehung allmählich zu wandeln. Der Reiz des Neuen hat sich verflüchtigt, die erotische Spannung flaut ab. Aus der Liebe entwickelt sich eine tiefe Freundschaft; Margret H. nennt es ein »Lebensverhältnis«.

\*

»Es gibt ein Codewort zum Öffnen von Tresoren: Liebe«: So warnt seit Jahren der Verfassungsschutz mit einem Plakat, auf dem ein Paar im Schatten eines Baumes lagert. »Es fängt immer an, wie es immer anfängt ...« Doch der Kontrast zwischen diesen jungen schönen Menschen und den Vorstellungen der Sekretärinnen in Bonner Ministerien von Agentinnen könnte nicht größer sein. Margret H. hat diese Plakate gesehen und auch die Filme des Verfassungsschutzes, in denen Sekretärinnen über ihre üblen Erfahrungen berichten und von den Maschen der Romeos erzählen. Bei diesen Aufklärungsstreifen hat Margret H. gemeinsam mit ihren Kolleginnen über die so simpel wirkenden Tricks nur milde gelächelt. Alle waren sich einig: Keine von ihnen würde sich jemals von einem solchen Typen einwickeln lassen, zu durchsichtig sei das ganze Spiel.

Margret H., damals schon mit Franz Becker liiert, erzählt

ihm daheim von diesem Film – und beide amüsieren sich köstlich über die Geschichte vom bösen Agenten, der in einem Café eine zufällige Begegnung mit einer ahnungslosen Sekretärin aus dem Auswärtigen Amt in Szene setzt und sie unter Vortäuschung ewiger Liebe zur Spionage unter falscher Flagge verführt. »Ich würde nie auf einen Romeo hereinfallen«, gesteht sie dem »schönen Franz«, wie Frauen gern den immer schick gekleideten KGB-Mann nennen. Und er wird 30 Jahre später beteuern, nie als Romeo auf sie angesetzt gewesen zu sein: »Der Befehl, Margret als Agentin zu führen, kam erst später.«

Als Franz Becker anfängt, Margret H. weisungsgemäß nach Vorgesetzten und Kolleginnen im Bundespräsidialamt auszufragen, schöpft sie keinen Verdacht, wertet seine Neugier als Interesse an ihrem Beruf. Sie vertraut ihm, glaubt ihm, liebt ihn. Die Sekretärin und Hilfssachbearbeiterin für Geheimschutzsachen kennt zwar die verhängnisvolle Affäre der Helge B., Vorlage für den von ihr belächelten Informationsfilm, und die Tragödie der Leonore Sütterlin, die sich im Gefängnis erhängte. Später, als sie sich immer tiefer in das konspirative Gewerbe verstricken läßt, es fast professionell betreibt, sind ihr auch die Geschichten der Gerda O. aus dem Auswärtigen Amt und der Dagmar K.-S. (Bundeskanzleramt) bekannt, beide Opfer desselben DDR-Agenten. Sie weiß von den Dramen der Renate L. (Verteidigungsministerium) und der Ingrid G. (Auswärtiges Amt und NATO-Hauptquartier).

Mehrmals hat der Geheimschutzbeauftragte Frau H. belehrt, pflichtbewußt liest sie die Informationsblätter, die der Verfassungsschutz sechsmal im Jahr mit aktuellen Beispielen zur Warnung und Abschreckung unter Geheimnisträgern verteilt. Wahrscheinlich schmückt eines der kleinen Geheimschutzgeschenke ihren Schreibtisch, Notizzettel oder Bleistiftanspitzer mit den Telefonnummern der Verfassungsschützer und der Warnung »Spionage ist ein Teufelskreis. Wir helfen raus. Dazu ist es nie zu spät«. Und sicher hat sie geschmunzelt über den in Bonner Behörden allgegenwärtigen Aufkleber mit dem geheimnisvoll blickenden Blondchen und der törichten Frage: »Das Lächeln der Spionage?«

Margret H. fühlt sich nicht angesprochen. Was hat denn das mit ihr zu tun und dem ehrgeizigen Studenten, den sie liebt und für den sie sich beim Hochschulförderausschuß zur Fortsetzung der Studienförderung (»Honnefer Modell«) als Adreßbürgin zur Verfügung stellt? Franz Becker wird drei Jahrzehnte später sagen, daß er sie nie wegen des Stipendiums um einen solchen Gefallen gebeten hätte, wenn er sie damals schon zum Spionieren hätte verführen wollen: »Das wäre ein unverzeihlicher Kunstfehler gewesen.«

Für Margret H. haben die Warnungen vor Spionen überhaupt nichts mit ihrem Freund zu tun, der sich ihr ja offen als DDR-Flüchtling zu erkennen gegeben hat und für den sie auf einer Schreibmaschine des Bundespräsidialamtes die Diplomarbeit tippt: »Die Oktoberrevolution von 1917 und ihre Behandlung im Unterricht der DDR«.

Sie lacht ungläubig, als ihre Freundin Maria G. wiederholt Warnungen ihres jüngeren Bruders übermittelt: »Paß auf, sag deiner Margret, daß der Franz typisch ist für Männer, die rübergeschleust werden, um in Bonn Sekretärinnen zu betören.« Der junge Mann hatte Zeitungsberichte über die Romeo-Masche östlicher Agenten gelesen und sie mit den Schilderungen vom Freund der Margret H. verglichen. Bei ihm schrillten alle Alarmglocken, nachdem die sonst so zurückhaltende Margret H. der gleichaltrigen Maria G. empfohlen hatte: »Schaff dir auch einen jüngeren Mann an, da lebt man als Frau wieder auf.« Als sie drei Jahre nach ihrer Inhaftierung vor der Kamera eines Teams des Bundesamtes für Verfassungsschutz über sich und Franz Becker Auskunft gibt, um andere zu warnen, sagt sie: »Außenstehende haben Dinge gesehen, die ich nicht sehen wollte. Wenn man selbst beteiligt ist, sieht man sie nicht. Ich habe sie verdrängt.«

Franz Becker ist in den ersten Jahren ihrer Beziehung immer für sie da, wenn er da ist, und nicht gerade, wie in den Semesterferien, bei seiner Frau in Ostberlin oder sonstwo. Margret H. fühlt sich geborgen, er hört zu, wie ihr noch niemand zugehört hat. Sie glaubt, daß er sie ernst nimmt und auch das versteht, was andere als Marotte abtun: ihr Interesse an Esoterik, Religion und alternativer Medizin. Sie nimmt seine häufige Abwesenheit hin, auch wenn mitunter das Verhältnis deshalb überschattet wird von Zweifeln und Eifersucht. Sie verreisen zusammen, schmieden Pläne für eine gemeinsame Zukunft. Dann beginnt er, sie zu vertrösten. Er appelliert an ihr Mitgefühl, spielt den einsamen Wolf, wenn sie über Trennung redet. Andererseits spricht er von seiner geplanten Promotion, wenn sie ihn an die Heiratspläne erinnert.

Anfang 1970 lassen Ereignisse erkennen, daß bei ihm das Doppelleben Spuren hinterläßt. Er fliegt häufiger nach Ostberlin, immer auf Umwegen, wie vorgeschrieben via Moskau. In seiner Ehe kriselt es heftig. Seine Frau hat eine Fehlgeburt erlitten, sie fühlt sich in ihrer Verzweiflung und Not von ihrem Mann alleingelassen. Er muß sie trösten, beruhigen, aber er darf nicht bleiben, will er nicht seinen Job beim KGB verlieren. Als er nach Bonn zu Margret H. zurückkehrt, leidet er an einer Gürtelrose. Seine Geliebte hat wie immer Mitleid und spendet Trost, obwohl er ihr die wahre Ursache seines Kummers und seiner Krankheit verschweigt.

Franz Becker gehört offenbar nicht zu jener Spezies von Geheimagenten, die es angeblich mühelos schaffen, sogar drei bis fünf Identitäten fein säuberlich auseinanderzuhalten und in ihnen zu leben, ohne Anzeichen von Schizophrenie. Wie das zu bewältigen ist, hat Heinz Felfe, KGB-Spion bei Bundesnachrichtendienst in den 60er Jahren, in seinem vor der Wende in der DDR veröffentlichten Buch »Im Dienst des Gegners« beschrieben. Voller Stolz über seinen »Einsatz an der geheimen Front« gibt er die Grundregeln des Überlebens als Agent preis. Er spricht lieber von »Doppeldenken« statt vom Doppelleben: »Das wird zur zweiten Natur, reine Übungssache. Es ist eine ununterbrochene, angespannte Wachsamkeit. Keinen Fehler machen, sich nicht verraten. Diese andauernde Anspannung bringt Verschleiß mit sich. Ich habe mich nie betrunken, damit ich nichts ausplaudere. Die Mandeloperation habe ich mit örtlicher Betäubung machen lassen, keineswegs mit Vollnarkose, das war mir zu brenzlig.«

In der Zeit, als bei Franz Becker im echten Leben sich die Probleme häufen und bei Margret H. die Liebe zu erkalten beginnt, muß er sie Schritt für Schritt als Agentin gewinnen. Das ist selbst für einen Profi harte Arbeit. Margret H. interessiert sich für Esoterik, Yoga, Naturheilkunde, Zahlenmystik, Anthroposophie und andere metaphysische Theorien. Nur für Politik und für das, was bei ihr täglich über den Schreibtisch geht, interessiert sie sich nicht. Jahre später werden im Prozeß ihre früheren Vorgesetzten aussagen, daß sie nie durch eine besondere Wißbegier oder Neugier aufgefallen wäre. Ein Abteilungsleiter: »Sie war nicht interessiert genug an den Dingen, mit denen wir zu tun hatten.«

Während Franz Becker erst einmal probehalber versucht, über sie Informationen aus dem Bundespräsidialamt abzuschöpfen, sie auf Themen hinweist, die ihn interessieren, macht sie sich Gedanken über die Beziehung zu ihm. Sie besucht in Köln die Praxis einer »medial begabten Dame«, die aufgrund ihrer Beschreibung des Franz Becker zu dem Ergebnis kommt, er sei Margret H.s »Sohn aus einer früheren Inkarnation«.

Jahre später, als Margret H. ganz offen im Prozeß den Versuch schildert, wie sie sich auf den Pfad des Okkultismus gewagt hat, um das Verhältnis zu klären, ergibt sich ein für das Verfahren typischer Dialog zwischen dem Vorsitzenden Richter Klaus Wagner und der Angeklagten. Er beginnt mit dem Hinweis des Richters, daß jeder fünfte Deutsche an eine Seelenwanderung glaube, macht aber sofort klar, daß er nicht dazugehöre. »War das dann nicht transzendentale Blutschande?« fragt er mit spöttischem Unterton. Doch Margret H. läßt sich nicht provozieren, sie legt kein Glaubensbekenntnis ab, gibt nur zu, sie habe die Auskunft interessant gefunden. Der Satz, der vielleicht erklärt, was in den Jahren danach geschah, warum sie sich trotz Gewissensqualen und einer Schuppenflechte nicht von Franz Becker lösen kann, fällt fast beiläufig: »Die

Frau hat mir auch gesagt, daß er immer wieder zu mir zurückkehren wird.«

1971 beendet Franz Becker sein Pädagogikstudium mit dem Diplom in Bonn, er will angeblich in der Schweiz weiterstudieren und sich endlich um die Organisation kümmern, die er so sträflich vernachlässigt habe. Er sei Mitglied einer rechtsgerichteten, geheim operierenden Emigrantengruppe in Südamerika mit einer Zweigstelle in der Schweiz. Dieses Märchen, das Becker seiner konservativen Freundin auftischt, ist nicht gerade originell. KGB und HVA haben Agentinnen in spe gern die Legende von Auswanderern erzählt, wenn sie es für opportun hielten, nicht mit dem wahren Auftraggeber herauszurücken oder eine andere Organisation als Tarnung zu erfinden.

Der stets korrekt auftretende KGB-Agent gibt seiner Freundin nach und nach gezielt Aufträge für »die Organisation«. Er lehrt sie, im Schein einer Stehlampe in ihrem Wohnzimmer Dokumente zu fotografieren und die von ihr stenographierten Aufzeichnungen aus dem Vorzimmer des Abteilungsleiters mit Geheimschrift auf Burda-Schnittmusterbögen oder in die jüngste Ausgabe des »Spiegel« zu übertragen. Und als er ihr sagt, daß sie allen Verwandten und Bekannten mitteilen soll, sie habe die Beziehung zu ihm abgebrochen, gehorcht sie. Später wird ihr das Gericht vorwerfen, sie hätte zu diesem Zeitpunkt erkennen müssen, daß sich hinter der Organisation in Südamerika ein östlicher Geheimdienst verborgen habe.

Margret H. läßt sich auf alles ein, was Franz Becker will, wenn auch widerstrebend. Als er sein Ziel erreicht hat, setzt er sich ab. Angeblich bereitet er sich auf seine Promotion vor, doch was er von 1971 bis 1981 tatsächlich im Auftrag des KGB im westlichen Europa treibt, läßt sich nicht ergründen. Er hält – vielleicht aus Selbstschutz, vielleicht aus Eitelkeit – an einem Teil seiner mindestens zwei Legenden fest. Eine Legende für die Ehefrau in Ostberlin und eine für die Geliebte in Bonn sind aktenkundig: Für Margret H. studiert er in Zürich Politikwissenschaften, was er tatsächlich auch getan haben will. Für sie fährt er oft nach Südamerika, wo er aber nie gewesen ist, auch wenn er ihr von diesen Reisen so wunderschön und detailliert erzählen kann und ihr kleine Geschenke mitzubringen pflegt. Margret H. wird noch Jahre später im Brustton der Überzeugung von diesen Reisen berichten, von seiner gebräunten Haut, von seinen Erschöpfungszuständen, seinen Krankheiten und Wehwehchen nach einem Aufenthalt in den Tropen, wenn er zu ihr zurückgekommen ist.

\*

Für seine Frau, die 1971 eine Tochter zur Welt gebracht hat, hält er sich weiter zu Studienzwecken in Moskau auf. Er kehrt nur in den Semesterferien heim nach Ostberlin, in den Schoß der Familie. Das bittere Erwachen kommt für sie Ende August 1985, nachdem Margret H. in Bonn festgenommen worden ist. In der »Tagesschau« sieht die Frau zusammen mit der inzwischen 14 Jahre alten Tochter Fotos ihres Mannes. Der immer so rührend besorgte Ehemann, der liebevolle Papa wird – wenn man als DDR-Bürger der Propaganda des Klassenfeindes trauen darf – in der Bundesrepublik als KGB-Agent und Führungsoffizier der Margret H. steckbrieflich gesucht. Angeblich lautet sein Name Franz Becker, und nach Ermittlungen der Polizei hat er mit der festgenommenen Sekretärin seit 1968 ein Liebesverhältnis. In der Wohnung der Margret H. in Bonn-Oberkassel, so heißt es weiter, ist noch ein Koffer mit Anzügen des besagten Herrn Becker gefunden worden. Das Bundeskriminalamt bittet um sachdienliche Hinweise.

Die Nachricht trifft Frau und Tochter wie ein Schlag aus dem Dunkeln: keine Warnung, kein Hinweis. Nichts. Fast 20 Jahre lang belogen, betrogen, genauso hinters Licht geführt wie die Geliebte im fernen Bonn. Für zwei Frauen scheint die ganze Welt aus den Fugen geraten: Für Margret H. bei der Festnahme in Bonn, für die Ehefrau von Becker beim Anblick der Fahndungsfotos. Beide wissen nicht mehr, was wahr ist und was erfunden, was Legende, Lebenslüge. Die Frau des falschen Franz versucht, sich das Leben zu nehmen. Sie überlebt, will sich aber von ihrem Mann trennen. Sie bleibt selbstmordgefährdet, als sie der gemeinsamen Tochter wegen den Gedanken an eine Trennung aufgibt. Margret H. beginnt in der Haft, für sich selbst nach der Wahrheit zu suchen.

Blick zurück nach Bonn 1971. Seit Franz Becker angeblich in Zürich studiert, taucht er etwa alle fünf Monate in Bonn auf, um Material abzuholen. Wenn Margret H. weiß, daß er kommt, schleppt sie zuvor fast wahllos Geheimes und weniger Geheimes mit nach Hause, bearbeitet, präpariert es wie gewünscht und wartet auf ihn. Irgend etwas ergattert sie immer, das Franz Becker dazu animieren wird, wiederzukommen – alle fünf Monate. Ihr Verhalten in diesen Jahren, in denen sie angeblich unschätzbare Dienste für den KGB geleistet hat, gibt zunächst Rätsel auf.

Margret H. sträubt sich heftig und auch erfolgreich dagegen, an das von Franz Becker begehrte Material heranzukommen. Ein Vorgesetzter muß eine ihrer Kolleginnen bitten, klassifizierte Vermerke (VS-vertraulich und VS-geheim) zu tippen, weil Frau H. sich weigert. Später wird sie sagen: »Alles in mir hat sich gewehrt. Ich war blockiert.« Die angebliche Top-Spionin setzt sich in ihrem Vorzimmer mit dem Rücken zur Tür, um den Blick ins Grüne zu genießen, anstatt allzeit auf mögliche Beobachter ihres heimlichen Nebengewerbes gefaßt zu sein. »Sie hat sich nie geschützt« oder »Geheimsachen schrieb sie nur, wenn die Pflicht sie rief« oder »Sie ist nicht einmal halbwegs professionell vorgegangen«, haben später im Strafverfahren gegen Margret H. ehemalige Vorgesetzte ausgesagt und sie entlastet, obwohl sie über ihre Agententätigkeit erbost, wenn nicht gar erbittert gewesen sind.

Aber auch die Reaktionen von Franz Becker haben ein gewisses Erstaunen ausgelöst. Er gibt sich teilweise mit Informationen zufrieden, die schon längst in der Zeitung gestanden haben, oder mit Protokollen, wie dem von einem Gespräch zwischen Bundespräsident Carstens und dem sowjetischen Außenminister Andrej Gromyko, das selbst das Gericht später als »Gemeinplätze höflicher Art« bewertet. Franz Becker wird

Jahre später darüber hinaus behaupten, daß sie prinzipiell nichts geliefert habe, was der KGB nicht ohnehin schon gewußt hätte – erst an ihn, später an eine Kurierin, die jedesmal aus der Schweiz anreiste.

Irgendwann tritt anderthalb Jahre Funkstille zwischen Margret H. und Franz Becker ein. Angeblich ist er krank, in Wahrheit hat er anderes zu tun. Dann wird er sich wieder ganz brav bei der faulen Agentin H. ankündigen, sie in Bonn besuchen oder sich mit ihr im Ausland treffen, ihr Geld mitbringen, mal ein kleines Schmuckstück, mal eine Münze, um sie bei Laune zu halten. Verkehrte Welt der Spionage? Der Romeo am Gängelband von Julia?

Die Düsseldorfer Richter, die Margret H. wegen Landesverrats in einem besonders schweren Fall verurteilten, hatten sie zwar als »gefährliche Spionin« charakterisiert, gleichzeitig jedoch ihr »kriminelles Tun« als »weit unter ihren Möglichkeiten« eingestuft – nach dem Motto, wenn sie wirklich gewollt hätte, hätte sie dem KGB einen guten Einblick in die Arbeit des Bundessicherheitsrates, VS-Informationen aus dem Verteidigungsministerium und vieles mehr geben können. Von 1972 bis 1985 hatte sie Zugang zu etwa 1700 als Verschlußsachen eingestuften Schriftstücken, wie viel oder wie wenig sie davon weitergegeben hat, bleibt dennoch ungeklärt. Den Gesamtinhalt von elf geheimgehaltenen Vermerken, zu deren Weitergabe sich Margret H. bekannt hat, hat das Gericht als Staatsgeheimnis bewertet und sie deshalb wegen Landesverrats verurteilt.

Warum hat der KGB sie bloß gehätschelt und nie gedrängt, besseres Material zu liefern? Warum hat sich der Romeo überwiegend mit wahllos Zusammengerafftem zufriedengegeben, obwohl er dabei zunehmend unzufriedener mit seiner Rolle wurde? Franz Becker glaubt heute den Grund dafür zu wissen. Was er behauptet, wird von anderen Kennern der Materie gestützt, die das erst nach der Wende und dem Zusammenbruch der Sowjetunion zugängliche Material ausgewertet haben: Margret H., aufgrund ihrer Position wahrscheinlich die wichtigste Quelle für den KGB in Bonn, sollte erst im Ernstfall sprudeln – am Tag X, wenn die NATO den Kalten Krieg mit einem Angriffskrieg gegen die Sowjetunion beenden würde. Seit den Nachrüstungsdebatten im Westen Ende der 70er Jahre und der Stationierung von Pershing-Raketen in der Bundesrepublik war die sowjetische Regierung von der Idee besessen, die NATO könne die Staaten des Warschauer Pakts überraschend angreifen. Deshalb sollte bis zu jenem Tag, wenn im Bundespräsidialamt der Verteidigungsfall verkündet würde, die hochkarätige Quelle H. gehegt und gepflegt werden. Sie sollte selbst bestimmen, was sie preisgeben wollte, und nicht etwas tun, was sie gefährdete. Daß Margret H. immer wieder demonstriert hat, eigentlich nicht spionieren, sondern nur Franz Becker wiedersehen zu wollen, hat bei diesem Zukunftskonzept nicht gestört. Becker galt als Garant dafür, daß sie bis zu jenem Tag an ihrem Platz ausharren würde.

Margret H. hatte keine Ahnung von ihrer Schlüsselrolle im Spionagekonzept des KGB. Bis zu ihrer Festnahme ist sie mit sich selbst und ihrem Beruf beschäftigt, gelegentlich auch mit Franz Becker, von dem sie wiederholt versucht loszukommen, es aber nicht schafft. Margret H. lernt andere Männer kennen, Becker wird eifersüchtig, obwohl sie seit Jahren keine intime Beziehung mehr haben. Dennoch: Wenn Becker sich ankündigt, sagt sie Verabredungen ab, belügt ihren neuen Freund. Sie will sich von Becker trennen, aber am Ende kappt sie die Verbindung zu dem anderen. Es ist eine endlose Geschichte, in der sich die Grenzen zwischen Täter und Opfer stets verwischen. Beide bleiben bis zum Ende Marionetten in einem geheimen, bisweilen für Margret H. auch reizvollen, weil verbotenem Spiel.

Als sich Margret H. vor Gericht verantworten muß, klagt sie ihren früheren Geliebten nicht an. Sie macht ihm keine Vorwürfe, um sich selbst zu entlasten. Bar jeglichen Selbstmitleids offenbart sie alles, was sie weiß und was sie zugleich belastet. Sie ist viel mutiger als er, der Jahre später im selben Saal auf der Anklagebank sitzen wird. Manchmal lächelt sie sogar auf eine

Frage hin, die schöne Erinnerungen zu wecken scheint. »Er kam doch nur alle fünf Monate«, sagt der Richter. »Immerhin alle fünf Monate«, gibt sie trotzig zur Antwort. Und plötzlich kann man sich in diesem trostlosen Gerichtssaal vorstellen, daß sie die Zeit mit Franz Becker auch genossen hat.

## II. Die Masche der Romeos

**Die Anmache**

Sommer 1957. Nach einem arbeitsreichen Tag im Auswärtigen Amt klingelt es abends an der Wohnungstür von Leonore H. in Bonn-Duisdorf. Ein Mann steht mit einem Strauß roter Rosen davor. Er lächelt und bittet höflich, »mit der Dame sprechen zu dürfen, die ich gestern abend kennengelernt habe«. Frau H. bedauert, nicht jene Dame zu sein, glaubt an eine Verwechslung und bittet schließlich den offenbar enttäuschten Rosenkavalier herein. Sie findet Gefallen an seiner Gesellschaft, läßt sich die Blumen schenken und nimmt seine Einladung zum Abendessen an.

Leonore H., von Freunden und Bekannten nur Lore genannt, hat so ihrer besten Freundin und Kollegin Ada M. die erste Begegnung mit dem Fotografen Heinz Sütterlin geschildert und von dem »glücklichsten Zufall ihres Lebens« geschwärmt.

Zufall? Glück? Der geflüchtete KGB-Oberstleutnant Jewgenij Runge hat, als er sich im Oktober 1967 der US-Mission stellte und unter anderem das Agenten-Ehepaar Sütterlin der CIA als Morgengabe offerierte, eine andere Variante des ersten Treffens zu Protokoll gegeben.

Heinz Sütterlin, 1924 in Freiburg geboren, im Krieg als Fahnenjunker verschüttet, wurde 1956 von der HVA angeworben. 1957 forderte der Zweite Sekretär der Sowjet-Botschaft und KGB-Geheimdienstoffizier, Leonid Prochorow, die Überstellung Sütterlins zum KGB. Wie immer, kam die HVA dem Verlangen des sowjetischen Geheimdienstes ohne Widerspruch nach.

Sütterlin erhielt umgehend von Prochorow den Auftrag, eine Sekretärin in Schlüsselstellung des Auswärtigen Amtes zu umgarnen, sie zu heiraten und für die Spionage zu gewinnen. Zur Auswahl soll Prochorow Sütterlin drei Kandidatinnen genannt haben, darunter Leonore H., »die warmherzige und kameradschaftliche Sekretärin aus guter Familie, die zwei unglücklich verlaufene Liebesaffären hinter sich hatte, die sich ungeschickt anzog und zur höchsten Klasse der Geheimnisträger im Auswärtigen Amt gehörte« (Runge). Warum Sütterlin, dessen Anziehungskraft auf Frauen vielfach dokumentiert ist, sich für Lore H. entschied, anstatt für eine der anderen unverheirateten Zielobjekte, weiß niemand. Die Sekretärin H. saß seit 1955 im Vorzimmer des Chefs der Unterabteilung Verwaltung, der Personal- und Verwaltungsabteilung des AA, zu der auch die Referate Chiffrier- und Fernmeldewesen wie der Geheimschutz gehörten. In dieser Position war Lore H., nach einer Unbedenklichkeitserklärung des Bundesamtes für Verfassungsschutz, für den Umgang mit Vorgängen bis hin zur höchsten von vier Geheimhaltungsstufen (»nur für den Dienstgebrauch«, »vertraulich«, »geheim«, »streng geheim«), der sogenannten Verschlußsachen-Vorschrift, zugelassen.

Aus der vom KGB eingefädelten Komplizenschaft zwischen dem Fotografen, der sich mit Public-Relations-Aufträgen für den Zivilen Bevölkerungsschutz und für das Bundespresseamt über Wasser hielt, und der Sekretärin mit dem Schlüssel zum Panzerschrank entwickelte sich ein Liebesverhältnis – zumindest aus der Sicht von Lore H. Nicht aus Mißtrauen, wohl eher aus anerzogener Korrektheit, stellt die Tochter eines namhaften Düsseldorfer Rechtsanwalts dem Sicherheitsbeauftragten im AA sogar die Frage, ob gegen ihren neuen Bekannten Sütterlin Sicherheitsbedenken bestünden. Antwort: nein – der KGB-Agent war bisher nicht ins Visier des Verfassungsschutzes oder des Militärischen Abschirmdienstes geraten.

Trotz der Warnungen ihrer Schwester und besten Freundin, die in dem Fotografen mit der Piratennarbe auf der Stirn einen »arroganten und zynischen Playboy« vermuten (so ihre Aussagen am 25. November 1969 vor dem Oberlandesgericht Köln im Prozeß gegen Heinz Sütterlin), heiratet Lore H. am 12.

Dezember 1960 in Köln-Lindenthal ihren Heinz. Der frischgebackene Ehemann funkt noch am selben Tag den erfolgreichen Abschluß der ersten Etappe seines Auftrags an die KGB-Dependance in Berlin-Karlshorst.

Irene S., 29, Stenotypistin im Liegenschaftsamt der Stadt Köln, macht sich im Sommer 1965 mit einer Kleinanzeige im »Kölner Stadt-Anzeiger« auf die Suche nach einem zuverlässigen und humorvollen »Mann fürs Leben«. Mehr als 30 Jahre danach wird sie behaupten, sie habe mit einer Freundin »nur aus Spaß« annonciert, um zu sehen, welche Typen sich da wohl melden. In Wahrheit träumt die junge Frau, froh der häuslichen Enge in der niedersächsischen Provinz und den Annäherungsversuchen eines früheren Chefs entkommen zu sein, von einer »richtigen Familie«.

Mehrere Kandidaten antworten auf ihre Anzeige, Irene S. trifft zwei oder drei von ihnen, bevor sie dem Mann begegnet, der sich Helmut Schneider nennt. Er sagt, daß er als technischer Zeichner arbeitet, darüber hinaus aber versuche, sich im Abendstudium als Ingenieur zu qualifizieren. Zuvor habe er in Südafrika im Bergbau gearbeitet, das Land aber einer unglücklichen Affäre wegen verlassen. Irene S. erzählt ihm vom Ende ihrer letzten Beziehung und wie sie in Abendkursen Englisch lernt. Sie verliebt sich in den ruhigen, zärtlichen Pfeifenraucher. Sie verreisen, sie schmieden Pläne für die Zukunft. Er gibt vor, sich auf das Kind zu freuen, das sie von ihm zu erwarten glaubt. Doch Irene S. ist nicht schwanger, ihr Körper täuscht dies bloß vor.

Auf einem Wochenendtrip nach Amsterdam lernt sie einen guten Freund des Geliebten kennen, der wie er Mitglied eines in London ansässigen Friedenskomitees sein soll. Dieser Mann empfiehlt, sie solle sich ihrer Karriere wegen im Bundeswirtschaftsministerium bewerben, anstatt in einer städtischen Behörde ihr Talent verkümmern zu lassen. Und er erzählt ausführlich, wie wichtig die Arbeit des Friedenskomitees ist, das ohne reichen Informationsfluß aus allen Bereichen seinen Auftrag nicht erfüllen könne. Einen Satz, den er sorgfältig an das

Ende seines Vortrags plaziert, wird Irene S. Jahre später vor Gericht zitieren: »Man muß auch manchmal etwas Unrechtes tun, um dem Frieden in der Welt zu dienen.«

Als Irene S. den Job im Bonner Wirtschaftsministerium bekommt, schickt Helmut Schneider sich an, aus ihrem Leben zu verschwinden. Angeblich plant er, zu seiner früheren Freundin nach Südafrika zurückzukehren, die er einfach nicht vergessen kann. Doch bevor er auf Nimmerwiedersehen abtaucht, arrangiert Schneider ein Treffen mit dem Freund vom Friedenskomitee. In der stillen Hoffnung, irgendwie mit Schneider verbunden zu bleiben, fährt Irene S. mit ihm nach Zürich. Dort stellt ihr Schneiders Freund, in Wahrheit sein Führungsoffizier, einen Mann namens Hans Türke vor.

Der Name ist so falsch wie fast alles, was ihr der vorgebliche Handelsvertreter in den nächsten zehn Jahren von sich erzählt und weitere 20 Jahre später in einem Interview (»Superillu« Nr. 28 vom 2.7.1998) über seine Jagd »nach Geheimnissen in den Betten Bonner Sekretärinnen« preisgeben wird. Wilhelm Richard M., Jahrgang 1931, einst Oberfeldwebel der kasernierten Volkspolizei und heute Rentner in Eisenhüttenstadt, beginnt 1968 als Hans Türke auf das Leben von Irene S. Einfluß zu nehmen. Bereits wenige Wochen nach der ersten Begegnung ziehen sie zusammen. Er verspricht ihr die Heirat, verlangt aber als Liebesbeweis Arbeit für das »Internationale Friedenskomitee«: Dokumente von ihrem Arbeitsplatz, Informationen über Vorgesetzte und Kollegen. Sie willigt ein, denn als Lohn winkt die Eheschließung vor Weihnachten 1977.

»Temperamentvolle Eva, 28, sucht entsprechenden Mann fürs Leben, der Intelligenz, Humor und viel Verständnis besitzt«, lautet im »Bonner General-Anzeiger« eine Anzeige, aufgegeben im August 1973 von einer kaufmännischen Angestellten eines Pharma-Unternehmens. Aus den etwa 30 Zuschriften sucht Elke F. drei heraus, einer der Schreiber stellt sich als Gerhard Thieme vor. Schon in seinem Antwortbrief philosophiert er so schön über die »inneren Werte« des Menschen, daß Elke F. erwartungsfroh dem ersten Treffen im Stadtpark von Bad

Godesberg entgegensieht. Ihre Hoffnungen scheinen sich zu erfüllen. Am Tag nach der Begegnung telefonieren Thieme und sie mehrere Stunden, andere potentielle Partner will sie gar nicht mehr sehen.

»Ich hatte das Gefühl, den Mann gefunden zu haben«, so wird sie 16 Jahre später vor Gericht das erste Rendezvous mit Thieme beschreiben. Als sie sich 1973 aus eigener Initiative der sicheren Versorgung wegen (»ich entstamme einer Beamtenfamilie«) und auch auf Rat des neuen Freundes bei einem Ministerium bewerben will, wundert sie seine Empfehlung nicht: »Verteidigung ist immer gut.« Er gibt sich aber auch zufrieden, als sie statt auf der Hardthöhe erst einmal im Bundeskanzleramt beginnt. Er beschwert sich nicht, daß sie zuvor eine Anstellung beim Auswärtigen Amt abgelehnt hat, weil sie ihrer alten und pflegebedürftigen Eltern wegen nicht ins Ausland wechseln will. Er weiß: Er hat sie in der Falle.

Da die bulgarische Schwarzmeerküste als kinderfreundliches und billiges Urlaubsgebiet gilt, reist Dagmar K.-S., 26 Jahre, aus München im August 1973 mit ihrer sieben Jahre alten Tochter nach Burgas – der erste Urlaub seit der Trennung von ihrem Mann. Schon nach dem ersten Tag möchte Dagmar K.-S. am liebsten wieder abreisen. Überall Familienidylle wie aus dem Bilderbuch – am Strand, im Hotel, im Restaurant, auf der Strandpromenade. Und bei jeder sich bietenden Gelegenheit fragt die Tochter: »Warum kann denn Papi nicht dabeisein?« Die Mutter, angesichts des Massenbetriebs enttäuscht und ohnehin auf dem seelischen Tiefpunkt, lernt am nächsten Tag einen Mann kennen, der alles in einem ganz anderen Licht erscheinen läßt. Der Mittvierziger hat sich zufällig neben die hübsche blonde Frau mit dem temperamentvollen Töchterchen am Strand niedergelassen. Am 7. Juni 1993, fast 20 Jahre später, wird jener Mann, Herbert Sch., seine erste Begegnung mit Dagmar K.-S. als Zeuge vor dem Oberlandesgericht Düsseldorf im ersten Prozeß gegen Markus Wolf so schildern: »Ich lag unter einem Baum und erholte mich von den Strapazen der Sonne. Plötzlich fiel ein nasser Ball auf meinen Bauch. Den hatte, wie sich herausstellte, die Tochter von Frau K. geschmissen. Ich habe ihn zurückgeworfen. Die Mutter kam hinzu, hat das Kind, später auch mich angesprochen, und wir haben uns unterhalten. Das war also nichts Gezieltes.«

Nach dem Intermezzo am Strand übernimmt der Mann, der sich als Herbert Richter vorstellt, für das Mädchen die Rolle des Ersatz-Vaters und für die gestreßte Frau die eines charmanten und überaus höflichen Begleiters. Er geht mit ihr tanzen, gibt sich als Kavalier alter Schule. Fünf Jahre später wird sie vor dem Oberlandesgericht Düsseldorf als Angeklagte erklären, daß Herbert Richter ihr Vertrauen eingeflößt habe, weil er sich so »unwahrscheinlich rührend« um die Tochter kümmerte: »Die Welt war für mich wieder in Ordnung, und ich verliebte mich unheimlich in ihn.«

Wie der Zufall so spielt: Die Strandbekanntschaft wohnt im selben Hotel, man trifft sich zwangsläufig, und bald vertraut Dagmar K.-S. dem Diplom-Ingenieur aus Berlin alles an, was auf ihrer Seele lastet: ihre unglückliche Kindheit, eine gescheiterte Ehe, die Sorge ums finanzielle Überleben nach der bevorstehenden Scheidung. Am Vorabend der Abreise bespricht das Paar ein Wiedersehen, und er fragt, ob es ihr etwas ausmachen würde, ihn in Ostberlin zu besuchen. Sie verneint. Fünf Jahre später, in ihrem ersten Prozeß 1978, wird sie vor Gericht behaupten: »Ich wäre überall hingegangen, um diesen Mann wiederzusehen.« Herbert Sch. aber wird 1993 im selben Saal des Oberlandesgerichts Düsseldorf eine etwas andere Situation zum besten geben. Er will sie ausdrücklich vor der Reise nach Ostberlin gewarnt haben. Er spricht von »echter Zuneigung«. Er schwört: »Ich habe mich zu erkennen gegeben, ihr die Wahrheit über mich gesagt. Vielleicht hat gerade das sie gereizt.«

Die Wahrheit? An welche Wahrheit kann, will oder mag man sich erinnern? Markus Wolf schreibt in seinen Erinnerungen über seine Zeit als Spionagechef, daß Herbert Sch. seiner neuen Eroberung Dagmar K.-S. »notgedrungen reinen Wein einschenkte«, nachdem sie in einer Illustrierten über den Prozeß ihrer Vorgängerin gelesen hatte und dabei auf sein Foto und seinen Namen gestoßen war. Diese Erklärung kann objektiv nicht stimmen, denn das Verfahren gegen Gerda O. hat erst 1977 stattgefunden, zu einem Zeitpunkt also, da die Agententätigkeit von Dagmar K.-S. sich ihrem Ende zuneigte. Am 4. Mai 1977 wurde sie festgenommen.

Gabriele K., 32, gibt im Sommer 1977 in der »International Herald Tribune« eine Heiratsanzeige auf. Die Übersetzerin ist mit ihrer Arbeit in der amerikanischen Botschaft in Bonn nicht zufrieden und erinnert sich wehmütig an die Jahre, in denen sie in Kanada gelebt hat. Jetzt will sie wieder heraus aus der Enge Deutschlands, weg aus der rheinischen Provinzstadt. Nach einer Ehe mit einem psychisch Kranken, den sie allen Warnungen zum Trotz in Kanada geheiratet hatte, nach einer Reihe glückloser Beziehungen, mehreren Selbstmordversuchen und zwei Abtreibungen will sie einen Amerikaner oder Kanadier zum Mann. Sie will zurückkehren in das Land ihrer Träume – um jeden Preis.

Von 44 Kandidaten, die sich auf ihre Anzeige hin meldeten, hat sie schon 15 in Deutschland getroffen. Sie scheint hoffnungsvoll in die Zukunft zu schauen. Vorsorglich hat sie eine langwierige und komplizierte Zahnbehandlung begonnen, da sie annimmt, sich diese Therapie in den USA oder Kanada nicht leisten zu können. Am 7. Juli 1977 sitzt sie auf der Terrasse eines Cafés in Königswinter und wartet auf ihren Bekannten Berthold Becker, als sich ein Mann nähert, der »äußerlich genau meinen Träumen entsprach«. Der Fremde stellt sich als Frank Dietzel vor und teilt ihr mit, daß ihr Bekannter Becker nicht kommen könne. Er lädt sie zum Essen ein. Sie fühlt sich elend, noch betäubt von den Spritzen. Wegen des störenden Provisoriums im Mund lehnt sie zunächst die Einladung ab, gibt dann aber nach.

Jahre später wird sie sich selbst zu dem Zeitpunkt des Treffens so charakterisieren: »Ich war ganz verwirrt. Ich war absolut fasziniert. Er sah einfach hinreißend aus. Er war atemberaubend schön mit wunderbaren blauen Augen und blonden Haaren, groß und mit breiten Schultern. Er hatte eine sehr starke sexuelle Ausstrahlung. Er bat mich so lieb in einer charmanten Art, daß ich dann doch zusagte – nicht wissend, daß ich mit einem Mann mitging, der schlimmer als ein Mörder ist in meinen Augen.«

Wenn Frauen ihre erste Begegnung mit dem Mann beschreiben, der wie kein anderer ihr Leben verändert hat, fühlt man sich an die Liebesromane und Heimatfilme der 50er Jahre erinnert. Hohe Glückserwartungen scheint nur ein einziger Mensch erfüllen zu können: der Märchenprinz, der Mann, der angeblich weiß, was Frauen lieben, der Partner fürs Leben, der Beichtvater, der Retter vor der Einsamkeit, der Tröster in der Not. Daß er plötzlich und unerwartet genau dann auftaucht, wenn das Zielobjekt Frau besonders empfänglich zu sein scheint für eine emotionale Verstrickung, ist selten Zufall, wie die ersten unverfänglich anmutenden Kontakte suggerieren.

Wieviel Mühe, Zeit und Geld die HVA investiert hat, eine Zufallsbegegnung glaubwürdig zu inszenieren, dokumentiert der Fall der Gabriele K. in allen Details. Schon die Bekanntschaft mit Berthold Becker, den sie im »Rhein-Pavillon« in Königswinter am für sie folgenreichen 7. Juli 1977 treffen wollte, basierte auf einem Arrangement. Becker hatte sie im September 1976 vor dem Schaufenster eines Juweliers in der Kölner Innenstadt angesprochen, mit ihr über Schmuck geplaudert und sie dann als Bekannte des gemeinsamen Bekannten Werner W. angeblich wiedererkannt. Angesichts dieser »unverhofften Begegnung« bat er sie in ein Café. Obwohl sie sich nicht erinnerte, Becker jemals gesehen zu haben, nahm sie die Einladung an. Denn mit Werner W. hatte sie ein Jahr zuvor in Berlin eine Affäre, mit der sie überwiegend schöne Erinnerungen verband.

Jenen Werner W., Sportlehrer aus Chemnitz, schickte die HVA bei seinen Terminen beim Deutschen Sportbund in Ostberlin wiederholt nach Westberlin, damit er dort nach »operativem Ausgangsmaterial« Ausschau hielt. Das bedeutet: Frauen anzubaggern und sie auf ihre Eignung als Informantin für die HVA zu testen. »Vögeln fürs Vaterland« nannten nicht nur Zyniker die mitunter harte Bewährungsprobe für die Werber, die Romeos auf Zeit. Bei einer Tanzveranstaltung Anfang 1975 lernte Werner W. Gabriele K. kennen, damals noch Übersetzerin bei einem Pharma-Unternehmen in Berlin, aber schon auf der Suche nach einem Arbeitsplatz in Bonn, wo sie ihre perfekten Englischkenntnisse einsetzen konnte.

Werner W. beschrieb seinem Führungsoffizier Kurt R. aus der HVA-Abteilung XI Gabriele K. als »perspektivisch vielversprechend« und kümmerte sich auf Anweisung fortan um sie. Er, der sich ihr als promovierter Sportarzt aus Frankfurt am Main vorgestellt hatte, nahm zu ihr intime Beziehungen auf. Bald mißbrauchte er ihr Vertrauen, nutzte den Zugang zu ihrer Wohnung, um heimlich Arbeitsunterlagen zu entwenden und für seinen Führungsoffizier zu kopieren. Aus den Informationen von Werner W. über die Psyche und den Charakter der Gabriele K. zog der Führungsoffizier R. den Schluß, daß sie sich wohl kaum offen als Informantin für die HVA anwerben lasse. Sie hatte sich zu oft verächtlich über die Verhältnisse in der DDR und in der Sowjetunion geäußert.

Kurt R. entwickelte daher den Plan, sie unter fremder Flagge als Quelle zu gewinnen. Werner W. mußte deshalb das Kopieren der Arbeitsunterlagen »beichten und bereuen«, sich als Mitarbeiter eines internationalen Instituts mit Sitz in Wien zu erkennen geben, welches weltweit Informationen aller Art für unterschiedliche Abnehmer sammle und verkaufe. Sein Versuch, sie von einer Zusammenarbeit mit dem Institut zu überzeugen, scheiterte zunächst. Die sensible Gabriele K. nahm den Vertrauensbruch lange übel, blieb mißtrauisch, bis Werner W. mit ihr nach Wien reiste, um sie einem der Institutsleiter vorzustellen. Das war März 1975. Ein Chemiker aus Rostock spielte diese Rolle so gut, daß Gabriele K. Vertrauen faßte und sich zur Mitarbeit bereit erklärte. Der angebliche Institutsleiter versprach ihr Anteile bei der jährlichen Gewinnausschüttung.

Mehr als ein Jahr nach ihrem Umzug nach Bonn tauchte Berthold Becker nach wochenlanger Observation wie zufällig in Köln auf der Hohen Straße neben Gabriele K. auf. Er suchte beim Geplauder über Schmuck und den sanften Geliebten W. nach einer Gelegenheit, um sich als Instrukteur in dessen Nachfolge zu etablieren. Dieser Versuch mißlang offenbar trotz regelmäßiger Treffen, weil Becker überfordert war und seiner Alkohol- und Potenzprobleme wegen nach Ostberlin zurückbeordert wurde. Zur letzten Verabredung erschien er deshalb nicht mehr. Statt dessen tauchte jener Frank Dietzel wie ein Deus ex machina auf, der Gabriele K. im Sturm eroberte. Das Psychogramm, das die HVA von der Auserwählten in drei Etappen über einen Zeitraum von zwei Jahren entwickelt hatte, weist Herrn Dietzel, in Wirklichkeit Dr. rer. nat. Rudolf August R., den Weg.

## Das Vorspiel der Verstrickung

Das Erfolgsrezept der Romeos ist einfach und gelingt fast immer. Man nehme: ein bißchen Liebe, einen Hauch von Abenteuer, Sex nach individueller Dosierung, aber ein gehöriges Maß an Einfühlungsvermögen und psychologischer Führungskraft. Daß die Romeos amourös geschult worden sind, ist ein Ammenmärchen. Irgendwann hat irgend jemand diese Mär in die Welt gesetzt, und jeder mag sich nach dem Grad seiner Phantasie ausmalen, was an dieser Akademie für potentielle Casanovas aus Wolfs Revier gelehrt worden sein könnte. Tanzschritte von Foxtrott bis Tango? Die Benimm-Regeln des Herrn Knigge selig? Verführungstechniken der neckischen Art oder gar Lektionen aus Oswald Kolles Liebesschule? Selbst einige Funktionäre der HVA, die es eigentlich besser wissen müßten, verbreiten in Interviews gern Gerüchte über Lektionen in Liebe an der als Tagungsstätte für »Sport und Gesellschaft« getarnten HVA-Schule in einem Dorf bei Belzig zwischen Brandenburg und Dessau.

Heinz Günther, promovierter Jurist und viele Jahre Leiter

des Lehrstuhls »Recht und Sicherheit« an der DDR-Ausbildungsstätte für Spione, hat in seinen Memoiren den Lehrstoff über die operativ interessanten Personengruppen – Studenten bestimmter Fachrichtungen, Beamte, Bundeswehrangehörige, Techniker, Wissenschaftler und Sekretärinnen – sachlich und auch nach Meinung von westlichen Geheimdienstexperten zutreffend so beschrieben: »In diesem Zusammenhang wurden charakteristische Grundhaltungen, psychologische Aspekte, soziale Belange dieser Personengruppen vermittelt, die später bei der Kontaktaufnahme und der Zusammenarbeit entsprechend zu berücksichtigen waren.«

Erst 1986 hat die HVA innerhalb der Abteilung VI den Bereich Psychologie eingerichtet. In den Jahren zuvor hatten sich die Psychologen der HVA beim Zentralen Medizinischen Dienst nur dann um Agenten gekümmert, wenn diese vom streßreichen Einsatz in der Bundesrepublik in die DDR zurückkehrten.

Das Erkunden und Ausnutzen individueller Neigungen und Schwächen eines Menschen, den ein Nachrichtendienst für sich als Quelle gewinnen will, gehört ohnehin zum Einmaleins eines jeden Geheimdienstes. »Kultivierung einer Person« lautet der Fachbegriff. Ein Student der Sinologie läßt sich – vielleicht – durch eine Einladung zu einer dreiwöchigen Studienreise nach China »kultivieren«, ein Doktorand, unter Umständen, durch den Zugang zu unerforschten Quellen.

Bei einer sich einsam und unverstanden fühlenden Frau, die mitten in einer Lebenskrise auf emotionaler Ebene ins Geheimdienst-Geschäft eingebunden werden soll, verspricht stets dieselbe Methode Erfolg: zuhören, zuhören, zuhören. Der Romeo muß erfahren, was sie will, was sie vermißt, was sie bedrückt, was sie mag, was sie zum Verrat verführen könnte. Gesucht wird auch jene Neigung oder jenes Bedürfnis, das jenseits der ersehnten Liebesbeweise die Liaison mit der HVA oder dem KGB zu stabilisieren vermag, wenn sich der Romeo aus dem Staub macht, aber die Verbindung nach Ostberlin oder Moskau intakt bleiben soll. Nur wer zuhört, kann mit der

Präzision eines Akupunkteurs seine Nadeln setzen, so starke Gefühle wecken und sie schamlos ausnutzen, daß Erpressung und Nötigung gar nicht mehr wahrgenommen werden.

»Er war der erste Mensch, der sich meine Probleme anhörte«, bekannte auch Margret H., als sie sich 1987 vor dem OLG Düsseldorf wegen Landesverrats verantworten mußte.

Die Sekretärin Gabriele K. hat nicht vergessen, warum sie sich von ihrem Romeo namens Dietzel verstanden wußte: »Er war immer sehr lieb. Er hatte immer Geduld mit mir, war anfangs immer sehr besorgt. Ich erhoffte, durch ihn ein inneres Zuhause zu finden, Ruhe und Geborgenheit.«

Auch Irene S. beschreibt noch 20 Jahre nach der Flucht ihres Romeos in die DDR dessen freundliche Aufmerksamkeit als das Wichtigste in der Beziehung: »Er war sehr ruhig, fast wie ein Vater. Er hat mir zugehört, mich nie gedrängelt.«

Gerda O. zeichnet ebenfalls die Anfänge ihrer Affäre mit Herbert Sch. in rosigen Farben, selbst als die Beziehung längst in Alkohol, Streit und Frustration untergegangen war: »Die Zuneigung kam bei mir allmählich, aber dann habe ich mich furchtbar verknallt. Er konnte so gut auf mich eingehen, er verstand mich, ich fühlte mich bei ihm geborgen.« Dagmar K.-S., die Nachfolgerin von Gerda O. bei Herbert Sch., hat vielleicht am treffendsten ihre Situation charakterisiert, in der sie sich in den turbulenten Wochen nach der ersten Begegnung mit ihm befand: »Herbert kannte mich binnen kurzer Zeit besser als ich mich selbst.«

Daß Herbert Sch. fähig war, in jede Rolle zu schlüpfen, die das Objekt seiner Begierde wünschte, die Kunst der Verstellung wie kaum ein anderer zu beherrschen schien, zeigt sich aber erst, als beide Frauen für einen Informationsfilm des Bundesamtes für Verfassungsschutz über ihre Erfahrungen mit ein und demselben Mann aussagen. Der Leiter des Projekts gewinnt den Eindruck, daß die Frauen jeweils über einen anderen Menschen reden: Gerda O. über den Macho, der auch vor körperlicher Gewalt nicht zurückschreckte, sie mit Prügel vom Alkohol abbringen wollte. Über den Profi, der neidisch war auf ihre Erfolge als Agentin, als er sich auf den Kurierdienst zwischen ihr und der HVA reduziert sah. Ihm, dem Aufreißer und Anmacher der Extraklasse, hatte man die Rolle des Briefträgers überlassen – und das schmerzte.

Dagmar K.-S. hingegen schildert Herbert Sch. als Kavalier, der trotz eingestandener Abneigung sie brav in Ostberlin in die Oper oder ins Brecht-Theater begleitete und sie nicht einmal seinen Ärger über das von ihr gewünschte Kulturprogramm spüren ließ. Nach der Wende werden ehemalige Kollegen und Vorgesetzte Herbert Sch. als unberechenbaren und unangenehmen Zeitgenossen beschreiben, und keiner von ihnen kann sich so recht erklären, warum ausgerechnet er Narrenfreiheit in der sonst so bürokratischen HVA genoß. Sie geben darüber hinaus preis, daß er Jahre in der französischen Fremdenlegion diente, und erklären damit seine Neigung zu Brutalität.

Wie ein Buchhalter hat Herbert Sch. 1991 seine Meisterleistung der Schauspielerei in einem polizeilichen Vernehmungsprotokoll festgehalten, als er über seine unterschiedlichen, aber den ganzen Mann fordernden Rollen als »Tipper« an der Schwarzmeerküste in Bulgarien Auskunft gab. Dort hatte er in den 80er Jahren westdeutsche Touristinnen quasi rund um die Uhr auf HVA-Tauglichkeit getestet, weil die Kollegen vom verbündeten Dienst es mit der Pünktlichkeit und Präzision nicht so genau nahmen wie die Oberbürokraten von der HVA: »Meist war es so, daß der bulgarische Nachrichtendienst uns die vorher einzureichenden Listen der Urlauber zu spät vorlegte, so daß ich zum Beispiel mehr oder weniger durch Eigeninitiative Personen herausfilterte. Auftragsgemäß und aus persönlichen Gründen suchte ich mir in der Mehrzahl Frauen heraus, von denen ich zum Beispiel bei Gaststättenbesuchen erfuhr, daß sie alleinstehend und in Bundesbehörden der Bundesrepublik Deutschland tätig waren oder Absichten äußerten, eine solche Tätigkeit aufzunehmen. Bei erfolgreichen Kontakten übergab ich diese Personen an ebenfalls im Einsatzgebiet tätige MfS-Kollegen. Inwieweit sich hieraus erfolgreiche

Operationen ergeben haben, entzieht sich meiner Kenntnis.« Sch. bedauert auf Nachfragen des Richters, ihm kein Schema für seine Anmache liefern zu können. »Man kann ja nicht sagen, die hat rote Haare und O-Beine, deshalb arbeitet sie in einem Bonner Ministerium. Man muß sie sich heraussuchen.«

Herbert Sch. war im Sommer mit Zelt oder Wohnwagen unterwegs, im Winter graste er die Hotels und Hütten in den Skigebieten der ČSSR, Rumäniens und Bulgariens ab. Einen besonderen Anbändelungserfolg bei einer Schweizerin 1984 oder 1985 hat er stolz beim Bundeskriminalamt ins Protokoll aufnehmen lassen: »Die ca. 35 Jahre alte Frau war von einem Engländer geschieden, mit dem sie gemeinsam ein Restaurant in der Schweiz geführt hatte. Zum Zeitpunkt des Kennenlernens arbeitete sie als Oberkellnerin in einem renommierten Züricher Hotel. Die Frau war deshalb für mich interessant, weil sie im Besitz eines Schweizer und eines englischen Passes war. Außerdem sprach sie perfekt Englisch, Italienisch, Deutsch und Französisch. Neben ihren Sprachkenntnissen beherrschte sie die deutsche, englische und französische Stenographie. Die Frau war finanziell gutsituiert und – was am wichtigsten war – mir hörig. Sie hätte für mich alles getan, was ich verlangte. Ich hatte die Idee, diese Frau in Bonn zu plazieren, damit sie als Quelle andere Personen abschöpft oder aufgrund ihrer Pässe als Kurier eingesetzt werden kann. Diese Idee trug ich meinen Vorgesetzten in der Zentrale vor und berichtete über die Frau. Die Entscheidung war. ›Finger weg, laß das sein!‹ Diese Haltung konnte ich zwar nicht verstehen, mußte mich aber fügen.«

Als Herbert Sch. 1993 als Zeuge im ersten Prozeß gegen Markus Wolf aussagt, läßt er es sich nicht nehmen, die Leiden eines Herzensbrechers im besonderen Auftrag zu beklagen. Er erzählt von einer in Liebe zu ihm entbrannten Frau, die ihn mit Briefen mit gemalten Herzchen bombardierte. Sie wollte ihn unbedingt mit einer Fluchthilfe-Organisation aus der DDR herausholen – und kam schon deshalb als Agentin nicht in Frage. Er läßt sich aus über eine Sekretärin des Evangelischen Kirchenbundes in Hannover, die er bei einem Einsatz im Winter im rumänischen Brasov offenbar so durcheinandergebracht hatte, daß sie ihn ebenfalls mit Briefen überhäufte. Um der Flut der Liebesbotschaften ein Ende zu setzen, fuhr er noch einmal in das Skigebiet, wo sie schon sehnsüchtig auf ihn wartete. Dort will er ihr seine Abneigung unmittelbar gezeigt haben: »Liebe Tante, nun ist aber gut.«

Wenn Frauen vor Gericht jene Männer schildern, für die sie ihre bürgerliche Existenz aufs Spiel gesetzt haben, scheint in ihrer Wahrnehmung der Wunschtraum jeder Schwiegermutter sich personifiziert zu haben: höflich, ritterlich, zurückhaltend, sparsam, häuslich, ruhig, korrekt, pünktlich, unaufdringlich, hilft einer Dame in den Mantel, führt sie zum Tanzen aus, zeigt aufmerksames Interesse für alle Neigungen der Partnerin. Hinweise auf die Qualitäten als Liebhaber sind eher selten. Eine Ausnahme macht Gabriele K., die die Liebeskünste des Frank Dietzel, der Mann, »der immer kann«, ausführlich beschreibt. Selbst vor Gericht läßt sie sich ungefragt in allen Details über Bettszenen aus – von der ersten bis zur letzten Nacht.

Daß die Eigenschaften kontaktfreudig oder auch gesellig bei den Charakterisierungen der Romeos fehlen, versteht sich von selbst. Nur in ganz seltenen Fällen, wenn der potentielle Bräutigam ein Treffen mit den Eltern der Braut nicht länger hinausschieben kann, ohne das ganze Unternehmen zu gefährden, läßt sich der Romeo auf eine Familienbegegnung ein. Unauffällig bleiben, lautet die erste Agentenpflicht.

Er behauptet: »Am liebsten bin ich mit dir allein.« Oder: »Die kostbare Zeit verbringe ich lieber mit dir als mit anderen.« Oder er sagt, was Heiratsschwindler zu sagen pflegen, bevor sie das Konto der Dame abräumen: »Das holen wir alles nach, wenn wir erst einmal verheiratet sind und Kinder haben.«

Das Repertoire an Ausreden läßt sich beliebig erweitern, um bloß nicht mit Verwandten und Bekannten in direkten Kontakt zu kommen. »Er hat mich nie seiner Familie vorgestellt, ich ihn nie meiner. Er fand immer Ausflüchte. Ich bemühte mich zwar sehr darum, seine Familie kennenzulernen, aber es gelang mir nicht. Jahrelang kaufte ich Geschenke für seine Tochter, aber ich bekam nie eine Erwiderung«, so klagt Gabriele K. vor Gericht und zeigt ihre Verwunderung darüber, nie auf eine Adresse oder Telefonnummer des Geliebten bestanden zu haben. Dafür entschädigt der Romeo mit kleinen Geschenken, die aber bisweilen vom Führungspersonal angemahnt werden müssen – freilich ohne daß die Frau es merkt.

»Kauf ihr doch mal 'ne Kette zu Weihnachten!« Mit diesen Worten will der Mann, der als Hans Türke die Sekretärin Irene S. umgarnt hat, von seinem Instrukteur angehalten worden sein, den Frau S. zugedachten Agentenlohn nicht nur als Zuschuß für den Kauf eines Kühlschranks oder einer Waschmaschine zu gewähren.

Einige der hervorgehobenen Eigenschaften der Romeos gehören bei näherer Betrachtung zu den Überlebensregeln ihres Jobs. Wer schnell zum Ziel kommen will, möglichst binnen weniger Monate eine emotionale Beziehung in ein nachrichtendienstliches Alltagsgeschäft einbinden muß, hat sich anzupassen bis zur Selbstverleugnung. Nur in seltenen Fällen haben die Agenten mit ihren Opfern jahrelang zusammengelebt wie Hans Türke mit Irene S. oder wie Herbert Sch., der sogar unter seinem richtigen Namen Gerda O. geheiratet hat. Die Eheschließung mit seinem Opfer Nummer zwei, mit Dagmar K.-S., ob nun echt oder von der HVA als »operative Scheinehe« auf einem Standesamt in Ostberlin inszeniert, hat ohnehin am separaten Lebensstil der beiden nichts geändert, weil Herbert Sch. nach der Offenbarung seiner Frau Gerda mit Haftbefehl in der Bundesrepublik gesucht wurde und hier nicht mehr leben konnte. Die Beziehung fand deshalb auf Raten statt – in Hotels an diversen Plätzen in Österreich und der Schweiz oder auch in Ostberlin.

Die Mehrzahl der Romeos operiert nach dem Prinzip von Kommandos terroristischer Organisationen zur Vorbereitung eines Anschlags: minutiöse Planung der Details, Absichern des

Fluchtweges nach Ostberlin, dann Zuschlagen und Abhauen. Das »hit and run«-Prinzip der Agenten, anmachen, stimulieren, programmieren, dann abzischen und einem Kollegen die Dame zur weiteren Verwendung überlassen, funktionierte beispielhaft bei Elsa Anna J. aus Köln.

Blick zurück ohne Zorn. Die kaufmännische Angestellte befindet sich Anfang der 70er Jahre in einem seelischen Tief, als sie in einer Kölner Kneipe einen Karl-Heinz kennenlernt. Er gibt vor, als Dolmetscher in Berlin zu arbeiten, aber berufsbedingt viel auf Reisen zu sein. Sie erzählt von ihrem geplanten Sprachstudium, das ihr nach der gescheiterten Ehe den Weg in einen qualifizierteren Beruf ebnen soll. Sie verabreden, sich jedesmal zu treffen, wenn Karl-Heinz in Köln zu tun hat. Die Mittzwanzigerin fühlt sich vom neuen Freund »total verstanden«, fragt ihn fortan in beruflichen und privaten Angelegenheiten um Rat. Sie scheint es nicht im geringsten zu irritieren, daß sie für ihn, er aber nie für sie erreichbar ist. Handys sind noch nicht erfunden. Die Beziehung ist sehr eng, als Elsa Anna J. 1974 für ein halbes Jahr nach England geht. Nach ihrer Rückkehr findet sie in Köln bald einen neuen Freund, beendet diese Beziehung aber sofort, als Karl-Heinz sich wenige Monate später meldet und seinen Besuch ankündigt.

Die Frau, mittlerweile Fremdsprachensekretärin bei der Deutschen Investitions- und Entwicklungsgesellschaft (DEG), ist von Karl-Heinz hingerissen, auch von seinem Interesse an ihrer neuen Arbeit. Die DEG, das deutsche Finanzierungs- und Beratungsinstitut zur Förderung der Privatwirtschaft in den Ländern der Dritten Welt, unterhält auch enge Kontakte zum Bundesministerium für wirtschaftliche Zusammenarbeit und Entwicklung (BMZ) und zu allen Zweigen der Privatwirtschaft. Sie gibt ihm auf seinen Wunsch hin alle offen zugänglichen Unterlagen, er zeigt Dankbarkeit. Sie treffen sich so oft, wie sein Terminkalender es erlaubt. Sie stellt keine Fragen und fühlt sich in ihrer Taktik des geduldigen Wartens bestätigt, als er sie nach Westberlin einlädt. Mulmig wird ihr erst, als er sie ohne Einreisevisum und ohne Probleme nach Ostberlin mitnimmt. Aber erst beim zweiten Besuch weiß sie genau, was die Stunde geschlagen hat: Nach einer gemeinsamen Nacht in einem Westberliner Hotel fährt er mit ihr in ein Haus der HVA, wo zwei Freunde von Karl-Heinz sich als Mitarbeiter des MfS vorstellen. Mit mehr oder minder deutlichen Hinweisen auf das schon gelieferte DEG-Material fordern die beiden sie zur Fortsetzung der Mitarbeit auf.

Was sie schließlich bewegt, eine Verpflichtungserklärung zu unterschreiben, wird 20 Jahre später in ihrem Prozeß wegen geheimdienstlicher Agententätigkeit nicht mehr zu klären sein. War es allein ihre Zuneigung zu Karl-Heinz, von dem sie niemals den Nachnamen erfuhr? Ein bißchen Abenteuerlust? Oder etwa die oft beschriebene unwirkliche Atmosphäre eines Agententreffs in einer Datscha außerhalb Berlins? Oder politische Überzeugung basierend auf den Restbeständen ihres Engagements in der linken Szene? Oder gar das Gefühl, plötzlich wichtig zu sein, weil die biederen Herren vom MfS so tun, als könne gerade sie einen elementaren Beitrag zum Frieden leisten? Vielleicht war es eine Mischung aus allem. An dem Tag, als sie sich zum Verrat und zur Geheimhaltung darüber bereit erklärt, sucht sie sich ihren Decknamen aus: »Anette«. Danach sieht sie Karl-Heinz nur noch einmal, er sagt ihr nicht, daß es ein Abschied für immer wird. Die Verbindung zur HVA verläuft fortan ohne amouröse Ingredienzen.

Einem »Rüdiger« folgt ein »Rolf«. Mit beiden trifft sie sich alle drei bis vier Monate in Koblenz, Mainz und Trier, ausnahmsweise zur Belohnung auch mal in Prag oder Budapest. Sie wird nachrichtendienstlich geschult, lernt, den Agentenfunk abzuhören, bekommt einen gefälschten Bundespersonalausweis für den Fall der Fälle, aber keinen Agentenlohn. Allenfalls die Spesen für die Treffs werden großzügig erstattet. Sie liefert alles, was sie in die Finger bekommt, unter anderem vertrauliche Dokumente des BMZ zu Fragen der Entwicklungspolitik, Unterlagen des Bundestagsausschusses für wirtschaftliche Zusammenarbeit, Länderdaten über Investitionsbedingungen, Promotionskonzepte für ausgewählte Investitionsländer.

Der Lohn: vier oder fünf Verdienstmedaillen der DDR, die sie freilich nur anschauen darf. Die strafrechtliche Konsequenz entsprach dem milden Klima im siebten Jahr der Wende: zehn Monate Haft auf Bewährung.

Elsa Anna J. hat ihren Romeo Karl-Heinz gern gehabt. Vielleicht hat sie ihn auch geliebt, aber verfallen war sie ihm nicht. Sie ließ sich nicht wie einige andere Agentinnen auf Sex mit den nachfolgenden Instrukteuren ein, forderte kein Geld, genoß die Agententreffs als Flucht aus dem beruflichen und privaten Alltag: Die Beziehung zu jenem Karl-Heinz, dessen wahre Identität niemals geklärt werden konnte, war nur der Anfang für eine jahrzehntelange Arbeit für die HVA.

## Die Offenbarung – und eine neue Lügengeschichte

Sie wähnt sich am Ziel ihrer Träume: Urlaub auf Ischia mit dem Mann, den sie liebt. Sie ist glücklich, mit sich und der Welt eins. Bonn und der Alltag im Büro sind weit weg – und er ist da. Peter Krause, ein attraktiver Mann, der sich eine Karriere als Schriftsteller erträumt. Aus Südafrika will er nach Deutschland gekommen sein, um hier seinen Neigungen nachzugehen. Er hat Geld gespart, kann sich Zeit lassen mit dem Schreiben.

Ein paar Monate zuvor haben sie sich kennengelernt. An einem warmen Frühlingsabend saß Helge B., einsam, lustlos und ein bißchen deprimiert, am Bonner Marktplatz im Café. Das Ende ihrer ersten großen Liebe war noch nicht verwunden. Der Jugendfreund hatte sie schmählich verlassen und schon längst eine andere, als er noch vorgab, mit ihr Heiratspläne zu schmieden. Und in Bonn, wo sie als Fremdsprachensekretärin seit einem Jahr im Kirchenreferat des Auswärtigen Amtes arbeitete, fühlte sie sich noch nicht heimisch. Nach ersten Versuchen, am Wochenende allein etwas zu unternehmen, ins Kino zu gehen oder ins Theater, fuhr sie dann doch wieder freitagabends nach Hause. Lieber nahm sie das Genörgel ihres Vaters in Kauf, der sie und die Mutter tyrannisierte, als sich in ihrem möblierten Zimmer einsam zu fühlen.

Daran mochte sie nun gar nicht mehr denken, seit sie von Peter Krause aus ihren trüben Gedanken gerissen wurde. »Guten Abend«, hatte er gesagt: »Entschuldigen Sie, daß ich Sie hier einfach so anspreche, aber Sie kommen mir irgendwie bekannt vor. Haben wir uns nicht schon einmal gesehen?«

Helge B., 24, blickte in dunkle Männeraugen, und alles begann, wie es immer beginnt, wenn man sich verliebt und an die Fügung des Schicksals glaubt. Dabei hatte die HVA Helge B. seit ihrem Sprachkurs bei der Alliance Française in Paris im Visier.

Der Urlaub mit Peter Krause auf der Mittelmeerinsel gestaltet sich denn auch wie im Märchen, bis eines Tages ein Brief von zu Hause eintrifft. Der Vater von Helge B. hat den Bericht eines Detektivs beigelegt. Dieser Herr war von ihm beauftragt, das Leben des Freundes zu erforschen. Denn all das, was sie über ihn daheim erzählt hatte, nährte sein Mißtrauen gegenüber jenem Mann, der die Grundregeln der Höflichkeit zu mißachten schien. Trotz wiederholter Einladungen hatte Peter Krause sich nicht bei den Eltern von Helge B. vorgestellt. Und was sie selbst über den Ehepartner in spe berichtete, schien zu vage, zu unseriös, zu widersprüchlich, einfach nicht solide für die Tochter eines ehrbaren Handwerkers. Der Vater fürchtete, sie sei dem Charme eines Heiratsschwindlers erlegen.

Der Detektiv hat nicht viel herausgefunden, aber das, was er als Ergebnis seiner Ermittlungen präsentiert, müßte Helge B. alarmieren: Peter Krause ist nirgendwo gemeldet. Das einzige, was von ihm zu erkunden war, besagt wenig. Gelegentlich arbeitet Peter Krause als Kellner in einem Ausflugslokal auf der »Magarethenhöhe« bei Königswinter. Helge B. reicht ihrem Geliebten den Bericht. Binnen von Sekunden erfaßt der wohl die Situation. Er gibt sich zerknirscht, beschämt, am Boden zerstört. Er bekennt: »Ja, alles ist wahr.« Die bittere Wahrheit: Er ist kein Deutscher aus Johannesburg, er ist nirgendwo gemeldet, er hat kein Geld gespart, er will nicht Schriftsteller werden, er arbeitet als Aushilfskellner. »Nichts stimmt von dem, was ich dir von mir erzählt habe«, gesteht er, »nur eines: daß ich dich liebe.«

Es folgt das nächste Geständnis, das die Lügen erklären soll: »Helge, ich arbeite für den britischen Geheimdienst.« Was er nun als die Wahrheit, die reine Wahrheit, präsentiert, wird sie ihm abnehmen, vielleicht wirklich solange, bis sie zehn Jahre später bei ihrer Festnahme im Mai 1976 mit den Fakten konfrontiert und der geheimdienstlichen Agententätigkeit für die DDR beschuldigt wird.

Peter Krause gibt vor, für den Secret Intelligence Service (SIS) in der Bundesrepublik tätig zu sein. Seine Begründung: Weil die Briten aufgrund der Erfahrungen der jüngsten Geschichte die Entwicklungen in der Bundesrepublik mit Skepsis betrachten, lassen sie die Politik präventiv durch Geheimagenten überwachen. Zur Erklärung, warum gerade er sich habe anheuern lassen, tischt er eine herzergreifende Geschichte auf. Für ihn bedeute der Job eine Art Vermächtnis gegenüber seinen Eltern, da beide im Dritten Reich sehr gelitten hätten.

Als Helge B. beteuert, ihm zu glauben und keine Trennung zu wollen, nennt er ihr die Bedingungen für eine gemeinsame Zukunft: Sie müsse seine Arbeit für die Briten akzeptieren, ihm dabei auch »der Form halber« helfen und ihm außerdem versprechen, ihre Beziehung vor anderen geheimzuhalten. Ihren Eltern soll sie sagen, sie habe sich von ihm getrennt.

Helge B. zögert nicht. Sie will den geliebten Mann nicht verlieren, sondern ihn heiraten und mit ihm Kinder haben. Sie unterschreibt das Papier, das er ihr als Verpflichtungserklärung des britischen Geheimdienstes präsentiert. Daß er sie dann erleichtert in die Arme nimmt, ist sicher nicht gespielt: Er kann Ostberlin den ersten Etappensieg im Fall B. melden. Um mögliche Zweifel bei seiner Freundin zu zerstreuen, arrangiert Peter Krause ein Treffen, bei dem er ihr seinen angeblichen Chef aus London präsentiert. Der etwa 50 Jahre alte Mann, mit dem das Paar in einem Frankfurter Hotel zu Abend ißt, spricht Deutsch mit unverkennbar englischem Akzent. Irgendwann wird ihr dieser Mann eine auf Bütten gedruckte Ehrenurkunde des britischen Nachrichtendienstes mit ihrem Namen überreichen – der angebliche Dank der englischen Krone für eine deutsche Spionin.

Die Liebesbeziehung droht im Agenten-Alltag unterzugehen, die sporadischen Treffen in irgendwelchen Hotels entsprechen bald nicht mehr ihren Wünschen. Dennoch liefert Helge B. treu an Peter Krause Material von jedem ihrer Arbeitsplätze: zuerst aus dem Auswärtigen Amt, dann aus der deutschen Botschaft in Paris und schließlich aus der deutschen Handelsvertretung in Warschau, darunter alle Dokumente, in denen die Verhandlungsposition der Bundesregierung für die deutsch-polnischen Verträge nachzulesen ist. Zu dieser Zeit hat sich auch Peter Krause in der polnischen Hauptstadt niedergelassen: aus dem »Deutschen aus Südafrika« ist ein »Schweizer Journalist« geworden. Helge B. bleibt ihm verbunden, obwohl sie inzwischen eine Liebesbeziehung zu einem wesentlich älteren hochrangigen Diplomaten unterhält. Sie gesteht Peter Krause den Treuebruch, er spielt den Enttäuschten, gibt sich aber überraschend schnell mit der neuen Rolle eines Aushilfeliebhabers zufrieden. Helge B. versorgt ihn weiter mit Material und akzeptiert Bargeld als Lohn.

Seit Anfang 1976 wird die Agentin B. beschattet, und als sie im Mai desselben Jahres festgenommen wird, hat sich Peter Krause längst in die DDR abgesetzt. Seine wahre Identität konnte nie geklärt werden, der zweite Name »Klaus Wöhler«, unter dem er sich im Januar 1970 beim Einwohnermeldeamt Freiburg im Breisgau angemeldet hatte, war ebenfalls gestohlen. Angeblich hatte die deutsche Botschaft in Neuseeland den Paß ausgestellt. Dabei hatte der echte Klaus Wöhler, der seit seiner Flucht aus der DDR 1955 in England wohnte, wohl nur die Daten für eine Fälschung geliefert, als er seinen Ausweis für die Dauer des Besuchs seiner Mutter in der DDR bei der Volkspolizei abgeben mußte.

Der 4. Strafsenat des OLG Düsseldorf hat sich im Prozeß gegen Helge B. 1979 ausführlich mit der Frage auseinandergesetzt, ob und wann sie das Spiel ihres Geliebten durchschaut hat. Denn irgendwann hat der Agent im Auftrag Ihrer Majestät eine Fluchtadresse in Ostberlin (Lobitzweg) genannt und ihr die unglaubliche Geschichte erzählt, daß alle Geheimdienste der Welt auf gewissen Gebieten zusammenarbeiten. Was Helge B. tatsächlich verstanden und wie sie es interpretiert hat, bleibt im dunkeln. Die Richter kommen zu der Überzeugung, daß sie das Faktum, für einen östlichen Geheimdienst gearbeitet zu haben, aus natürlichem Abwehrmechanismus nicht wahrhaben wollte. Sie soll es jedoch stillschweigend billigend in Kauf genommen, also mit bedingtem Vorsatz gehandelt haben. Helge B. hat das immer bestritten, obwohl sie von ihrem Verteidiger wußte, daß ein Eingeständnis und Reue auch in dieser Frage als Strafmilderungsgrund berücksichtigt werden könnte. Das Urteil: fünf Jahre Freiheitsstrafe wegen geheimdienstlicher Agententätigkeit in einem besonders schweren Fall in Tateinheit mit Verletzung des Dienstgeheimnisses und mit Bestechlichkeit.

Die Offenbarung von Peter Krause, ein Spion zu sein, war wohl nicht ganz nach Plan gelaufen. Wahrscheinlich hätte er das Drama später aufgeführt, wenn er sich der Zuneigung der Helge B. noch sicherer gewesen wäre. Der Bericht der Detektei hat ihn zur vorgezogenen »Stunde der Wahrheit« gezwungen. Die vermeintlich tragische Szene mit dem einleitenden Satz: »Mein Liebling, ich muß dir etwas gestehen« gehört zur Inszenierung. Daß es sich nicht um eine schwache Stunde des Agenten handelt, der plötzlich das Versteckspiel, das Gespinst der Lügen, sein Leben als Wanderer zwischen zwei Welten unerträglich findet, dokumentieren andere Fälle. Denn irgendwann muß er auch geheimdienstlich zur Sache kommen, um endlich zu wissen: Tut sie es, oder tut sie es nicht.

Dem Geständnis folgt die einkalkulierte Reaktion des Opfers. Margarete L. beschreibt ihre Empfindungen so: »Ich war zunächst am Boden zerstört, als er mir gestand, er sei ein Spion. Ich wollte es einfach nicht wahrhaben. Aber dann war ich irgendwie stolz, daß er mir so sehr vertraute. Wenn ich vorher Zweifel an seiner Liebe gehabt hätte, jetzt waren sie weg. Er hat ja vielleicht sogar sein Leben für mich aufs Spiel gesetzt, um mir die Wahrheit zu sagen.«

Der gezielte Appell ans Mitleid mit Sätzen wie: »Ich bin ruiniert, wenn das meine Vorgesetzten erfahren« oder »Ich habe dir doch schon von meinem brutalen Vorgesetzten erzählt. Wer weiß, wie der reagieren wird, wenn er von dieser Sache erfährt ...« verfehlen selten ihre Wirkung.

Die Reaktionen der Frauen, die nach der Offenbarung ihres Geliebten nicht davongelaufen sind, sondern trotzig zu ihm standen, ähneln einander sehr, wie ihre Aussagen vor Gericht belegen. »Ich dachte, jetzt hat er nur noch mich. Ich muß zu ihm stehen. Der Arme tat mir leid.« Oder: »Ich war überzeugt, daß er mich braucht. Gerade jetzt.« Oder: »Ich weiß nicht, ob ich ihm aus Liebe oder aus Mitleid verziehen habe. Aber ich wußte: Jetzt kann ich ihn nicht allein lassen.« Der Märchenprinz verwandelt sich vor ihren Augen in einen Frosch, aber die Braut läuft nicht schreiend davon. Im Gegenteil. Sie überschüttet ihn mit Zuneigung.

Einige Frauen glauben, jetzt erst zu verstehen, warum bestimmte Ereignisse so ablaufen mußten, wie sie abgelaufen sind: Die »heimliche Verlobung«, das Versteckspiel vor der Familie, die ausweichenden Antworten, die Auswahl der Hotels in wechselnden Städten, das irritierende Spiel der Finger vor seinem Gesicht, wenn in einem Restaurant am Nachbartisch fotografiert wurde. Nun weiß sie es: Er wollte, durfte, konnte nicht zufällig auf einem Bild erscheinen. Nun wird sie keine Fragen mehr stellen, sie wird sich damit zufriedengeben, weder seine Anschrift zu kennen noch zu wissen, was er tut, wenn er nicht bei ihr sein kann – und auf die Zeit hoffen, wenn sein Auftrag erledigt ist.

In diesem Wechselbad der Gefühle nach seinem Geständnis

und dem oft folgenden Bekenntnis, die Geliebte lieber verlassen zu wollen, als sie mit ins Verderben zu stürzen, schwört sie ihm die Treue, und er findet, fast schon wieder zum Prinzen mutiert, die Lösung für beide: ihre Mitarbeit in seinem Gewerbe.


## Die Verpflichtung

Die Phantasie der Dramaturgen in der HVA und beim KGB beim Erfinden von Organisationen als Cover für die wahren Auftraggeber hat bundesdeutsche Ermittler, Ankläger und Richter immer wieder in Erstaunen versetzt. Daß sich die »Kundschafter des Friedens« nicht immer hinter der falschen Flagge gegnerischer Geheimdienste (vornehmlich Briten, Franzosen und Dänen) verstecken wollten, mag verschiedene Gründe haben. Der befürchtete Abschreckungseffekt, bei ängstlicheren Naturen allein schon hervorgerufen durch die Worte Spionage, Geheimdienst, Agent, beflügelte das Erfinden von Organisationen und Institutionen, die überwiegend dem Frieden in der Welt dienen sollten, aber es gab auch andere: Studiengruppen verschiedener Länder, internationale Marktforschungsinstitute, eine Geheimorganisation in Südamerika lebender Kriegsteilnehmer, eine französische Rüstungsfirma, eine Nachrichtenbörse in Wien, eine Schallplattenfirma in Luxemburg.

In einer Reihe von Fällen reichte die gängige Tarnung von Agenten: Journalist, Publizist, Schriftsteller. Je nach Dauer und Intensität der Beziehung wird auch mancher leichtgläubigen Frau mit Verzögerung klar, worauf sie sich eingelassen hat. Die Deckadressen, über die sie sich im Notfall an den Freund oder den »Freund des Freundes« wenden kann, sind überwiegend in Ostberlin; ebenfalls die Adressen, bei denen sie im Falle von Gefahr untertauchen kann.

Aber bei einigen Opfern der Täuschung, wie bei Irene S. oder Gabriele K., funktioniert der Verdrängungsmechanismus so perfekt, daß sie bis zum bitteren Ende im Gerichtssaal beteuern, ihr Gefährte habe für ein internationales Friedenskomitee in London beziehungsweise ein Internationales Institut in Wien gearbeitet. Im Fall der Irene S. wird der Psychiater in seinem Gutachten vor Gericht sagen, daß sie »einen Schleier über die Dinge legt, die sie nicht wahrhaben will«, um zu überleben. Aufkeimende Zweifel werden erstickt, weil man sich ein derartiges Beziehungsgeflecht gar nicht vorstellen will oder kann.

Der Neurologe und Psychiater, der im Prozeß gegen Gabriele K. ein umfangreiches Gutachten vorträgt, zitiert dabei aus dem Krankenbericht eines Bonner Internisten, dem sie offen ihr Leid mit dem Romeo klagte. Aber der Arzt, von dem sie sich Hilfe erhoffte, hat sie nicht verstanden. Er notierte: »Zur Zeit wieder Probleme mit Freund, glaubt, er werde sie verlassen. Scheint aber auch merkwürdige Beziehung zu sein. Sie kennt seine Adresse nicht, nicht einmal die Stadt!« Ein anderer Arzt, den sie in ihrer Verzweiflung aufgesucht hat, glaubt, daß ihre Aussagen über den Freund von diesem ominösen Institut nicht stimmen können, denn eine derart seltsame Beziehung paßt nicht in sein Weltbild: »Freund hat sie endgültig verlassen! Ob es ihn überhaupt gibt?« Die alarmierenden Signale, die Gabriele K. in ihrer Not an Ärzte ausgesandt hat, sind nicht empfangen worden.

Wenn sich die Romeos über die Zuneigung hinaus der ideologischen Sympathie, der Abenteuerlust oder der Geldgier ihrer Julias sicher sein konnten, haben sie bei ihrem Geständnis, Agent zu sein, auch aus ihrem Auftraggeber keinen Hehl gemacht. Herbert Sch., der erst Gerda O. und danach Dagmar K.-S. umgarnt, verläßt sich auf seinen Instinkt und seinen Sex-Appeal. Die lebenshungrige Elke F. fürchtet sich nicht vor einer Zusammenarbeit mit dem KGB; sie liebt das Spiel mit dem Feuer. Dieser Grad von Offenheit zwischen Romeo und Julia erleichtert das Spionagegeschäft ungemein.

## Eine Sekretärin schöpft Verdacht

Der gutaussehende junge Mann hat die Welt gesehen, ist als Steward zur See gefahren, spricht fließend Englisch. Seine Manieren lassen nichts zu wünschen übrig, sein Auftreten ist perfekt. Wie es scheint, verkörpert Johann B. den Gentleman vom Scheitel bis zur Sohle. Daß er mit 27 Jahren der Seefahrt überdrüssig ist, wieder festen Boden unter den Füßen haben will, entscheidet er im Herbst 1967 nicht allein. Mitarbeiter der Spionageabteilung der Bezirksverwaltung Karl-Marx-Stadt haben den Bundesbürger bei einer Heimreise angesprochen und ihn für eine neue Karriere in der Region Bonn werben können. Viel Mühe brauchten sie sich nicht zu geben, denn Johann B. zeigt sich als überzeugter Kommunist und Sozialist. Die Rolle eines Romeos erscheint ihm verlockend.

Generalstabsmäßig laufen die Vorbereitungen für den Einsatz an der amourösen Front. Ein Jahr nach seiner Verpflichtung findet er über ein Inserat in einer Hotelfachzeitschrift einen Job als Kellner in einem Hotel in Königswinter: Bonn zum Eingewöhnen von der rechten Seite des Rheins aus, von Einheimischen verächtlich die »schäl sick« genannt. Sechs Monate später macht er sich selbständig, pachtet mit finanzieller Hilfe der HVA in Bonn-Endenich eine Kneipe. Das Personal übernimmt er von seinem Vorgänger. Darunter befindet sich die Aushilfskellnerin Cordelia H. Sie ist im Hauptberuf Sekretärin des Abteilungsleiters im Bundesverteidigungsministerium, zuständig für Wehrtechnik der Luft- und Raumfahrt. Johann B. meldet alle Details seinen Führungsoffizieren nach Ostberlin. Sie sind entzückt, hat ihnen der Zufall die sonst mühseligen Inszenierungen der ersten, oft entscheidenden Begegnung erspart.

Weisungsgemäß bändelt Johann B. mit der kellnernden Sekretärin an. Bei der Verlobungsfeier Silvester 1969 in einem Weinlokal an der Ahr muß dem Zufall jedoch nachgeholfen werden. Unerwartet taucht dort ein Bekannter des Verlobten auf, der von ihm ganz spontan zur Feier eingeladen wird. Er stellt sich der Braut als Ingenieur einer französischen Rüstungsfirma vor und revanchiert sich bei dem jungen Paar mit einer Einladung zu einem Kurztrip nach Kopenhagen. Dort läßt der Mann, der sich Mike nennt, schnell die Katze aus dem Sack, offenbart nach den üblichen Schmeicheleinheiten sein Interesse an Rüstungsunterlagen aus dem Ministerium. Als Gegenleistung offeriert er Geld für den Kauf einer eigenen Pension – die Existenzsicherung für das junge Paar.

Cordelia H. wird mißtrauisch, winkt ab, aber der angebliche Ingenieur gibt so schnell nicht auf. Tage später sucht er sie in ihrer Bonner Wohnung auf, präsentiert ein Bündel Geldscheine und wiederholt sein Angebot. Er läßt das Geld auf dem Tisch liegen und bittet sie inständig, es sich doch gut zu überlegen. Cordelia H. läßt sich nicht umstimmen, und Mike nimmt beim nächsten Besuch das Geld wieder mit. Die Anwerbung, die der HVA anfangs als besonders leichtes Spiel erschien, ist gescheitert. Johann B. wird angewiesen, die Beziehung zu seiner Verlobten zu beenden. Der Gentleman wandelt sich binnen Tagen zum Rüpel der übelsten Sorte. Nicht einmal zehn Wochen nach der Verlobung gibt Cordelia H. ihm den Ring zurück. Am Aschermittwoch ist alles vorbei.

Mehr als 20 Jahre später wird Cordelia H. vor dem Oberlandesgericht Düsseldorf als Zeugin im Verfahren gegen Johann B. und dessen Frau aussagen. Sie wird erfahren, daß die Verlobung nur eine Inszenierung der HVA und jener Mike der Instrukteur von Johann B. war, der innerhalb weniger Wochen ein neues Opfer gefunden hatte: die mit ihm auf der Anklagebank sitzende Ehefrau Ute. Sie hatte das getan, wozu Cordelia H. nicht bereit gewesen war. Sie hat für ihn an ihrem Arbeitsplatz spioniert, bei der Außenstelle des Bundeskriminalamtes in Meckenheim, zuständig für Terrorismus und Staatsschutzdelikte.

Der Vorsitzende Richter Klaus Wagner erinnert sich acht Jahre später noch lebhaft an die Details des Verfahrens gegen den Romeo B. und seine beiden Opfer: »Der Abgang des Johann B. läßt die ganze menschliche Erbärmlichkeit der Masche deutlich werden. Nach dem Scheitern der Anwerbung begegnete er Cordelia H. bewußt nachlässig und lieblos, so daß sie an sich selbst zu zweifeln begann und schließlich die Verlobung löste. Für sie war die Sache dank ihres gesunden Mißtrauens gut ausgegangen. Daß sie das Erlebnis nachhaltig beeindruckt hatte, zeigte ihr Verhalten im Prozeß. Bei ihrer Vernehmung als Zeugin wollte sie mir zunächst nicht einmal den Namen ihres gegenwärtigen Chefs sagen.«

Für Ute B., die von der HVA zu einer »Nachverlobungsfeier« mit dem schönen Romeo nach Ostberlin eingeladen worden war, endete die Liebe zu Johann B. in einer Katastrophe. Um die Angst vor Entdeckung zu überwinden, suchte sie Trost im Alkohol; Entziehungskuren und vergebliche Versuche, sich aus den Fängen der HVA zu befreien, bestimmten ihr Leben bis zur Enttarnung nach der Wende. Die einzige Genugtuung bei ihrer Verurteilung wegen geheimdienstlicher Agententätigkeit im November 1991 zu vier Jahren Haft: Ihr Romeo ist nicht davongekommen wie die meisten seines Gewerbes. Johann B. wurde zu fünf Jahren Freiheitsstrafe verurteilt.

## Zwischen Angst und Frust – der Alltag der Agentin

Gerda O. fühlt sich geschmeichelt, als sie in angenehmem Ambiente mit sehr freundlichen Herren über den Weltfrieden und die Segnungen des Sozialismus diskutiert. Sie ist gerade 21 Jahre alt, liebt den 17 Jahre älteren Herbert Sch., der sie zu diesem Treffen nach Ostberlin begleitet hat. Sie will ihn heiraten, glaubt auf Wolken zu schweben. »Ich war plötzlich wer.« So wird sie sich 13 Jahre später vor dem Oberlandesgericht in Düsseldorf an diese Gespräche erinnern: »Man nahm mich ernst, hörte mir zu, ging auf mich ein, das war bei mir zu Hause nie geschehen. Endlich wurde ich als erwachsener Mensch behandelt.«

Diese drei aufgeschlossenen Herren nehmen sie nicht nur ernst, sie trauen ihr auch zu, daß sie wie keine andere für den Sozialismus kämpfen und den Weltfrieden retten kann. Keiner der drei Gesprächspartner drängt oder erpreßt sie. Mehrere Besuche folgen, bevor sie das Handwerk der Spionage lernt, so wie sie vorher in London Englisch und in Paris an der Seite von Herbert Sch. Französisch gepaukt hat. Allmachtsphantasien beflügeln die Tochter aus konservativem und streng katholischem Haus. Ihre Mutter, entsetzt über den Freiheitsdrang der Tochter von Kindheit an, hatte sie oft zur Strafe in der Küche vor dem Kruzifix den Rosenkranz beten lassen. Den Spruch: »Lieber Gott, laß Gerda anders werden, sonst muß sie sterben« bleute die fanatische Frau schon ihrer kleinen Tochter ein. Die Mutter hat sie noch geohrfeigt, als die Tochter fast erwachsen war. Diese Demütigungen waren es, die Gerda O. im Alter von 18 Jahren dazu trieben, in London eine Au-pair-Stelle anzunehmen.

Gerda O. hat sich schriftlich zur Zusammenarbeit mit der HVA verpflichtet. Ein Hauch von Abenteuer verklärt den Alltag der Fremdsprachen-Stenotypistin im Auswärtigen Amt. Auf Wunsch von Herbert Sch. hat sie sich auf diesen Job beworben, die Prüfung mühelos bestanden. Seit November 1965 macht sie dort doppelt Karriere. Sie ist nicht nur eine von vielen, die morgens eines der Amtsgebäude an der Adenauer Allee 99 bis 103 betreten und sich abends wieder in ein möbliertes Zimmer verkriechen. Sie trägt den Decknamen »Rita«, fühlt sich stark, auserwählt aus der Heerschar von 20 000 Sekretärinnen.

Gerda O. und Herbert Sch. heiraten 1968. Die Flitterwochen währen nicht lang. Das Zusammenleben in der kleinen Wohnung im Zentrum von Bonn empfindet Gerda O. bald als Falle. Das junge Paar hat keine Freunde und Bekannten, die Isolation ist für sie, die gern diskutiert, bedrückend. Sie liefert umfangreiche Informationen, indem sie die Lochstreifenbänder der Fernschreiben an Vertretungen der Bundesrepublik im Ausland und die von deutschen Botschaften an das Auswärtige

Amt nach Hause trägt. Ihr Mann transportiert die Bänder nach Ostberlin, erst in einer präparierten Aktentasche, dann über »rollende tote Briefkästen« in Interzonenzügen. Sie schafft derart ausgezeichnetes Material heran, daß ihr Mann und sie schon wenige Monate später bei einem Führungstreff im tschechischen Brünn mit hohen Orden der DDR ausgezeichnet werden. Das Lob und das militärische Zeremoniell wecken erste Zweifel; sie beginnt sich hilflos zu fühlen, weil sie nicht mehr zu überblicken glaubt, wie die DDR die von ihr verratenen Dokumente nutzt.

Herbert Sch. betrügt sie mit anderen Frauen, obwohl seine Führungsstelle ihm Seitensprünge ausdrücklich verboten hat, da sie die Arbeit seiner Frau gefährden können. Er beginnt, an ihrer Arbeit herumzumäkeln, bemängelt Quantität und Qualität des von ihr gelieferten Materials, das sie zunächst aus dem Auswärtigen Amt, später aus der deutschen Botschaft in Washington und schließlich aus der Botschaft in Warschau herausschleppt. Er ist mit seiner Rolle als Briefträger seiner Frau unzufrieden; sie fängt an, sich mit Alkohol zu trösten. Sie ist physisch und psychisch am Ende, und Ostberlin drängt sie erstmals zu größeren Lieferungen. Sie wird von Gewissensbissen gequält, als sie sich im März 1973 in den Korrespondenten einer deutschen Rundfunkanstalt verliebt, die Trennung von ihrem Mann beschließt – und sich ihrem neuen Gefährten anvertraut. Mit seiner Hilfe wagt sie das Ende ihrer Karriere als Agentin.

Die Dramatik der Ereignisse vor ihrem Rückflug im Juli 1973 in die Bundesrepublik, als die HVA sie mit allen Tricks noch auf dem Flughafen von Warschau zur Umkehr zu zwingen versucht, ihre Entschlossenheit, alles den Ermittlern ohne Rücksicht auf sich selbst zu offenbaren, und ihr Erscheinen ohne förmliche Ladung pünktlich zum Prozeßbeginn werden Jahre später die Richter des OLG Düsseldorf beeindrucken. Der damalige Vorsitzende des 4. Strafsenats spricht mehr als 20 Jahre später mit großem Respekt von ihr, da sie sich freiwillig der deutschen Justiz ausgeliefert hat, obwohl sie mit ihrem Lebensgefährten und dem gemeinsamen Kind bereits in Spanien lebte. »Sie ließ sich auch nicht durch den auf fünf Jahre Freiheitsentzug lautenden Strafantrag der Bundesanwaltschaft davon abschrecken, zur Urteilsverkündung zu erscheinen.« Das Urteil aufgrund der vielfältigen Milderungsgründe: drei Jahre Haft. Noch im Gerichtssaal bittet sie darum, in der nächsten Woche die Strafe antreten zu können, die für sie schließlich nach Ablauf der kürzest möglichen Frist zur Bewährung ausgesetzt wird. Richter Wagner, seit 1995 in Pension, wiederholt 22 Jahre später wörtlich jenen Satz, mit dem er die mündliche Urteilsbegründung beendete: »Diese Angeklagte hat ihren Frieden mit der Bundesrepublik Deutschland in überzeugender Weise gemacht.«

Seit der schicksalhaften Begegnung mit Herbert Sch. am Goldstrand von Bulgarien im August 1973 verändert sich das Leben der Dagmar K.-S. dramatisch. Die junge Frau hat mit ihrer Tochter München verlassen, neben ihrem Job an der Bonner Universität Sprachkurse belegt, ihre Schreibmaschinen- und Stenographiekenntnisse verbessert. Sie, die kurz vor der Mittleren Reife wegen der Geburt ihrer Tochter die Schule aufgeben mußte, lernt zwei Jahre wie eine Besessene. Sie tut alles, was ihr der Geliebte und Führungsoffizier Sch. empfiehlt. Auf seinen Rat bewirbt sie sich 1975 beim Auswärtigen Amt, fällt beim Eignungstest durch und bewirbt sich aus eigenem Antrieb auf eine Zeitungsanzeige beim Bundeskanzleramt. Im Zentrum der Macht sitzt sie als Vorzimmerdame des Referats 211 in der Abteilung 2, zuständig für auswärtige und innerdeutsche Beziehungen und äußere Sicherheit der Bundesrepublik. Dokumente und Dossiers aller Geheimhaltungsstufen durchlaufen diese Stelle oder werden dort bearbeitet. In diesem Job gehört Dagmar K.-S. sofort zum »Schlüsselpersonal«. Sie wird später behaupten, daß sie von dieser herausgehobenen Position erst in ihrem Prozeß erfahren hat.

Das MfS stuft die inzwischen neun Jahre alte Tochter als Risiko für die Mutter ein und weist Dagmar K.-S. an, sie in ein Schweizer Internat zu schicken. So haben das jedenfalls später die Richter des OLG Düsseldorf gesehen, zumal das MfS die Hälfte der Kosten übernahm. Sie selbst wird darauf beharren, auf der Unterbringung des Mädchens in einem erstklassigen Internat bestanden zu haben, damit die Kleine von ihrem Doppelleben nichts mitbekommt.

Alle vier bis fünf Wochen trifft Dagmar K.-S. an wechselnden Orten im westlichen Ausland Herbert Sch., dem sie »durch besondere Leistungen imponieren« wollte, wie es im zweiten Urteil des OLG Düsseldorf heißt: »Mit diesem Geltungsbedürfnis erklärt sich ihre intensive Mitarbeit, das eingestandene Bestreben, alles mitzuteilen, was sie erlangen, aufnehmen und im Gedächtnis behalten konnte.« Dagmar K.-S. habe »nicht nur Weisungen befolgt, sondern auch aktive Mitarbeit geleistet«.

Der Alltag der attraktiven Agentin, um die sich viele Männer im Bundeskanzleramt vergeblich bemühen: Streß, ein Leben in Anspannung, Überstunden, um möglichst viel heranschaffen zu können für den Mann, mit dem sie sich eine gemeinsame Zukunft erhofft. Sie scheut sich nicht, für die Erfüllung ihres Traumes auch Charakteristiken von leitenden Beamten zu liefern, Gewohnheiten, Vorlieben und mögliche Schwachstellen aufzulisten. Sie glaubt, was ihr die freundlichen Herren in Ostberlin beim ersten Treffen versprochen haben: Nur eine kurze Zeit müsse sie für das MfS arbeiten, danach könne sie mit Herbert Sch. und ihrer Tochter in der DDR leben.

Dagmar K.-S. kennt die Lebensverhältnisse in der DDR nicht, hat sich blenden lassen bei den Besuchen in Ostberlin, als ihre späteren Auftraggeber sie umschmeichelten und ihr jeden Wunsch von den Lippen ablasen. Nachdem sie ihre Verpflichtungserklärung unterschrieben hatte, ist sie mit Herbert Sch. in eine »tolle Bar gegangen und vor Aufregung vom Hokker gefallen«, wie sie vor Gericht aussagen wird. Dagmar K.-S. hat für ihre Sehnsucht nach Liebe, Glück und Geborgenheit einen hohen Preis gezahlt: zwei Prozesse. Das erste mildere Urteil (drei Jahre Haft) hob der Bundesgerichtshof auf, weil er den Abschreckungseffekt vermißte; nach dem zweiten Verfahren (vier Jahre, drei Monate Haft) begann ein langer, schmerzhafter Prozeß der Auseinandersetzung mit dem Geschehen, das bis heute ihr Leben überschattet.

\*

Jedesmal, wenn Irene S. stark nach Schweiß riechend und am ganzen Körper zitternd aus ihrem Büro im Bundeswirtschaftsministerium oder später aus dem Vorzimmer des Bundesarbeitsministers Herbert Ehrenberg nach Hause kommt, weiß der Mann, der sich Hans Türke nennt: Sie hat abermals ihre Angst überwunden, ihre Schuldgefühle verdrängt, das schlechte Gewissen in Kauf genommen, um zu tun, was er von ihr verlangt. Die Dokumente, die sie seit 1970 von ihrem jeweiligen Arbeitsplatz in einer Einkaufstasche herausgeschmuggelt hat, um sie ihrem Lebensgefährten zu geben, finden in der Auswertungsstelle der HVA nur mäßiges Interesse. Dennoch lobt Hans Türke sie, von ihren Liebesbeweisen hängt schließlich seine Zukunft in der Bundesrepublik ab. Solange sie liefert, genießt er die Vorzüge des Lebens im feindlichen Operationsgebiet. Und vielleicht gelingt ihr eines Tages der große Coup, auch wenn sie sich beharrlich weigert, sich auf solche Posten zu bewerben, die aus der Perspektive eines Nachrichtendienstes interessant erscheinen.

Daß sie aus eigenen Stücken einen Job aus dem Leitungsbereich gegen den im Baureferat getauscht hat, wo die Ausbeute für Hans Türke und seine Auftraggeber zwangsläufig geringer ist, hat Irene S. ihm trotz aller Liebe nicht verraten. Jahre später wird sie vor Gericht erstmals davon erzählen, und auch von ihrer panischen Angst, erwischt zu werden: »Ich habe das nervlich nicht gepackt. Ich wollte eine Familie. Ich wollte Kinder. Etwas anderes wollte ich nicht. Deshalb habe ich das alles in Kauf genommen. Ich habe mich nie frei gefühlt.«

Hans Türke dankt ihr, ist besonders nett zu ihr, wenn sie unter ihrer verschwitzten Kleidung Papiere hervorzerrt, weil sie nicht immer mit der Einkaufstasche oder einer großen Handtasche ins Büro gehen will. Er braucht sie dabei nie zu drängen, denn sie hängt den Träumen einer gemeinsamen Zukunft nach. Sie weiß, ihn nur dann heiraten zu können, wenn sie ihm das gibt, was er braucht, um bei ihr bleiben zu dürfen. Wenn unerwartet an einem Tag Material auf ihrem Schreibtisch landet, das ihren geliebten Hans erfreuen wird, stopft sie die Papiere in ihre Wäsche, trägt diese an ihrem Körper nach Hause, wo er in Ruhe fotografieren kann. Die Tasche mit dem doppelten Boden, die Hans Türke ihr einmal gegeben hat, benutzt sie nicht. Trotz des unauffälligen Designs erscheint sie ihr zu gewagt.

Irene S. sucht mehrere Frauenärzte auf, um ihre Fruchtbarkeitsstörungen behandeln zu lassen. Wie schon in der Beziehung zum Vorgänger des Hans Türke leidet sie abermals an den Symptomen einer Scheinschwangerschaft. Weihnachten 1977 wollen sie heiraten. Doch nur wenige Wochen vor dem Ereignis, das sie seit sieben Jahren herbeisehnt, verschwindet der Bräutigam. Plötzlich, ohne Vorwarnung, ohne eine Erklärung. Sie wartet und wartet, bis sie einen Anruf bekommt, in dem er ihr einen Brief mit Anweisungen ankündigt. 20 Jahre später wird sie vor Gericht aussagen, wie sie damals nicht mehr klar denken konnte. Bei einem Treffen mit jenem Mann, den sie schon einmal als den Boß des Friedenskomitees kennengelernt hatte, nimmt sie den Auftrag entgegen, alles zu vernichten, auf dem der Name Hans Türke steht, und auch alle Fotos, auf denen er abgebildet ist. Und den Nachbarn tischt sie Lügengeschichten auf.

»Ich dachte nur Hans! Hans! Hans!« wird sie im Januar 1998 in den Gerichtssaal rufen und unter Tränen schildern, was sie trotz der Angst vor Entdeckung und der Enttäuschung über sein Verschwinden noch alles für den geliebten Mann getan hat. Wie sie sich zuvor von ihm leiten ließ, befolgt sie auch nach seiner Flucht seine Anweisungen. Sie packt all das in Koffer, was er nur haben will, vor allem Anzüge und die teuren Wintersachen. Sie verstaut die Sachen in seinem neuen Audi, auf den er so stolz ist und den er behalten möchte. An einem Wochenende Anfang 1978 bringt sie alles nach Ostberlin. Sie weint, er weint. Er schenkt ihr zum Abschied einen Schal, den er ihr um den Hals legt, um sie vor der Kälte zu schützen. Jahre später vor Gericht wird er sich als Zeuge im Prozeß gegen seine frühere Gefährtin lauthals darüber empören, daß er seinen wahren Liebling, den nagelneuen Audi 80, der HVA überlassen und sich mit einem Wartburg begnügen mußte.

Irene S. wird sich vom Trauma namens Hans nicht erholen. Nach seinem Abgang beginnt sie zu trinken, versäuft den Agentenlohn, den ihr der angebliche Chef des Friedenskomitees bei seinen Besuchen zusteckt, bis sie für den dritten Romeo bereit zu sein scheint. Daß dieser sich nur einmal bei ihr sehen läßt, hat historische Gründe. Die Wende beendet ihre Arbeit als Agentin, aber nicht den Zerstörungsprozeß ihres Lebens.

Margret H. erschien ihren Vorgesetzten im Bundespräsidialamt wie eine Sekretärin aus dem Bilderbuch. Die junge Frau sitzt von 1969 bis 1974 im Vorzimmer eines Ministerialrats, in dessen Abteilung unter anderem der Zivile Alarmplan neu überarbeitet wird, insbesondere der »Alarmkalender«. In ihm sind alle Einzelheiten über die fünf Alarmstufen für das Bundespräsidialamt geregelt und auch alle Etappen des Umzugs der Behörde in den atombombensicheren Bunker Marienthal an der Ahr. Wie das Leben im ausspionierten Bonn so spielt: Ein neues Informationssystem mit neuen Codes muß Anfang der 70er Jahre erarbeitet werden, weil wenige Monate zuvor die Spionin Leonore Sütterlin den alten Plan in allen Details an den KGB verraten hat ...

Nun sitzt abermals eine KGB-Agentin an diesem Platz, nur kennt sie ihren Auftraggeber nicht. Der Mann, der als Franz Becker Margret H. umgarnte, will die Informationen aus ihrem Arbeitsbereich für eine angeblich in Südamerika ansässige Organisation. Margret H., Anfang 30, liebt den fünf Jahre jüngeren Beau, dennoch gibt sie nur widerstrebend seinen wirklichen Wünschen nach. Später, als sie die Hoffnungen auf eine gemeinsame Zukunft schon aufgegeben hat, wird sie trotzdem ihn und danach noch ein Ehepaar beliefern – aus einer Mischung aus Mitleid und Genugtuung, daß ausgerechnet er auf ihre Hilfe angewiesen zu sein scheint.

Die Abwehrmechanismen der Margret H. gegen die Forderungen des Mannes, von dem sie nicht lassen kann, eröffnen den Blick in unergründliche Tiefen ihrer Seele.

Hin- und hergerissen zwischen der Zuneigung zu Franz Becker und ihrem schlechten Gewissen, wobei sie alle Hinweise auf eine Spionagetätigkeit mit Kräften zu verdrängen sucht, beginnt sie an Migräneanfällen und einer schmerzhaften Schuppenflechte zu leiden. Die Arbeit für den »schönen Franz« macht Margret H. krank. Jahre später wird sie sagen, daß sie gar nicht bemerkt hat, wie miserabel es ihr die ganze Zeit ergangen ist, weil sie sich selbst nie wichtig genommen habe. Einige Merkwürdigkeiten, für Außenstehende auffällige Absurditäten in der Beziehung zu Franz Becker, kann sie erst nach ihrer Verhaftung erkennen, als sie allmählich Distanz zu den Ereignissen gewinnt.

Doch bis zu ihrer Festnahme im August 1985 läßt sie sich auf das makabre Spiel ein, das der KGB mit ihr treibt. Sie fährt auftragsgemäß nach Köln, befindet sich pünktlich an einer einsamen Telefonzelle in Bayenthal, wartet darauf, nach der Vorwahl von Herford gefragt zu werden, um weisungsgemäß zu antworten: »Ich kenne nur die Vorwahl von Löhne.« Sie wird aber niemals angesprochen, keiner will von ihr die Vorwahl jener Stadt wissen, in deren Nähe sie aufgewachsen ist. Dennoch kommt sie immer wieder zu den »Blind-Treffs«, mit denen Geheimdienste den Gehorsam ihrer Agenten vor Ort zu überprüfen pflegen – im Zeitalter der High-Tech-Spionage immer noch eine gefragte, wenn auch sinnlos erscheinende Übung. Doch wer sich als erwachsene Frau auf eine Art Schnitzeljagd durchs nächtliche Köln einläßt und an einer Telefonzelle am Rande einer Grünanlage bereit ist, Auskunft zu geben über die Vorwahl von Löhne, auf den kann man sich verlassen. Bei der nächsten Übergabe von Geheimmaterial in der Vorhalle eines Kölner Museums wird alles wieder wie am Schnürchen laufen. Oder wie in einem klassischen Agentenfilm der 50er Jahre.

Ann Christine B. ist von dem Studenten der Volkswirtschaft, Rainer Rupp, beeindruckt, als sie ihn im Frühjahr 1970 in Brüssel kennenlernt. Die 22 Jahre alte Sekretärin beim Militärischen Vertreter Großbritanniens der NATO bewundert das Wissen des Intellektuellen. Er versteht es meisterhaft, die drei Jahre jüngere Engländerin auf ein ihr bis dahin unbekanntes Terrain zu locken. Er animiert sie zu Diskussionen über politische Grundsatzfragen und bringt ihr die marxistisch-leninistische Ideologie nahe, mit der sich angeblich alles Leid der Welt wenden läßt. Als das Ende ihrer Abordnungszeit vom britischen Verteidigungsministerium droht, macht Rupp ihr einen Heiratsantrag. Um in Brüssel weiterarbeiten zu können, bewirbt sie sich bei der NATO Im Herbst 1971 wird sie als Sekretärin eingestellt.

Rainer Rupp, schon seit 1968 der HVA verpflichtet, versucht, ihr sein Engagement für die DDR verständlich zu machen. Und sie, die die Welt durch die Augen des geliebten Mannes sieht, glaubt, ihn zu verstehen. Er informiert seine Führungsstelle in Ostberlin. Noch vor der Hochzeit versuchen die Führungsoffiziere bei einem Treffen in Amsterdam auch die Braut anzuwerben. Der erste Anlauf mißlingt, vor allem deshalb, weil einer der Führungsoffiziere in englischer Sprache zweideutige Witze reißt, von denen sie sich abgestoßen fühlt. Kurz nach der Hochzeit im April 1972 reist das Ehepaar gemeinsam nach Ostberlin. Er übersetzt die Offerte der HVA seiner Frau, die die deutsche Sprache kaum beherrscht. Er wird ihr Führungsoffizier. Sie akzeptiert den Deal, doch worauf sie sich eingelassen hat, wird sie erst Jahre später merken. Aus verschiedenen Organisationseinheiten der NATO beschafft sie geheime Dokumente für ihren Mann, der alles nach Ostberlin übermittelt. Rainer Rupp, der Anfang der 90er Jahre als Top-Spion unter dem Decknamen »Topas« enttarnt werden soll, schafft damals nur brisantes, in der höchsten Geheimhaltungsstufe klassifiziertes Material seiner eigenen Frau nach Ostberlin – und nichts von sich selbst.

In den beiden ersten Jahren, als sie bei der NICSMA (NATO Integrated Communications System Management Agency) Geheimpläne für ein NATO-Kommunikationssystem über Postleitungen und Satelliten nach Hause schleppt, scheint sie glücklich, ihrem Mann zu Diensten zu sein. Als ihr damaliger Chef von NICSMA 1975 in den Internationalen Militärstab wechselt und sie als seine Sekretärin mitnimmt, läßt ihr Elan zum Spionieren jedoch nach. Sie setzt sich mit der Literatur über den Sozialismus auseinander und beginnt sich eine eigene Meinung zu bilden, die im Gegensatz zu den Auffassungen ihres Mannes steht.

Christine Rupp leidet an der Isolation, am Doppelspiel, das ihr nur Verluste beschert. Sie versucht, sich mit ihrem Mann auseinanderzusetzen, doch er wischt ihre Einwände als töricht beiseite. Sie demonstriert ihm, daß sie nicht mehr mag, nicht mehr will, nicht mehr kann. Sie schafft immer weniger schriftliches Material heran, setzt über lange Zeiträume die Lieferungen aus. Ostberlin fordert sie mehrfach, aber ohne Erfolg, zur Fortsetzung ihrer Doppelarbeit auf. Als Rainer Rupp seit 1977 selbst aus der NATO Geheimmaterial von höchster Qualität zu verraten beginnt, beschwört sie ihn immer wieder, das Spionieren zu lassen. Sie stellt ihm Ultimaten, er geht scheinbar auf sie ein, verspricht in regelmäßigen Abständen, der drei Kinder wegen aufzuhören. Er inszeniert zu Hause ein Versteckspiel und fotografiert heimlich im Weinkeller die Dokumente. Als dem Ehepaar Rupp vor dem Oberlandesgericht Düsseldorf der Prozeß gemacht wird, hüllt sie sich weitgehend über das Verhältnis zu ihrem Mann in Schweigen. Sie will ihre Kinder schützen. Nur ihre Weinkrämpfe vor Gericht lassen etwas von jener Tragödie erahnen, über die nichts an das Licht der Öffentlichkeit dringen soll.

*

Die Übersetzerin Gabriele K. hält sich für gänzlich ungeeignet, um für das ominöse Friedensforschungsinstitut in Wien ihres neuen Freundes zu arbeiten. Er bittet sie dennoch um Proben ihrer Arbeit und behauptet, nur sein Institut könne die Qualität ihrer Leistungen beurteilen – und nicht sie. Sie vertraut ihm, obwohl sie große Zweifel quälen. Jahre später wird sie vor Gericht bekennen: »Es war ja verboten, Papiere aus der Botschaft zu nehmen, und ich sagte Frank, daß ich das gern mit meinem Chef, den ich ja sehr mochte, besprechen wollte. Denn irgendwie dachte ich, wir könnten doch alle zusammenarbeiten, weil wir alle die gleichen Ziele verfolgen.«

Frank Dietzel zerstreut ihre Bedenken, qualifiziert sie als unlogisch ab. Er beteuert, sein Institut sei strengsten Sicherheitsregeln unterworfen und jeglicher Kontakt mit den Staaten des Warschauer Paktes ausdrücklich verboten. Sie will ihm glauben, seinen Ansprüchen genügen und nicht das Dummchen sein, das keinen Überblick hat über die Weltlage und den schwierigen Kampf um den Frieden an allen unsichtbaren Fronten. In der Mittagspause schleppt sie die in Zeitschriften versteckten Dokumente aus der Botschaft, von denen er immer wieder behauptet, daß sie gar nicht so wichtig seien. Sie fotografiert diese in ihrer Wohnung mit einer speziellen Spiegelreflexkamera, die ihr der Freund überlassen hat, und bringt die Unterlagen nachmittags zurück. Sie findet das ganz logisch. Denn hat sie bereits alles parat, wenn sie sich treffen, können sie sich mehr ihrer Beziehung widmen.

Versucht Gabriele K. mit ihm ein Gespräch über die Kopien geheim eingestufter Dokumente zu führen, lenkt er stets ab. Er redet statt dessen über ihr Verhältnis und ihre gemeinsame Zukunft. Nach mehreren Ankündigungen verlobt er sich 1978 mit ihr, schiebt den Hochzeitstag aber in weite Ferne. Er erzählt ihr, bis 1982 an einen Arbeitsvertrag gekettet zu sein, der eine Heirat verbiete. Der Grund: Seine Arbeit sei mit extrem aufwendigen und langen Dienstreisen verbunden, seine Auftraggeber sähen in der Ehe ein Arbeitshindernis. Bei Vertragsbruch drohe ihm eine Konventionalstrafe von 300 000 Mark.

Ihr kommen Zweifel, ob es einen solchen Vertrag überhaupt gibt. Sie hört sich bei Top-Managern um, die ihr sagen, daß solche Verträge ungewöhnlich, aber durchaus denkbar seien. Und sie schämt sich sofort, ihm mißtraut zu haben.

Gabriele K. sieht ihren Geliebten fortan pro Monat nur für drei, vier Tage, nimmt ihm seine Erzählungen von seinen so strapaziösen Dienstreisen ab – und begnügt sich mit der Zeit, die für sie übrigbleibt. Erst bei ihrer Festnahme im Herbst 1991 wird sie erfahren, daß jener Frank Dietzel in seinem wirklichen Leben als Dr. Rudolf R. schon verheiratet war. Nach den Trips zu ihr ist er immer wieder heimgekehrt zur Familie nach Rostock, wo er als Leiter der Forschungsabteilung eines Chemie-Unternehmens arbeitete. Die HVA hatte ihn als IM unter dem Decknamen »Stahmer« nur für Gabriele K. angeheuert.

Die Liebe auf Raten verändert Gabriele K., aus der erotischen Anziehung erwächst sexuelle Hörigkeit. Sie nimmt alles in Kauf, wenn er nur einmal im Monat sie in irgendeinem Hotel glauben macht, sie sei der Traum seines Lebens. Die Frau mit den Erfahrungen einer ganzen Skala von unterschiedlichen Intimbeziehungen verfällt dem Mann, der ihre erotischen Bedürfnisse wie kein anderer zuvor und danach zu erfüllen weiß.

Jahre später kommt in ihr der Verdacht auf, daß er mit ihr nur deshalb so oft ins Bett gegangen sei, um Fragen und Diskussionen auszuweichen. (Ihr Gefühl hat sie nicht getrogen. Der Romeo hat mehrfach seinen Führungsoffizier angefleht, daß er sie nicht mehr sehen möchte, weil er die Beziehungsdebatten mit ihr haßte.)

Frank Dietzel animiert sie, den Führerschein zu machen, und sie schafft mit großer Anstrengung die Prüfung nach mehr als 70 Fahrstunden. Sie hat ihm geglaubt, daß er damit ihr einen Gefallen getan habe, obwohl er vor allem selbst ihre neue Mobilität nutzt, um die Kosten für ihre Treffs möglichst gering zu halten. Sie vergibt ihm, wenn er sie stundenlang in Hotels in Bielefeld, Düsseldorf, Duisburg, Solingen und Wiesbaden warten läßt, weil er angeblich andere unaufschiebbare Termine wahrnehmen mußte. Sie verzeiht alles, auch wenn er sie herunterputzt. Er erzählt ihr von seinen Freundinnen, die seine Potenz auch zu schätzen wußten und ihn mit teuren Geschenken belohnt hätten.

Gabriele K. beginnt, den Vorgängerinnen nachzueifern, obwohl er ständig Vergleiche zu ihrem Nachteil anstellt. Alle Damen, die er beglückt haben will, seien viel schöner, intelligenter und dynamischer als sie gewesen – und auch viel bessere Autofahrerinnen, nicht so verkrampft wie sie. Doch selbst diese Beleidigungen mindern den Grad ihrer Verblendung nicht.

Als sich Frank Dietzel eines Tages beschwert, daß ihre Präsente zu phantasievoll seien, und er ihr eine Liste mit Dingen gibt, die beide später einmal in ihrem gemeinsamen Haushalt brauchen könnten, ist sie gerührt. Sie schöpft keinen Verdacht, als er sich Werkmaschinen, Spritzpistolen und elektrische Bohrer wünscht – all diese wunderbaren Dinge, die »Kundschafter des Friedens« aus dem Operationsgebiet so gern nach Hause mitnehmen, weil sie dort nicht zu bekommen und deshalb mit ihnen gute Geschäfte zu machen sind. Daß er niemals einen Finger krumm macht, wenn sie in ihrer Wohnung handwerkliche Hilfe braucht, nimmt sie hin, obwohl die Mutter von Gabriele K. nicht mit kritischen Bemerkungen spart.

Gabriele K. sieht dem Geliebten nach, wenn sie sich auf seinen Wunsch hin Schmuck im Wenz-Katalog aussucht, ihn auch bestellt – und bei Lieferung die Rechnung selbst bezahlt. Daß er auch noch erwartet, daß sie sich für dieses selbstfinanzierte Geschenk auch noch bei ihm überschwenglich bedankt, wird ihr erst Jahre später auffallen. Er steckt ihr Geld zu, das angebliche Honorar vom Friedensinstitut in Wien, doch er verlangt einen Teil sofort zurück, weil sie sich bei den Treffen die Kosten teilen, da angeblich seine Reisespesen seine Finanzkraft überfordern und sie als emanzipierte Frau ihn verstehen müsse. Aber sie zahlt nicht nur die Hälfte der Unkosten für Hotel und gemeinsames Essen, sondern viel mehr.

Gabriele K. wird Jahre später vor dem OLG Düsseldorf an allen Verhandlungstagen im Sommer 1996 ein weißes Stofflämmchen an ihre Brust drücken und herzzerreißend weinen.

Sie wird Tränen vergießen, die sich mit ihrer Wimperntusche vermischen und das Lämmchen beflecken. Sie wird sich bockig wie ein kleines Mädchen in die Ecke stellen, mit dem Fuß aufstampfen, mit Selbstmord drohen und in der Verhandlungspause das Lämmchen wieder so weiß waschen, als sei nichts geschehen. Ihre Lebensetappen mit dem Mann, der sich Frank Dietzel nannte, wird sie als das Verhältnis eines Kaninchens zur Schlange charakterisieren: »Eine solche Beziehung möchte ich nicht mehr. Sie frißt einen auf und nimmt einem jede Handlungsfähigkeit. Sie isoliert total. Da ich mich nur auf ihn fixiert habe, nur ihn sah, nur ihm gehorchte, verlor ich mehr und mehr den Zugang zu anderen Menschen. Alte Freundschaften verliefen im Sand. Das eigene Leben hörte irgendwie auf. Ein Leben begann, das ich bestenfalls als ›Warteschleife‹ bezeichnen kann.«

Dieses Einsiedler-Syndrom beschreibt Heinz Hülser nach Dutzenden von Gesprächen mit Romeo-Opfern so: »Ihrer Grundstruktur nach kommunizierfähige, sozial gesunde, nicht selten uneingeschränkt hilfsbereite Menschen brechen mit ihrer Vergangenheit. Ihrer Umgebung bleibt nur Verwunderung. Hilfs- oder gar Rettungsangebote werden ausgeschlagen.«

Hülser schildert beispielhaft den Fall einer Bonner Sekretärin, die über die verlorenen Jahre mit ihrem Romeo sagte: »Ich machte mich zum Eremiten.« Sie schämte sich vor ihren Nachbarn, Freunden und Bekannten. Sie schloß sich in der Freizeit in ihrer Wohnung ein, ging nicht mehr ans Telefon, war unerreichbar. »Sie befand sich aber nicht in Meditation, sie fühlte sich ›dem Wahnsinn‹ nahe«, schreibt Hülser. »Sie sah sich in einer Falle, aus der es für sie kein Entrinnen gab. Sich zu stellen, kam ihr (und anderen) nicht in den Sinn, weil sie dadurch ihren Geliebten selbstverschuldet verloren hätte. Also wählte sie den Fluchtweg nach innen.«

## III. Venus Z. oder was eine Frau zum Spionieren braucht

### Die Kamera im Lippenstift

Die Stehlampe aus Messing mit Seidenschirm und dezentem Goldrand wirkt im abhörsicheren, fensterlosen Saal des OLG Düsseldorf wie ein Relikt aus verlorener Zeit. Im Schein jener Lampe hat Margret H. einst in ihrem Wohnzimmer Dokumente aus dem Bundespräsidialamt für den sowjetischen Geheimdienst fotografiert. Sie hatte den das Licht dämpfenden Schirm entfernt und eine 100-Watt-Birne eingedreht, bevor sie mit einer Minox die Aufnahmen machte. Margret H. hat am ersten Prozeßtag die Lampe und andere Gegenstände aus ihrem Besitz identifiziert: einen Kleiderbügel mit Hohlraum (als Versteck für Filme), eine Kleiderbürste mit Container (zum Verbergen ihrer Kleinstkamera), eine Cremedose mit doppeltem Boden (Lagerplatz für Filme), einen metallenen Flaschenausgießer in Form einer Ritterrüstung (abermals ein potentielles Versteck für Filme) und eine rote Handtasche mit Geheimfach, angeblich nur ein einziges Mal zum Transport von Papieren aus dem Bundespräsidialamt in ihre Wohnung im rechtsrheinischen Oberkassel benutzt. Sie hat auch Haarbürsten als ihr Eigentum wiedererkannt, die tatsächlich nur der Haarpflege dienten und nicht – wie so oft bei Agentinnen – als nachrichtendienstliches Geheimversteck. All diese Beweisstücke aus der Asservatenkammer wurden vom Gericht nach der Identifizierung durch die Angeklagte wieder verstaut, nur die Lampe mit ordentlich aufgewickelter Schnur wird noch Wochen später bei der Urteilsverkündung hinter der Richterbank stehen – bürgerliches Überbleibsel eines Doppellebens.

Margret H. hatte schon bei ihren Vernehmungen durch das

Bundeskriminalamt von jener Kamera berichtet, mit der sie noch vor ihrem Strafverfahren in die Schlagzeilen geraten ist: die Supermini-Kamera, verborgen in der Hülle eines Lippenstifts. Mit ihr sollte sie diskret, aber direkt an ihrem Schreibtisch Mikrate, extrem verkleinerte Fotos, von ihren Arbeitsunterlagen herstellen. Doch dieses Wunderwerk der Tüftelkunst sowjetischer Elektrotechniker hat die Agentin H. nur einmal zu benutzen versucht und sich dabei ertappt gefühlt. Sie gibt die Kamera dem Mann zurück, den sie als Franz Becker kennt. Er zerbricht das »noch nicht ausgereifte Testgerät« und wirft die Einzelteile in den Rhein. Jahre später wird er sagen, daß das Geräusch des Auslösers viel zu laut gewesen sei. Keine Frage, daß Margret H. froh ist, die Minikamera los zu sein: Die Linse in der Kuppe eines Lippenstifts hätte sie ständig daran erinnert, was sie partout nicht wahrhaben wollte und jahrelang zu verdrängen suchte – zu spionieren für einen fremden Geheimdienst.

Die Minox, die sie von ihrem Romeo als Ersatz erhält, war zwar schon längst als das wichtigste Geheimdienst-Utensil in die Geschichte eingegangen. Aber Margret H. benutzt sie wie jede x-beliebige Kamera. Einmal läßt sie den Apparat bei einer Busreise durch Irland an einem Kiosk liegen. Als sie erfährt, daß eine Kollegin die gleiche Tour wenige Wochen später gebucht hat, bittet sie diese, am malerischen Rock of Cashel im Kiosk nach der Kamera zu fragen. Und siehe da, die Minox befindet sich noch dort, wo Margret H. sie vergessen hat. Urlaubsfilm und Agenten-Kamera sind gerettet, ohne daß der KGB von der Panne etwas erfährt.

Wie in jedem Beruf braucht auch ein Agent spezifische Mittel, die ihm seine Arbeit erst ermöglichen beziehungsweise erleichtern. Um den eigenen Leuten ein hohes Maß an Sicherheit zu gewährleisten, hat das MfS in Ziffer 6 der »Richtlinie Nr. 2/79 für die Arbeit mit Inoffiziellen Mitarbeitern im Operationsgebiet« vorgeschrieben, die »verschiedenen operativen Mittel streng IM-gebunden einzusetzen«. Der Ministerrat hatte also quasi per Geheimer Verschlußsache abgesegnet, daß dem Einfallsreichtum der Tüftler und Handwerker des MfS keine Grenzen gesetzt sind – weder im Hinblick auf menschliche Ressourcen noch hinsichtlich materieller Kosten. Der große Bruder KGB profitiert gelegentlich von dieser Lizenz zum Erfinden, da seine Experten die geheime hohe Bastelkunst nicht so beherrschen wie die Männer vom MfS.

Ein wichtiges, vielleicht das wichtigste Requisit in der Halbwelt der Spionage bleibt der Fotoapparat, auch wenn Fotokopierer, Kassetten von Diktiergeräten und Disketten ihm inzwischen den Rang streitig machen. Die deutsch-deutsche Spionage ist freilich ohne Fotografie undenkbar gewesen, und was sich die Experten in Ostberlin allein auf diesem Sektor in den fast 40 Jahren seit Geburt der Krake MfS bis zu deren Exitus 1989 einfallen ließen, hat nicht nur westdeutsche Ermittler und Juristen verblüfft, sondern ebenso die Nachrichtendienste in den USA, Israel und Großbritannien. Das Handwerkszeug der Agenten aus Ostberlin war heiß begehrt, es wurde genaustens untersucht und gelegentlich nachgebaut.

Die Minox zum Beispiel haben die Bastler des MfS in immer neuen Varianten erprobt. Zu den Geräten der Marke Eigenbau gehört eine Rollkamera, die über ein Dokument abgezogen werden mußte, eine Lichtschachtkamera oder eine Supermini-Kamera wie im Lippenstift der Agentin Margret H. oder im Feuerzeug der passionierten Raucherin Elke F. Die Sekretärin F. hat an wechselnden Arbeitsplätzen mit dieser Kamera pro Aufnahme eine halbe DIN-A4-Seite ablichten können. Die Mikratkamera in der Größe einer Walnuß hingegen erlaubt die fotografische Fixierung einer ganzen DIN-A4-Seite. Für die Aufnahmen großer Mengen braucht man jedoch eine Filmkamera mit Einzelschaltung, zur Ausleuchtung des Materials dienen mehrere Lampen.

Bei Ermittlungen gegen flüchtige Agenten wie bei Johanna Olbrich alias Sonja Lüneburg gaben die Utensilien für Dokumentenfotografie erste Hinweise auf das heimliche Gewerbe. Die Arbeitsteilung bei den Romeos und ihren Opfern in der Anfangsphase des Doppellebens ist typisch: Sie unterschlägt das Material im Büro und bringt es heim, er fotografiert und übermittelt es nach Ostberlin. Später leistet sie die ganze Arbeit.

## Die Puderdose mit doppeltem Boden

Die Designer von Verstecken für Filme, falsche Papiere, von Geheimcodes, Deck- und Fluchtadressen wie Material zum Ent- und Verschlüsseln von Botschaften an die Führungsstelle in Ostberlin orientierten sich bei ihren Entwürfen an den Lebensumständen des Agenten – und an dessen Geschlecht. So wäre niemals einem Profi des MfS eingefallen, einer Agentin Geld oder Filme in einer präparierten Bierdose der dänischen Marke Tuborg übergeben zu lassen. So etwas blieb exklusiv einem Mann wie dem Top-Agenten Rainer Rupp im Brüsseler NATO-Hauptquartier vorbehalten, dem der Instrukteur 200 000 DM eingeschweißt in einem Originalbehälter des Gerstensafts überreicht hat.

Die geschlechtsspezifische Alternative für eine Agentin ist feminin: eine Haarspraydose, eine Puderdose, ein Blumenbefeuchter oder ein umgebautes Bügeleisen, mit dem sich dennoch Wäsche glätten läßt. Selbst für die Übermittlung von Geheimbotschaften berücksichtigten die Werkstätten in Ostberlin den weiblichen Faktor. Statt des für Männer üblichen Kontaktpapiers für die mit chemischen Mitteln unsichtbar gemachten Mitteilungen erhielt die Agentin einen präparierten Seidenschal oder auch Burda-Schnittmusterbögen.

Bei den geschlechtsneutralen Verstecken zeigten die Bastler ebenfalls Phantasie. Sie bereiteten alles auf: vom mit Botschaften gefüllten Frühstücksbrettchen über den vergoldeten Nußknacker für die Hausbar bis zum Gestänge des Faltkleiderschranks im Gästezimmer. Im Blutdruckmeßgerät fand die angejahrte Spionin oder der Agent im besten Mannesalter jenes

Versteck, das der sportliche Typ im ausgehöhlten Tennisschläger wußte. Der Schach spielende Mensch schätzte den Hohlraum im weißen Turm oder im schwarzen König, der Kunstsammler/die Kunstsammlerin die Höhle in der Statue auf der Anrichte. Zur Sicherung, daß keine unbefugte Hand die nakkte Dame auf dem Marmorsockel berührte, war im Fundament ein Zündsatz eingebaut. Er wurde ausgelöst, wenn nicht zuvor der Stromkreis durch das Einführen einer Schraube an einer bestimmten Stelle unterbrochen worden war. Eine kleine Explosion – und das Beweisstück löste sich in Rauch auf.

Der ehemalige Richter Klaus Wagner beschreibt in seinen Erinnerungen einen sogenannten Blitzlichtcontainer. Das ist ein mit einem Zahlenschloß gesicherter Behälter, in dem bei unsachgemäßem Öffnen oder bei falscher Zahlenkombination ein Blitzlicht das darin aufbewahrte, noch nicht entwickelte Filmmaterial belichtet und so unkenntlich macht.

Für den heimlichen Transport von Verratsmaterial aus den Büros der Sekretärinnen kannten die Ausstatter der modernen Agentin seit Leonore Sütterlin vor allem ein Requisit: die Damenhandtasche mit doppeltem Boden, fachmännisch auch »Stülptasche« genannt. Die Designer des MfS orientierten sich dabei zwar an den wechselnden Formen und Farben der internationalen Ledermode, aber den Agentinnen war das präparierte Produkt selten en vogue genug, um damit ins Büro zu gehen. Ein-, zweimal, so werden später fast alle vor Gericht beteuern, haben sie die Handtasche made in Ostberlin benutzt, sonst die Sachen lieber in den eigenen Taschen und Täschchen herausgetragen, schlichte Plastikbeutel genommen oder die Papiere am Körper versteckt.

Gerda O. hat in ihrem Prozeß beschrieben, warum sie die altmodisch wirkende Großraumtasche mit ihrem Hausmüll entsorgt hat. Eine ihrer Kolleginnen hatte sie zum Spaß in der Kantine begrüßt: »Oh, Sie tragen jetzt eine Sütterlin-Tasche!« Gerda O. will die Bemerkung mit einem gequälten Lächeln quittiert haben und fortan nur noch mit modischen Taschen ins Büro gekommen sein.

Um solchem Debakel möglichst vorzubeugen, ließ zum Beispiel MI 6, der britische Auslandsnachrichtendienst, die Damen eine Tasche von zeitlos elegantem Design selbst auswählen und stattete diese nachträglich mit einem Geheimfach aus. Obwohl auch Spioninnen nach Erfahrungen von MI 6 dazu neigen, sich immer das teuerste Modell auszusuchen. In seinem Londoner Hauptquartier hat der Geheimdienst übrigens zwei Modelle aus Ostberlin in einer Vitrine wie Pretiosen ausgestellt – Beutestücke aus der Zeit des Kalten Krieges.

Dagmar K.-S., Sekretärin im Bundeskanzleramt, hat ungewöhnliche Verstecke für ihre Päckchen nach drüben selbst gefunden: Bonbondosen, in die kleine Stenokassetten unauffällig verstaut werden konnten, solange genug Naschzeug sie verdeckten. Diese Eigeninitiative bei der Tarnung ihres Tuns sollte ihr später von den Richtern als strafverschärfend (weil Beweis für kriminelle Energie) angekreidet werden. Eine einfache, fast geniale, weil keinen Verdacht heraufbeschwörende Idee hatte eine andere Bonner Sekretärin: Sie verpackte das unterschlagene Material in Geschenkpapier, band eine Schleife darum und ging mit dem Präsent für ihren Romeo ungestört nach Hause.

### Der rosa Kunstbusen der Rosalie K.

Die Vorsichtsmaßnahmen der Sekretärinnen erwiesen sich jahrelang als überflüssig. Das Risiko, erwischt zu werden, tendierte gen null. Selbst stichprobenartige Taschenkontrollen waren von der Zustimmung des Personalrats abhängig, und der weigerte sich regelmäßig, wenn keine Hinweise auf einen konkreten Verdacht geäußert wurden. »Es ist beinahe lachhaft, wie leicht Sie seinerzeit Geheimpapiere aus dem Auswärtigen Amt haben herausholen können«, hielt der Vorsitzende Richter

Klaus Wagner 1977 der Angeklagten Gerda O. vor. Sie gab ihm recht: »Ja, daran hat sich seit dem Fall Sütterlin 1968 nichts geändert.«

Zehn Jahre später hat Margret H. vor demselben Senat bekannt, wie sie problemlos als geheim klassifiziertes Material aus dem Bundespräsidialamt heraustragen konnte. Fast in jedem Urteil, das gegen eine Bonner Sekretärin vom OLG Düsseldorf verhängt worden ist, wird offen gerügt, wie leicht es den spionierenden Sekretärinnen gemacht worden ist. Der Kritik am Bundeskanzleramt bis hin zum Verteidigungsministerium folgte jedesmal das Versprechen der Behörden von strengeren Kontrollen und effizienteren Sicherungsmaßnahmen, bis der nächste Fall das Gegenteil bewies.

Nur in den 50er und 60er Jahren sollen in einigen Ministerien plötzlich und unerwartet die Taschen der Mitarbeiter beim Verlassen ihres Arbeitsortes durchsucht worden sein. Das geschah zu einer Zeit, als Kontrollen – wie ein Spionage-Abwehrspezialist des Bundesamtes für Verfassungsschutz zynisch bemerkt – noch nicht als »Verstoß gegen die Menschenwürde« interpretiert wurden. Eine Ausnahme bildet bis heute das Verteidigungsministerium, wo immer noch stichprobenartig Taschen und Kofferräume kontrolliert werden.

Früher mußte sich eine Agentin schon etwas einfallen lassen, um nicht in eine Falle zu tappen. Rosalie K., 1955 als »Republikflüchtling« in die Bundesrepublik übergesiedelt und, nach einem Abstecher beim Kölner Allgemeinen Studentenausschuß, Sekretärin im Bundesverteidigungsministerium, wußte die zur Schau getragene Schamhaftigkeit jener Jahre zu nutzen. Wann immer die rothaarige Schönheit ihren Stenoblock mit geheimen Informationen von der Hardthöhe nach Hause schmuggeln wollte, packte sie ihre Arbeitsunterlagen zuunterst in ihre Handtasche und legte einen rosa Busen aus Schaumstoff darauf.

Die Rechnung ging auf: Jeder an der Wache, der ihre Tasche kontrollieren wollte, griff zuerst an den Gummibusen und entschuldigte sich mit hochrotem Kopf. Sie wurde nie erwischt, gab das Spionieren selbst auf, weil sie sich in einen staatstreuen Beamten verliebte. Der forderte von ihr einen offiziellen Schlußstrich, nachdem sie ihm alles gestanden hatte. In ihrem Prozeß 1960 noch vor dem Bundesgerichtshof in Karlsruhe kam eine menschliche Tragödie zutage.

Das MfS hatte Rosalie K. zur Agententätigkeit erpreßt, nachdem sie sich aus Angst und Scham vor ihrer Mutter für eine illegale Abtreibung entschieden hatte. Mitte der 50er Jahre war auch im Arbeiter- und Bauernstaat Abtreibung mit ähnlich hohen Strafen wie in der Bundesrepublik bedroht, und eine ledige Mutter galt im Osten wie im Westen als Schlampe oder Schlimmeres.

Rosalie K., vom Bundesgerichtshof wegen Landesverrats und Bruch von Dienstgeheimnissen zu vier Jahren Gefängnis verurteilt, lehnte es nach ihrer Freilassung ab, in die DDR zurückzukehren. Markus Wolf, der in seinen Erinnerungen den Erfolg der Agentin K. lobt, über die Erpressung aber nichts preisgibt, behauptet, über ihre Weigerung zurückzukehren herb enttäuscht gewesen zu sein: »Ich hatte sie für eine überzeugte Kommunistin gehalten.«

Dem Schlendrian in Bonn entsprach das Laisser-faire im NATO-Hauptquartier in Brüssel. Als die Sekretärin Ursel Lorenzen im März 1979 sich nach 12 Jahren erfolgreichen Spionierens nach Ostberlin absetzt, wundern sich die Abwehr-Experten im nachhinein, daß sie jeden Mittag für anderthalb Stunden vom NATO-Hauptquartier in ihre Wohnung in der nahegelegenen Avenue du Forum, Nummer 9, gefahren ist. Die Frau, die die Geheimregistratur im Direktorat für Operationen und Übungen selbst verwaltet hat, schleppte ungehindert »alles, was bei uns gut und teuer ist«, wie später ein hochrangiger NATO-Offizier bekennen mußte, über Mittag nach Hause zum Fotografieren. Kurz nach der gemeinsamen Flucht mit ihrem Romeo, einem als Kaufmann im Brüsseler Hilton tätigen MfS-Offizier, legte ein belgischer Fernsehsender in einem Test die laxen Sicherheitskontrollen im NATO-Hauptquartier bloß: Eine Sekretärin konnte ungestört mit einem kompletten Aktenordner das Gebäude verlassen. Inhalt des Ordners: Material der höchsten NATO-Geheimhaltungsstufe »Cosmic Top Secret«.

Daß sich auch nach dem Fall Lorenzen in Sachen Sicherheit nichts geändert hatte, belegt der Fall von Rainer Rupp (»Topas«). Erstmals war er 1979 bei einer nächtlichen Kontrolle mit Verschlußsachen auf dem Heimweg von seinem Büro im NATO-Hauptquartier ertappt worden, aber er konnte sich herausreden. Auch in den Jahren danach, obwohl er wiederholt aufgefallen war, schleppte er bis 1989 unbehelligt im großen Umfang Geheimdokumente zum Fotografieren nach Hause.

Die Pointe in der langen Geschichte von Sorglosigkeit im Umgang mit Geheimmaterial lieferte Oberstleutnant Peter J. im Jahr 1973 auf der Hardthöhe. Er hatte den später zu zwölf Jahren Haft verurteilten »Verschlußsachenverwalter« Lothar Lutze mit einer Kleinstbildkamera neben einer EDV-Liste von 3 400 Offiziersnamen erwischt. »Herr Lutze, was machen Sie mit der Minox?« fragte er und belehrte ihn im gleichen Atemzug: »Herr Lutze, hier wird nicht spioniert. Hier wird gearbeitet.« Erst drei Jahre später wurde der HVA-Agent als der »gefährlichste Spion gegen die Bundeswehr« enttarnt.

# IV. Wege der Kommunikation

## Zwei Kreuze an der Wand

Jedesmal, wenn die Sekretärin Elke F. an bestimmten Tagen im Monat zu kleinen Spazierfahrten zum Stadtpark von Bad Godesberg aufbricht, nimmt sie beiläufig an einer Hauswand ein Kreidezeichen wahr. Für einen geplanten Treff in Mainz ist ein T aufgemalt, für eine Begegnung in Amsterdam steht ein M und für Innsbruck ein Hausdachzeichen. Ein durchgestrichener Kreis bedeutet eine Absage. Wenn Elke F. von ihrer Wohnung in Alfter ins Bundeskanzleramt oder später ins Bundesministerium für wirtschaftliche Zusammenarbeit fährt, hält sie auf der Zufahrtsstraße »Auf dem Hügel« zum Bonner Autobahnring im Vorbeifahren Ausschau nach einer Metallwand. Auch diese Wand an einem gewerblich genutzten Gelände dient ihr als Kontaktbörse zu ihrem Auftraggeber, dem KGB.

Mehr als ein Jahrzehnt lenkt sie ihr Auto an dieser Tafel vorbei, ohne jemals ein Zeichen aus Moskau oder der KGB-Dependance in Berlin-Karlshorst zu entdecken. Sie weiß, daß ein Kreuz Gefahr in Verzug signalisiert und für sie bedeutet: sofortige Aufgabe der Spionagetätigkeit, Vernichtung aller nachrichtendienstlichen Unterlagen und Hilfsmittel. Zwei Kreuze entsprechen dem Befehl: nach Verwischung aller Spuren Absetzen in die DDR.

Im August 1985 erhält Elke F. über den Agentenfunk die ausdrückliche Anweisung, auf eine Markierung an der Wand in der Straße »Auf dem Hügel« zu achten. Im Vorbeifahren entdeckt sie zwei Kreuze, aber sie erfüllt nur die Vorgaben für ein Kreuz. Sie entsorgt das Gasfeuerzeug mit der eingebauten Minikamera, sie vernichtet alle Gebrauchsgegenstände mit Geheimverstecken, die Tinte und die präparierten Papierbögen für geheime Botschaften, sie verbrennt die auf Fetzen von Papier festgehaltenen Deckadressen, Decktelefonnummern und die Codes für das Blockschlüsselverfahren, mit dem sie Aufträge über Funk dechiffriert. Die Asche spült sie in der Toilette herunter. Schließlich entledigt sie sich der Knetmasse, in die sie für die toten Briefkästen Nachrichten auf Plastikhüllen von Zigarettenschachteln verbarg.

Die abgeschaltete Agentin weigert sich aber, die zweite Anweisung aus Moskau zu befolgen. Mit Rücksicht auf ihren hochbetagten Vater mag sie sich nicht absetzen, auch die telefonische Aufforderung ihres Geliebten und Führungsoffiziers kann sie nicht umstimmen. Sie wird in Bonn ausharren, weiter im Ministerium für wirtschaftliche Zusammenarbeit ihren Dienst tun, als sei nichts geschehen. Die bundesdeutsche Spionage-Abwehr beginnt tatsächlich erst 1987 nach ihrem Führungsoffizier zu fahnden, der unter diversen Namen mit einigen Sekretärinnen angebandelt haben soll – bei ihr als Gerhard Thieme. Mehr als ein Jahr wird Elke F. beschattet, bevor sie am 18. März 1988 in einer großangelegten Aktion festgenommen wird.

### Das doppelte Model am toten Briefkasten

Das Bundespresseamt hat 1963 vom Bonner »Werbestudio 7« eine Tonbildschau – eine Diareihe mit Tonband-Kommentar – zum Thema Verfassungsschutz produzieren lassen. Die Aufklärung in Bild und Ton über das geheime Treiben roter Agenten in der Bundesrepublik und über die Agenten-Abwehr konnte für den Gemeinschaftskundeunterricht an Schulen oder für Informationsveranstaltungen politischer Vereinigungen ausgeliehen werden. Das ganze Werk, in dem ein Dutzend gestellter Szenen die typische Untergrundarbeit der Agenten aus Moskau und Ostberlin und der hehre Abwehrkampf der bundesdeutschen Verfassungsschützer veranschaulichen, ist vom Eishauch des Kalten Krieges überlagert. Auf einem der Bilder sieht man eine Frau vor dem Klingelpütz in Köln, dem früher berüchtigten Knast mitten in der City. Die Passantin geht am Gefängnistor vorbei, das sich angeblich »gerade hinter einem Agenten des sowjetzonalen Regimes« geschlossen hatte.

Auf einem weiteren Dia beugt sich dieselbe Person auf dem Kölner Melaten-Friedhof über eine Grabstätte, als ob sie Blumen für einen Verblichenen arrangiert. Doch der Kommentator – mit damals üblicher Wochenschau-Dramatik – verrät, was die Dame tatsächlich tut. Sie ist keine trauernde Hinterbliebene, sondern eine Agentin, die gerade einen toten Briefkasten beschickt. Der Originalton: »Tote Briefkästen, Verstecke in Mauerritzen, vor allem auf alten Friedhöfen, sind ein beliebtes, weil relativ unauffälliges Mittel zur Nachrichtenübermittlung von Agent zu Agent.«

In drei weiteren Szenen, unter anderem als geheimnisvolle Lady mit großem Hut und Sonnenbrille eine kaffeetrinkende Familie am Nebentisch belauschend, posiert die Brünette als Blickfang, um das subversive Treiben des Feindes und die möglichen Risiken für Bundesbürger zu illustrieren.

Die Bilderschau, von aufgeklärten Pennälern in der Oberstufe regelmäßig als Propaganda verlacht, entpuppt sich 1967 als politischer Sprengsatz: Der Fotograf Heinz Sütterlin und sein Model Leonore werden unter Spionageverdacht festgenommen. Und bald wird sich herausstellen, daß tote Briefkästen im echten Leben der Eheleute Sütterlin eine wichtige Rolle gespielt haben: nicht für das Bonner »Werbestudio 7«, sondern für den zweiten Arbeitgeber des Paares, für den KGB.

\*

Die HVA verabschiedet sich in den 70er Jahren von den klassischen toten Briefkästen, die in seltenen Fällen auf einem Friedhof angelegt waren, sondern eher aus Erdverstecken in Parks oder am Rande von Spielplätzen, in Bäumen oder Gebäudenischen bestanden. Die einzigen toten Briefkästen, die von

Agenten der HVA noch gefüllt werden, befinden sich meist in der Toilette eines Fernzugs nach Berlin. Als rollender toter Briefkasten, im HVA-Jargon »Zug-TBK« genannt, dient überwiegend der Abfallkorb oder die Verkleidung im Wagendach. Ein Querstrich mit Bleistift am unteren Teil des Wasserhahns signalisierte dem im DDR-Bahnhof Rummelsburg zusteigenden HVA-Mitarbeiter, daß Post im Briefkasten lag.

Wer Sonntagmittag mit der Bahn von Köln nach Berlin fuhr, konnte fast immer gewiß sein, daß eine DDR-Agentin oder ein Agent ein oder zwei Stationen mitreiste. Nur Johanna Olbrich, besser unter ihrem Decknamen Sonja Lüneburg bekannt, schaffte es, sich binnen weniger Minuten in einem Zug an Gleis 3 oder Gleis 2 im Kölner Hauptbahnhof der geheimen Fracht zu entledigen. Andere, weniger fingerfertige Agenten mußten bis Düsseldorf beziehungsweise Solingen-Ohligs mitfahren.

Allein der KGB hält bis zum Schluß am alten toten Briefkasten fest. Vielleicht aus Mangel an Kurieren, vielleicht aus Tradition, aber vielleicht auch nur, um die kindliche Abenteuerlust von Agentinnen zu befriedigen oder um sie bei ihren Ausflügen in der Dämmerung auf die Probe zu stellen und zu kontrollieren. Margret H. sucht nach Kreidezeichen an Laternenpfählen in der Nähe ihrer Wohnung wie ein zehn Jahre alter Pfadfinder. Der rote Punkt an der Innenseite ihres Briefkastens zeigt wiederum dem Romeo an, daß er draußen bleiben muß wie der Hund vorm Metzgerladen.

»Rumpelstilzchen-Syndrom« wird es von Psychologen genannt, die das Motto vom märchenhaften Irrwisch der Gebrüder Grimm auf das Triumphgefühl der Agentin vor dem toten Briefkasten übertragen. Denn, wenn sie die in Silberfolie eingerollten, in Modelliermasse eingekneteten und in Blumenerde und Sand gewälzten Filme niederlegen, trifft der Spruch den Kern ihrer Empfindungen: »Ach, wie gut daß niemand weiß ...«

Elke F. beginnt im Frühjahr 1985 an ihrem Doppelleben zu zweifeln, fürchtet, nicht mehr den Streß im Büro und die Anspannung beim Fotografieren geheimer Dokumente ertragen zu können. Als sie an ihrem 40. Geburtstag glaubt, an einem Tiefpunkt angekommen zu sein, sieht sie ein Zeichen an der Wand. Sie soll einen bestimmten toten Briefkasten in Bad Godesberg leeren. In der Knetmasse liegt ein Weißgoldring, bestückt mit Saphiren. Die Liebesgrüße aus Moskau verfehlen ihre Wirkung nicht. Für Elke F., noch Stunden zuvor von Zweifeln gequält, scheint die Welt wieder in Ordnung. Käme ein Autor eines Agentenromans auf eine solche Idee, würde ihm wohl das Manuskript nicht abgenommen werden, zu kitschig, einfach zu unglaubwürdig erschiene dies. Aber im richtigen Agentenleben ist alles erlaubt.

### Der Agententreff oder Liebe auf Raten

Sie starrt vor sich hin, ihr Kopf ist gebeugt, als schäme sie sich, den Richtern in die Augen zu schauen. Edith Rosina D., 63 Jahre alt, Oberregierungsrätin im Ruhestand, ist im ersten Prozeß gegen Markus Wolf 1993 vor dem OLG Düsseldorf als Zeugin geladen. Sie soll zu jenem Komplex der Anklage gegen den früheren Chef der HVA gehört werden, den die Bundesanwaltschaft in ihrer 308 Seiten umfassenden Anklageschrift unter der Überschrift »Funktionsbedingte Verantwortlichkeiten des Angeschuldigten« zusammengefaßt hat. Verantwortlich unter anderem für die Einschleusung von Agenten, »die geeignet erscheinen, als sogenannte Romeos alleinstehende Sekretärinnen und Beamtinnen in westdeutschen Parteien und Behörden nachrichtendienstlich zu verstricken«.

Zu diesem Zweck hatte die HVA, wie ein Dokument aus dem MfS belegt, sogar 1971 eine Werbekampagne gestartet, um einen »IM-Bestand von ledigen Männern aller Altersstufen« zu schaffen. In seinem Referat auf einem zentralen MfS-Führungsseminar vom 1. bis 3. März 1971 hatte der Chef der

HVA, Generalleutnant Markus Wolf, betont: »Man kann nicht genug geeignete Perspektiv-IM haben. Auf diesem Gebiet müssen unter Nutzung aller Möglichkeiten höhere Ergebnisse geplant und erreicht werden.«

Die Zeugin D., selbst Opfer der menschenverachtenden Methode, soll im Wolf-Verfahren darüber Auskunft geben, wie sie in die Falle eines HVA-Gigolos geraten und von ihm gefühlsmäßig so abhängig werden konnte, daß sie sich bei Agententreffs auch an seine Nachfolger verkuppeln ließ: Nach Heinrich, den sie »Cliff« nennt, und Bernd, den sie noch mehr zu lieben glaubt, kommt ein Axel, ein Rolf, ein Udo, ein Günter und schließlich ein Frank. In dem holzgetäfelten Saal, in dem das Neonlicht keine Schatten wirft, muß sich Edith D. schutzlos fühlen, vielleicht sogar nackt und bloß. Noch einmal soll sie sich erinnern, öffentlich rekapitulieren, wie alles begonnen hat, bevor sie 1968 in einen emotionalen Strudel geriet, aus dem sie erst kurz vor der Wende wieder aufgetaucht ist. Ein Zeugnisverweigerungsrecht steht ihr nicht zu, denn das gegen sie geführte Ermittlungsverfahren der Generalstaatsanwaltschaft Koblenz wegen geheimdienstlicher Agententätigkeit ist gegen eine Geldbuße von 10 000 Mark eingestellt; nur das Ende des Disziplinarverfahrens gegen die Beamtin steht zu diesem Zeitpunkt noch aus.

Ein Blick zurück auf ein bewegtes, bewegendes Leben. Edith D. ist 38 Jahre alt, Studienreferendarin, als ein gutaussehender, wesentlich jüngerer Mann sie am Romanischen Institut der Frankfurter Universität fragt, wer ihm Unterricht in Französisch geben könne. Sie bietet sich selbst an. Der Mann, der sich Heinrich Jeschke nennt, angeblich aus Berlin stammt und sich auf einen Job in Luxemburg vorbereiten will, steht zur verabredeten Unterrichtsstunde mit einem Strauß roter Rosen vor der Tür. »Ich fand das sehr bemerkenswert«, wird sie fast 25 Jahre später sagen. Er lädt sie ins Kino ein – und küßt sie.

Die ehemalige Ordensschwester, die in Brasilien unterrichtet und den Orden verlassen hatte, weil sie lieber in den Armenvierteln als in einer Klosterschule arbeiten wollte, gewinnt nach dem ersten Kuß noch einmal ihren klaren Kopf zurück. Sie richtet eine schriftliche Anfrage an Berliner Behörden, um Heinrich Jeschke auf die Spur zu kommen. Er flippt aus, beschimpft sie als mißtrauisches Luder, als sie von ihren erfolglosen Bemühungen zur Überprüfung seiner Biographie erzählt. Doch von nun an wird sie nie mehr etwas anzweifeln, was er sagt, tut oder von ihr fordert, denn er beteuert immer wieder, daß er sie liebt. Sie fängt Feuer, das keine noch so plumpe Lüge, keine noch so üble Zumutung, keine seelische Grausamkeit ersticken kann. Jahre später wird sie bekennen: »Damals habe ich geglaubt, daß mich niemand lieben könnte. Ich war sehr verklemmt und gehemmt.«

Heinrich, den sie »Cliff« nennt, weil er den altdeutschen Namen nicht mag, befreit sie von allen anerzogenen und aufgezwungenen Hemmungen. Er nimmt sie mit auf Dienstreisen, erst nach Brüssel, dann nach Rostock, gibt sie als seine Verlobte aus – und sie träumt davon, mit ihm durchs Leben zu gehen. In Rostock hat Cliff sie mit Freunden bekannt gemacht, die über Frieden und soziale Gerechtigkeit reden. Sie unterschreibt die übliche Verpflichtungserklärung und denkt nur an die Zukunft mit Cliff. Er besucht sie alle zwei bis drei Monate. Sie beginnt 1970 in Frankfurt am Main in der Bundesstelle für Entwicklungshilfe ihre zweite Karriere, die 1990 im Bundesforschungsministerium in Bonn fortgesetzt wird. 1970 bringt Cliff eine Kamera mit, und für Edith D. beginnt ein Leben auf dem Vulkan.

Ein Jahr später verschwindet der Geliebte aus ihrem Leben, ein Bernd löst ihn ab. Alle zwei bis drei Monate trifft sie ihn in einem Hotel, läßt sich zwischen Abendessen und Bett abfragen und am nächsten Tag zwischen Frühstück und Abreise neue Aufträge geben. »Bernd war ein guter Kamerad«, wird sie später sagen, »aber ich habe lange um Cliff getrauert, als ob er gestorben wäre.«

Es folgen die nächsten Romeos, wie es den Anschein hat, fast zwangsläufig. »Wir haben uns immer ein Hotelzimmer genommen, und das hat sich dann ergeben, fast bis zum Schluß«, so beschreibt sie die Führungstreffs und so sich selbst: »Ich konnte mich nicht wehren.« Immer wieder will sie aufhören, später wird sie sagen, daß sie in jener Zeit psychisch und physisch zerbrochen sei. Sie schreibt an Bernd, bittet um eine Pause, doch er lehnt ab – und schickt statt dessen zu einem der nächsten Treffen in Ostberlin einen angeblichen Psychotherapeuten. Der promovierte Jurist und Diplom-Psychologe Gerd L., einer von drei Psychologen aus der Abteilung VI der HVA, baut sie wieder auf, schafft es, sie zum Weitermachen zu animieren – bis zum bitteren Ende.

### Eine verhängnisvolle Affäre

In ihren Schreckensvisionen zwischen Wachen und Schlafen hat sie vor Augen gehabt, wie sie in der amerikanischen Botschaft die Treppe hinunterstürzt und Geheimdokumente aus ihrer Tasche fallen, wie die Kollegen sich auf sie stürzen und sie umbringen wollen – sie, die Verräterin, die Spionin. Sie hat sich in allen Details ausgemalt, wie sie in ihrem Auto auf dem Weg von ihrem Arbeitsplatz zur Wohnung oder von der Wohnung zurück zur Botschaft verunglückt und wie in ihrem Kofferraum all die Papiere mit dem Stempel »secret« entdeckt werden – und wie alle Welt wissen wird, was sie getan hat. Und was sie weiter tun wird, solange der Mann, der sich Frank Dietzel nennt, sie darum bittet, auffordert oder dazu erpreßt, indem er ihr mit Liebesentzug droht.

Gabriele K. wird von Angst gepeinigt, fürchtet Entdeckung, droht unter der Last der Doppelrolle als gewissenhafte Übersetzerin und als aufopfernde Agentin zusammenzubrechen. Doch als sie einmal im Krankenhaus liegt und deshalb nicht zum verabredeten Treff mit Dietzel fahren kann, wird sie von schwersten Depressionen heimgesucht. Sie fühlt sich am Ende.

Eine hochintelligente Frau erleidet eine verrückte Liebe, eine »amour fou«. Der französische Begriff ist in viele Sprachen eingegangen und meint weit mehr als eine verhängnisvolle Affäre, die kein Außenstehender begreifen kann und die Betroffene auch nicht, wenn alles vorüber ist.

Die Begegnungen mit dem Geliebten, die routinemäßig als Instrukteurstreff mit der Quelle Gerhard (Deckname für Gabriele K.) in die HVA-Akten eingehen werden, stabilisieren das Verhältnis ungemein, auch wenn die persönliche Begegnung des Instrukteurs oder Führungsoffiziers mit der zu den Quellen gerechneten Sekretärin in der ministeriellen Richtlinie 2/79 des MfS bloß als die »wichtigste Methode zur Übermittlung von Informationen und Materialien« beschrieben ist. Einige Beziehungen, durch monatelange Trennungsphasen künstlich frisch gehalten und durch Treffs fernab des Alltags an langen Wochenenden in Hotels der gehobenen Kategorie immer wieder belebt, dauerten länger als heute die meisten Ehen: sieben Jahre, zehn Jahre, fünfzehn Jahre.

Das geteilte Geheimnis eines Doppellebens reicht offenbar aus, die Beziehung auf Jahre zu stabilisieren, selbst wenn Elke F. bald die langen Wochenenden mit ihrem Führungsoffizier nur »noch wie Bruder und Schwester« verbracht haben will. Dennoch braucht sie die Treffs, von denen sie immer gestärkt nach Hause kommt. Gerda O. ist schon die zweite enge Beziehung eingegangen, als sie aussteigen will, aber dennoch warnt sie ihren Ehemann, der auch ihr Führungsoffizier gewesen ist.

Wenn ehemalige Agentinnen vor Gericht nach Führungstreffs gefragt werden, schlagen sie manchmal einen fast feierlichen Ton an. Denn die Treffs der besonderen Art, arrangiert zur Belohnung oder zur Motivation, bleiben unvergessen. Die Einladungen ins Berliner »Hotel unter den Linden«, ein gemütlicher Abend in einer Datscha außerhalb von Ostberlin, eine militärisch verbrämte Feier mit Ordensverleihung für den Romeo oder auch für die Julia, ein paar Hunderter in West-Währung extra als Prämie, weil der Orden nur für einen Abend angeheftet und dann wieder zurückgegeben werden muß.

Klaus Wagner, der über die meisten Ost-Spione zu Gericht saß, hat einmal vermutet, daß die HVA von jedem Orden nur ein Exemplar benötigt hat.

Als Krönung aller Agententreffs galt ein Abend am Kamin mit Markus Wolf, gesteigert von einem Essen mit russischen Spezialitäten, die der Chef der HVA selbst zubereitet hatte. An den Koch und Charmeur, der sich seiner Wirkung auf Frauen bewußt war, erinnert sich auch Gabriele Gast, die Top-Agentin aus dem BND, in einem Gespräch mit der »Süddeutschen Zeitung«. Johanna Olbrich alias Sonja Lüneburg geriet fast ins Schwärmen, als sie von den Gesprächen und seinen Kochkünsten vor Gericht erzählt. Nur Gerda O. schien den Braten zu riechen. Denn ein angekündigtes Treffen mit dem »General« hat nach ihrem Bekenntnis die Entscheidung zum Ausstieg beschleunigt.

## V. Im Vorzimmer der Macht

### Die Jagd auf blonde Eminenzen

Die Zeiten, da Bonner Sekretärinnen bei jedem neu aufgedeckten Spionagefall sich dumme Witze anhören mußten, sind noch nicht vergessen. Vor allem erinnern sich jene, die zu den »blonden Eminenzen« am Rhein gehörten, wie der unvergessene Chronist der ehemaligen Bundeshauptstadt und Kolumnist der »Frankfurter Allgemeinen Zeitung« Vorzimmerdamen so treffend charakterisiert hat, auch wenn diese deshalb nicht zwangsläufig blond sein müssen. Die beliebteste Scherzfrage aus jeweils aktuellem Anlaß an die Sekretärinnen in den Chefetagen der Ministerien und Parteizentralen war: »Schicken Sie uns auch mal eine Postkarte aus der DDR? Oder aus Moskau?«

Über Erfahrungen als Geheimnisträgerin der exponierten Art erzählt sich selbst heute noch bereitwilliger unter dem Deckmantel der Namenlosigkeit. Diskretion gehört schließlich zum Job, auch wenn man ihn durch den Regierungswechsel verloren hat. Eine Sekretärin, die binnen 15 Jahren von der Stenotypistin im Schreibpool eines Ministeriums bis ins Vorzimmer eines Ministers aufstieg, spricht über die Jahre bis zur Wende von der »Zeit des Argwohns«. Sie sagt, daß sie sich das Mißtrauen gegenüber Fremden regelrecht antrainiert habe, obwohl sie an sich ein offener Mensch sei. Irgendwann habe sie dann diese Eigenschaft verinnerlicht. Ihre Devise, alles zu tun, um erst gar nicht in Verdacht zu geraten oder sich der Versuchung auszusetzen, hat ihr Privatleben geprägt, überschattet es bisweilen noch heute, obwohl sie als Sachbearbeiterin in der Personalabteilung des Ministeriums inzwischen bei keinem Nachrichtendienst Interesse wecken würde.

Das war anders, als sie Mitte 30 war und als zweite Sekretärin ins Ministerbüro einzog. Etwa drei Monate nach dem Karrieresprung fühlte sie sich von einem gutaussehenden Mann verfolgt. Sie glaubt sich zu erinnern, ihn schon zweimal beim Verlassen des Ministeriums gesehen zu haben, bevor er ihr bis zu ihrer Wohnung nach Bad Godesberg folgte und auf dem Weg vom Bonner Norden in den Süden der Stadt mindestens zwei rote Ampeln überfuhr. »Ich würde Sie wahnsinnig gern kennenlernen, seit ich Sie am Samstag beim Einkauf auf dem Markt gesehen habe«, hat er zu ihr gesagt und sich auch noch höflich entschuldigt. Doch sie hat ihn angefaucht, er solle sie in Frieden lassen, und als er nicht gehen wollte, habe sie sogar mit der Polizei gedroht.

»Ich war in Panik. Ich dachte nur, jetzt haben die auch mich im Visier«, so beschreibt sie die Szene im Spätherbst 1982 und spricht heute von einer »totalen Überreaktion«, die sie mit den Schlagzeilen über irgendeine Verhaftung einer Sekretärin zu erklären sucht. War es tatsächlich ein Romeo, der sie anmachen wollte? Einer der wußte, daß sie sich gerade von ihrem langjährigen Freund getrennt hatte? Oder war es ein Verehrer, der sich etwas zu temperamentvoll der betont kühlen Blondine genähert hatte? Oder war es gar einer von der eigenen Sicherheitsüberwachung, der sie testen wollte? Sie weiß es nicht, inzwischen ist es ihr gleichgültig. Aber sie bekennt, sich oft diese Fragen gestellt zu haben. Heute spricht sie von einem Reflex zur Verteidigung ihres Seelenfriedens.

Fremde, mit denen sie in jenen Jahren in ihrer Godesberger Stammkneipe oder an einem der langen Tische in einem Weinlokal ins Gespräch kam und die aus Neugier nach ihrem Beruf fragten, ließ sie sofort abblitzen. Als Verwaltungsangestellte oder Bürokraft hat sie sich höchstens ausgegeben, aber die Stimmung war für sie dahin. »Da ist sofort die Klappe gefallen«, erzählt sie und gibt zu, wie sie sich später geärgert hat über diesen Automatismus, mit dem sie wohl den Männern zu 99,9 Prozent unrecht getan habe. Sie lächelt über sich selbst, als sie spöttisch anmerkt: »Vielleicht habe ich durch mein Mißtrauen die Begegnung mit meinem Traummann versäumt.«

Vielleicht hat die ehemalige Sekretärin mit ihrem übervorsichtigen Verhalten aber auch nur verhindert, daß ein geschäftstüchtiger Bundesbürger sie verdeckt für die HVA anwirbt – für eine Prämie von mindestens 100 000 Mark. Daß für die Anbahnung einer Sekretärin auf einem nachrichtendienstlich interessanten Arbeitsplatz (Bundesministerien, Parteien, Gewerkschaften, Sicherheitsbehörden, NATO, Bundeswehr und Industrie) eine derart hohe Summe ausgesetzt war, hat 1987 ein Prozeß gegen einen Kaufmann vor dem Düsseldorfer OLG offenbart. Bei Verhandlungen über die von ihm geplanten Ost–West-Geschäfte hatte die an den Gesprächen beteiligte HVA unmißverständlich zu erkennen gegeben, daß die Verträge nur im Fall einer geheimdienstlichen Gegenleistung (Beschaffung von Embargowaren und Informationen über bestimmte Personen) abgeschlossen werden könnten. Bei dieser Gelegenheit wurde ihm der Preis für eine gut plazierte Sekretärin genannt.

Wie wichtig Sekretärinnen für die HVA waren, offenbaren die jährlichen zentralen Planvorgaben des MfS, in denen die Erarbeitung entsprechender Vorhaben zur Anwerbung durch die HVA ausdrücklich vorgeschrieben war. Warum?

Sekretärinnen sind nach dem Zweiten Weltkrieg in allen Industrienationen ins Fadenkreuz der Geheimdienste geraten, denn es scheint einfacher und für den Agenten viel ungefährlicher zu sein, sich an die Sekretärin heranzumachen als an ihren Boß – gleichgültig, ob in einem Ministerium oder in einem Industriebetrieb. Mit dem Chef der Forschungsabteilung einer Rüstungsfirma oder mit einem Abteilungsleiter im Bundeskanzleramt auf geheimdienstlicher Ebene anzubandeln, birgt meist unkalkulierbare Risiken, wenn das Opfer nicht auf Anhieb erpreßbar oder aus ideologischen Gründen zu gewinnen ist. Die Logik: Warum diese Risiken eingehen, wenn der Weg über die Sekretärin dasselbe Ergebnis verspricht und vielleicht sogar mehr. Markus Wolf behauptet in dem Film »Spying for love«, daß die Top-Agentin Gerda O. aus der Fernschreibstelle des Auswärtigen Amtes so viele wichtige Informationen geliefert habe »wie fünf, sechs oder gar sieben verschiedene Diplomaten zusammen«.

Sekretärinnen haben oft den gleichen Wissensstand wie ihre Chefs: Zugang zur Post, zum Terminkalender, Zugang zu den Vorlagen vor und nach der Bearbeitung durch den Chef, zu dienstlichen Geheimnissen und nicht selten auch zu privaten, wenn sie zum Beispiel noch dessen ganze Privatpost erledigen und sich – wie in einigen Fällen aktenkundig – selbst um die Steuererklärungen kümmern. Sekretärinnen haben Zugriff zu Dokumenten, die kopiert, vor Ort fotografiert oder mitgenommen und zu Hause abgelichtet werden können. Sekretärinnen schreiben Vermerke, Verfügungen und Protokolle, auch höchst brisanten und geheimhaltungsbedürftigen Inhalts. In manchen Positionen haben sie Informationen der vertraulichen Art aus verschiedenen Abteilungen, wissen daher mehr als der einzelne Sachbearbeiter.

In der Hektik des Betriebs fällt eine Kopie zuviel vom klassifizierten Material, das Überstück einer Vorlage kaum auf. Richter Klaus Wagner erinnert sich: »In keinem der Fälle ist die Angeklagte etwa durch unbefugtes Herstellen von Ablichtungen oder Neugier in Verdacht geraten. Die Antwort der befragten Vorgesetzten war immer die gleiche: Ich habe nie etwas Auffälliges bemerkt, niemals Anlaß zu Mißtrauen gehabt. Ich habe ihr voll vertraut.«

Ohne Argwohn hatten auch die Sekretärinnen den freundlichen Männern mit den geschliffenen Manieren vertraut. »Ich war nur eine von vielen Stenotypistinnen bei der Stadtverwaltung Köln. Ich war doch völlig uninteressant für einen Nachrichtendienst.« So wird sich Irene S. vor Gericht erinnern, als die Vergangenheit sie längst eingeholt hat: »Was konnte ich schon wissen, was Bedeutung für andere haben könnte!« Es hat denn auch Jahre gedauert, bis Irene S. einen Arbeitsplatz nach den Wünschen der HVA hatte.

Da die meisten Sekretärinnen nicht bereits auf einem Top-Posten saßen, als ein Romeo sie umgarnte, wußten sie meist nicht, was sie später erwartete. Einige Agentinnen in spe wie

Dagmar K.-S. mußten in Abendkursen fit gemacht werden. Einer Frau wie Doris B. finanzierte die HVA die Umschulung von der Verkäuferin zur Sekretärin. Wenn sie schließlich für Ostberlin oder Moskau ein Prestige-Ziel erobert hatten, mußten sie erst einmal für die ein paar Monate während Phase der Sicherheitsüberprüfung auf Tauchstation gehen, bevor sie aus den mühselig erkämpften »Schlüsselfunktionen« erste Berichte liefern konnten – alles in allem eine teure und langwierige Operation.

Die Suche nach Kandidatinnen, die sich erst an die begehrten Posten heranarbeiten mußten, gehörte zu den Aufgaben der bereits von der HVA verpflichteten Inoffiziellen Mitarbeiter in der Bundesrepublik. Diese mußten ohnehin ausgiebig über ihr persönliches und berufliches Umfeld berichten. Sie gaben willig Auskunft über Kollegen, Bekannte, Freunde und Familienangehörige, die eventuell für eine Kooperation mit dem Nachrichtendienst zu gewinnen waren. Das geschah aus Sympathie für die DDR oder weil sie erpreßbar schienen: mit ihrer Spielleidenschaft, ihren Schulden, außerehelichen Affären oder homosexuellen Neigungen. Oder auch, weil sie in einer persönlichen Krise steckten und besonders empfänglich schienen für emotionalen und/oder finanziellen Beistand.

Wer als »Tipper« die Vorarbeit für einen Romeo geleistet hat, ist nie erwischt und deshalb auch nicht strafrechtlich verfolgt worden, obwohl beim geringsten Hinweis nach ihm gesucht worden ist. In einem dokumentierten Fall aus dem Bundesverteidigungsministerium haben die Ermittler das für die HVA angeworbene Opfer erst einmal in Ruhe gelassen, um ungestört nach dem Tipgeber in seinem Kollegen- und Bekanntenkreis zu fahnden. Doch die monatelangen Ermittlungen brachten keinen Erfolg.

Die Sekretärin Dagmar K.-S. glaubt zu wissen, wer sie vor ihrer schicksalhaften Begegnung mit Herbert Sch. am Strand von Burgas in Bulgarien der HVA preisgegeben hat: der Journalist, für den sie in ihrer Wohnung Manuskripte abtippte, weil sie auf Heimarbeit angewiesen war. Der Autor kannte sie und ihre desolate Lage als geschiedene Frau und Mutter einer kleinen Tochter. Er war Zeuge der Auseinandersetzungen mit ihrem Ex-Mann um das Sorgerecht für das Kind und den Unterhalt für beide gewesen. Er war oder spielte den geduldigen Zuhörer, wenn sie über ihre Blessuren am Ende ihres Ehekrieges sprach und über ihre Angst vor der Zukunft. »Er hat ja alles mitbekommen, wenn er zu mir nach Hause kam, um Texte zu bringen und abzuholen«, behauptet sie. Und er war es schließlich, der ihr den Urlaub an der Schwarzmeerküste empfahl und ihr sogar einen Zuschuß für die Reise gegeben hat. Nach ihrer Festnahme hat Dagmar K.-S. den Beamten des Bundeskriminalamtes ihren Verdacht geäußert. Doch deren Ermittlungen haben nichts erbracht. Als Dagmar K.-S. aus der Haft entlassen wurde, war der Journalist unerreichbar. Er lebte inzwischen auf einer spanischen Insel. 1998 hat Frau K.-S. in der »Süddeutschen Zeitung« zufällig seine Todesanzeige gesehen; der Text enthielt keinen Hinweis auf seinen letzten Wohnort. Sie sagt, sie müsse mit der Ungewißheit leben, ob er es tatsächlich war, der mit dem Finger auf sie gedeutet hat und sie bewußt in eine Falle laufen ließ.

Die Romeos und ihre ebenso skrupellosen Helfershelfer haben im Jahrhundert der Spionage die Spielregeln zwischen den Geschlechtern verändert. Alexander Orlow, einer der Profis der Sowjet-Spionage vor dem Zweiten Weltkrieg, hat in einem Handbuch aufgezeigt, wie russische Agentinnen Diplomaten der britischen Krone nach Art der Mata Hari verführen konnten: »Die zunächst von Gouvernanten als Weichlinge erzogenen und später auf exklusive Privatschulen geschickten Männer ... waren entzückt von den jungen Amazonen, und so entwickelten sich ihre intellektuellen Bande oft zu Romanzen.«

Auf Tausenden von Buchseiten haben Ernest Hemingway, Graham Greene, Somerset Maugham oder auch John le Carré ihre eigenen Erfahrungen als Profis im Geheimdienstmilieu dokumentiert und die Beziehungen von Mann und Frau in der Halbwelt der Spionage auf einen Nenner gebracht: Wenn Frauen sich entkleiden, packen Männer aus.

Während des Kalten Krieges ging es in der Bundesrepublik auch umgekehrt zu. Hier haben die Romeos ihre Opfer gefunden und gefügig gemacht, vornehmlich in Bonn. In der rheinischen Residenzstadt, die es immer schwer hatte, als Kapitale ernst genommen zu werden und sich so betulich, so bürgerlich, so bürokratisch gab und von der John le Carré behauptete, daß hier selbst die Fliegen beamtet sind.

# VI. Abenteuerspielplatz Bonn

## Im Dunstkreis von Mottenpulver

Als am 10. Mai 1949 der mit der Ausarbeitung des Grundgesetzes beauftragte Parlamentarische Rat Bonn mit 33 zu 29 Stimmen zur vorläufigen Hauptstadt der sich noch im Embryonalzustand befindenden Bundesrepublik Deutschland erklärte, war in der »Neuen Zürcher Zeitung« folgender skeptischer Kommentar zu lesen: »Wo man auch hinhört, gewinnt man den Eindruck, daß außer den 33 Delegierten, die sich in der entscheidenden Abstimmung für Bonn entschieden, und den paar Dutzend Studenten, die das Resultat auf der Tribüne mit lokalpatriotischem Beifall begrüßten, kaum jemand in Deutschland im Ernst der Meinung ist, die Stadt sei der Aufgabe, die sie sich nun aufgeladen hat, wirklich gewachsen.«

Fünf Jahrzehnte später trägt Bonn auf gelben Ortsschildern den Namen Bundesstadt zur Schau, als wolle die kleine Stadt nie mehr den Spott ertragen müssen, mit dem sie als Hauptstadt überschüttet worden war: Bundesdorf, Provisorium oder auch Provinznest, halb so groß wie der Zentralfriedhof von Chicago, aber doppelt so tot.

»Es ist mir immer unverständlich gewesen, warum jedermann, der für intelligent gehalten werden möchte, sich bemüht, diesen Pflichthaß auf Bonn auszudrücken. Bonn hat immer gewisse Reize gehabt, schläfrige Reize, so wie es Frauen gibt, von denen ich mir vorstellen kann, daß ihre Schläfrigkeit Reize hat. Bonn verträgt natürlich keine Übertreibung, aber man hat diese Stadt übertrieben.« Heinrich Böll läßt mit diesen Worten in seinem Roman »Ansichten eines Clowns« die Hauptfigur Hans Schnier dessen Heimatstadt Bonn verteidigen. Wer weiß, ob die schläfrigen Reize der rheinischen Residenz eine Rolle spielten, als sie zur »provisorischen« Hauptstadt erkoren wurde? Gewiß war für den Vorsitzenden des Parlamentarischen Rates und ersten Bundeskanzler Konrad Adenauer wichtig, daß diese Stadt keine Übertreibung vertrug. Am Rhein gelegen, Frankreich zugewandt, kleinstädtisch, gut katholisch, CDU-regiert und bürgerlich strukturiert, bot Bonn damals Preußen und dem pompösen Wilhelminismus und ethischen Rigorismus der Protestanten die Stirn. Der »Kampf um Bonn«, wie der Journalist Klaus Dreher in seinem Buch das Ringen um die künftige Hauptstadt beschrieb, war noch nicht entschieden. Frankfurt am Main wehrte sich noch heftig gegen die Vorentscheidung Bonn, während Berlin der damals nur in Sonntagsreden heraufbeschworenen Wiedervereinigung harren sollte.

Die Anfänge von Bonn als Regierungssitz im Museum König, wo nicht spionierende Sekretärinnen, sondern ausgestopfte Giraffen, Füchse, Wölfe und auch ein paar Affen den Politikern über die Schultern schauten und der Geruch von Formalin das ganze Haus erfüllte, lassen der Phantasie freien Raum: Die Republik fing im Dunstkreis von Mottenpulver an, dem Vorboten der heraufdämmernden Restauration. Nicht nur Zyniker behaupten, daß Bonn, das sich später das Wohnzimmer der Nation nennen sollte, nie ganz den Mief der frühen Jahre losgeworden ist.

Freudig zitieren Zwangs-Bonner immer noch David Cornwell alias John le Carré. »Sie haben einen typisch deutschen Bonner Tag erwischt«, beginnt le Carré einen Dialog (in seinem Spionagethriller »Eine kleine Stadt in Deutschland« aus dem Jahre 1968). »Manchmal ist der Nebel ein bißchen kälter, dann nennen wir das Winter. Manchmal ist er wärmer, dann ist das der Sommer. Sie wissen, was man von Bonn sagt: Entweder es regnet oder die Bahnschranken sind runter.«

Le Carré, der unter seinem Geburtsnamen Cornwell als Erster Sekretär der britischen Botschaft in Bonn für den Auslandsspionagedienst MI 6 jahrelang diesen Ort ertragen mußte, hat diplomatisch untertrieben. Er wußte nämlich, daß es in Bonn oft regnet und gleichzeitig die Schranken unten sind.

Aus den 50er Jahren ist bekannt, daß sich Agenten des Ostblocks auf gut Glück Sekretärinnen an die Fersen hefteten, wenn diese sich von den Ministerien zu Fuß, per Fahrrad oder Bus auf den Heimweg machten – ohne jeden Erfolg. Damals ließen sich junge Damen prinzipiell nicht von fremden Männern auf der Straße ansprechen. Die Benimm-Regeln erlaubten es nicht. Wer sich ihnen widersetzte, galt als leichtes Mädchen. In den prüden Nachkriegsjahren genügte es bereits, in den bloßen Verdacht zu geraten, um am Arbeitsplatz erledigt zu sein. Erica Pappritz, stellvertretende Leiterin des Protokolls im Auswärtigen Amt, hat in jenen Jahren ein voluminöses Buch zur Etikette der jungen Republik verfaßt.

Das Buch erhob der FAZ-Kolumnist Walter Henkels zum »Sinnbild der Epoche des deutschen Knaben Wirtschaftswunderhorn, der Wohlstands- und Wegwerfgesellschaft der Adenauer-Erhard-Ära«. Gegen die strengen bis lächerlichen Regeln von Frau Pappritz wagte nicht einmal ein Herbert Wehner zu opponieren und ließ sich einen Frack schneidern. Wie sollten sich da Sekretärinnen trauen, gegen die Bonner Ordnung zu verstoßen? Nur Konrad Adenauer fragte bei jeder Reise unverdrossen die Journalisten, wer von den Herren noch wie er lange Unterhosen trage, obwohl Frau Pappritz solche Beinkleider als unfein deklariert hatte.

Dem Benimm-Buch der Dame vom Protokoll entsprach die Regelungswut der Ministerialbürokratie, die selbst die Breite der Kranzschleifen für verblichene Staatsdiener vom Amtmann aufwärts zentimeterweise vorschrieb. Für Stenotypistinnen und Sekretärinnen hatte Vater Staat keine Kränze und somit auch keine Schleifen vorgesehen, sondern Blumenbouquets, da man davon ausging, daß die Damen spätestens bei der Heirat den Dienst quittierten. Es lohnt sich zu erinnern: Bis zum Jahr 1957 hing es noch von der Gnade des Ehemannes ab, ob seine Frau weiterhin erwerbstätig sein konnte oder Hausfrau werden mußte.

Wolfgang Koeppen beschreibt in seinem Roman »Das Treibhaus« aus dem Jahre 1953 das gesellschaftliche Klima der

Anfangsjahre in Bonn. Für die zeitgenössische Bonn-Literatur hat er politisch und ästhetisch Maßstäbe gesetzt, die nach Auffassung des Literaturkritikers Andreas Rossmann kein anderer Autor nach ihm erreicht hat. Nicht einmal Heinrich Böll sei das mit seinen beiden in Bonn situierten Romanen »Ansichten eines Clowns« (1964) und dem Spätwerk »Frauen vor Flußlandschaft« (1985) gelungen, und auch Martin Walser nicht, der seine Romeo-Spionagegeschichte »Dorle und Wolf« (1987) in der Noch-Bundeshauptstadt spielen ließ.

»Das Treibhaus« ist freilich nicht nur des drückenden Wetters wegen zum Synonym für Bonn geworden: Hier wuchern auf kleinstem Terrain lancierte Gerüchte der Regierung und Opposition wie Dementis zur Bestätigung angeblicher Falschmeldungen; im Gestrüpp des Verlautbarungs- und Verwaltungsdeutsch der Pressekonferenzen und Bulletins aus angeblich gut informierten Kreisen (»wie gestern in Bonn zu erfahren war ...«) verirren sich nicht nur ausländische Journalisten. Mitunter formulieren auch deutsche Korrespondenten ihre Nachrichten mit Vorliebe in der Sprache der Polit-Bürokraten, um bei ihren Informanten nicht unangenehm aufzufallen.

### Raumstation Regierungsviertel

Bonn ist noch 1999 täglich in den Nachrichten, aber nie als Stadt, sondern als Ortsmarke für die Politik. Auch als »Tatort« hat Bonn seit Mitte der 70er Jahre von sich reden gemacht, dennoch ist die Stadt in den allabendlichen Bildsequenzen von »Heute« bis zu »Tagesthemen« kaum mehr als Kulisse: Marktplatz und Petersberg, das bonbonrosa Rathaus mit Rokoko-Treppe und Drachenfels, Langer Eugen und Henry Moores Plastik vor dem Bundeskanzleramt sowie die an- und abfahrenden gepanzerten Limousinen.

Eine Stadt ohne gesellschaftliches Hinterland ist Bonn immer geblieben, seit es 1949 aus seinem Dornröschenschlaf erwachte. Daran hat sich auch nichts geändert, seitdem die abgeschiedene Welt des Regierungsviertels zwischen Rhein und Diplomatenrennbahn mit einer Raumstation verglichen wurde: Lichtjahre von der Heimatsphäre entfernt, bemannt nur von Montag bis Freitag. Spätestens am Freitagnachmittag brechen die Politiker fast panisch in ihre Wahlkreise auf, ziehen sich Ministerialbeamte, Journalisten und Sekretärinnen ins Umland oder in die Vororte zurück. Auf der Reuterstraße und der Südbrücke geht stadtauswärts nichts mehr.

Wie leben Sekretärinnen in einer solchen Stadt, wenn nach Feierabend und am Wochenende plötzlich die geliehene Bedeutung von ihnen abfällt und die alleinstehende Frau übrigbleibt? Die meisten der Sekretärinnen, aufgewachsen im Bonner Raum, kennen die Besonderheiten der Stadt mit der aufgepfropften Identität, pendeln mühelos zwischen Beruf und Privatleben. Fremden fällt es jedoch schwer, dort heimisch zu werden.

Das offizielle Bonn mit seinem Regierungs- und Beamtenapparat, dem diplomatischen Korps, den Lobbyisten und Journalisten ist nur die eine Seite: graues, zweckbetontes Interieur der erst allmählich aussterbenden Kultur der blankgewienerten Linoleumböden auf endlosen Fluren und der nach Dienstgrad berechneten Fenster, so daß beamtete Staatssekretäre in schlauchartigen Büros residieren, weil ihnen nach den DIN-Vorschriften die höchste Zahl an genormten Fenstern zusteht. Das Zentrum der Macht, das Bundeskanzleramt, hat ein früherer Resident, Helmut Schmidt, treffend mit dem Ambiente einer »rheinischen Sparkasse« verglichen.

Auch das, was sich bereits zu le Carrés Zeiten auf einem Bonner Empfang abspielte und bis zum Sommer 1999 in Varianten wiederholte, gehört zum offiziellen Bonn: »Irgend jemand gab einen Willkommensempfang für irgend jemand. Irgend jemand einen Abschiedsempfang. Eine Festivität für Mr. und Mrs. soundso, den Dritten von Irgendwo. Es war entsetzlich provinziell.«

Als Politiker im März 1985 über das 35 Jahre alte Hauptstadt-Provisorium diskutierten und die Frage stellten, ob Bonn nun wie München eine Weltstadt mit Herz sei oder doch nur ein Bundesdorf trotz der sechs (!) unterirdischen U-Bahn-Stationen, kamen die Herren fraktionsübergreifend zu einem versöhnlichen Ergebnis. Es taugte sogar als Überschrift zu einem Bericht von Thomas Agthe im »Kölner Stadt-Anzeiger«: »Auf jeden Fall ist das Nest gemütlich.«

Nur manchmal werden auch die anderen Facetten der kleinen Stadt wahrgenommen, die Universität mit ihren Zirkeln und das alteingesessene Bonn des etablierten Bürgertums. All diese Wirklichkeiten existieren auf engstem Raum, bis auf wenige Ausnahmen und Ereignisse fein säuberlich voneinander getrennt.

Etwa 20 000 Sekretärinnen und Stenotypistinnen gehörten bis zum Umzug nach Berlin zum offiziellen Bonn, jedenfalls von Montag bis Freitag. Mindestens 99,9 Prozent haben ihren Chefs nie Anlaß gegeben, an ihrer Loyalität zu zweifeln. Niemand weiß, wie viele von ihnen tatsächlich von einem Nachrichtendienst der DDR, der Sowjetunion, Bulgariens oder auch Rumäniens in Versuchung geführt worden sind, wie viele Sekretärinnen die Geheimdienste im Visier hatten und aus welchen Gründen auch immer ein Annäherungs- oder Anwerbungsversuch unterblieb. Einen wichtigen Hinweis, warum der Aufklärungsdienst der DDR nicht intensiver um die Gunst von Sekretärinnen und Schreibkräften in Bonn buhlte, hat der HVA-Chef Wolf in einem Referat während eines Führungsseminars des MfS im März 1971 offenbart: Es mangelte an qualifizierten Werbern aus dem Operationsgebiet.

»Ledige Männer aller Altersstufen interessieren in diesem Zusammenhang besonders«, mahnte Wolf, damals im Range eines Generalleutnants. Er beschwerte sich darüber, daß die »gestellten Aufgaben« im Jahr zuvor nicht genügend beachtet worden seien. Auf dem Abenteuerspielplatz Bonn, wie einmal der illegale Resident des bulgarischen Geheimdienstes Andrej K. kurz nach seiner Enttarnung und vor seinem Verschwinden im Sommer 1982 das Bonner Parkett süffisant nannte, mangelte es den östlichen Geheimdiensten anscheinend immer wieder an Playboys.

Gelegentlich mochten auch die auserwählten Frauen nicht mitspielen. Die frühere Sekretärin eines Abteilungsleiters im Bundesinnenministerium, bei der Ende der 60er Jahre ein »Mann wie aus dem Bilderbuch« anzubandeln versuchte, meldete nach dem dritten Treffen ihren Verdacht. Sie erinnert sich noch mit Schrecken an das Ereignis und die Folgen. Zum Schein sollte sie auf das Werben eingehen, den mutmaßlichen Herrn Spion bei Laune halten und über jedes Rendezvous berichten, bis dessen wahre Identität festgestellt worden war oder die Spionage-Abwehr glaubte, genug über ihn zu wissen. Nur ein einziges Mal hat sie das getan, worum auch ihr Chef sie »dringend« gebeten hatte, aber sie brach das Treffen entnervt ab, weil sie sich in der Weinstube beobachtet fühlte. Sie fürchtete, ihrem Begleiter hätte die verdeckte Observation auffallen müssen, und sie hatte Angst vor möglichen Konsequenzen. Wenige Wochen später gab sie den Job im Innenministerium auf, weil das Vertrauensverhältnis zu ihrem Chef »irgendwie« gestört blieb, obwohl sie seinen Empfehlungen gefolgt war – bis an die Grenze der Zumutung.

Bis Ende März 1999 hat sie als Sekretärin in der Parlamentsredaktion einer großen deutschen Zeitung in Bonn gearbeitet und das ganze Geschehen »tief im Gedächtnis vergraben« – bis sie bei der Recherche für dieses Buch um Hilfe gebeten, plötzlich sagte: »Da kann ich Ihnen auch was erzählen ...« Minutiös schildert sie den Ablauf jener Ereignisse im Sommer 1968, als sei es gestern gewesen. Sie stellt sich inzwischen nicht nur vor, sondern glaubt, schon früher in ihrem Stammlokal beobachtet worden zu sein, und fühlt sich »wie ein Tier, das schon in der Herde markiert war, aber noch einmal dem Metzger entkommen ist«. Sie hat ihre Lieblingskneipe nie mehr betreten.

Das Gefühl dürfte sie nicht getrogen haben. »Die Zielperson weiß in aller Regel nicht, daß sich ein Nachrichtendienst mit ihr befaßt ... Sie wird ausgeforscht, es werden Ermittlungen über sie angestellt, das MfS hat eine Kaderakte angelegt, und bevor der erste persönliche Kontakt mit ihr hergestellt wird, wurde sie nicht selten observiert«, schreibt der Verfassungsschützer Heinz Hülser über die Vorbereitungen zur Anmache von Sekretärinnen. »Vor einer ersten Kontaktaufnahme wird die Zielperson bereits unmerklich in nachrichtendienstliche Handlungsabläufe einbezogen. Sie wird geradezu nach einem entwickelten Normverfahren hinsichtlich ihrer Herkunft, ihrer persönlichen Daten und nicht zuletzt ihrer Eigenschaften, Gewohnheiten und Fähigkeiten hin ›ausermittelt‹ oder ›abgeklärt‹, wie es im Fachjargon heißt.« Das war in der kleinen Stadt Bonn, wo alles überschaubar blieb, für Profis ein Kinderspiel.

### Der Reiz der Provinz

In Bonn war es auch relativ einfach, an anderen Orten ausgeguckte Sekretärinnen bei Bedarf wiederzufinden, ihnen auf Schritt und Tritt zu folgen, bis der Romeo das zufällige Treffen inszenieren konnte, ohne Aufsehen zu erregen. Das klassische Beispiel bietet dafür Helge B., die in der Pariser Sprachschule Alliance Française 1962 einem IM oder einem bezahlten Tipper der HVA als potentielle Agentin aufgefallen und 1966 in einem Bonner Café angesprochen worden war. Ein Jahr zuvor hatte sie als Französisch-Korrespondentin im Kirchenreferat des Auswärtigen Amtes begonnen, nachdem eine Liebesbeziehung gescheitert war. George Orwell läßt grüßen: Wo immer Helge B. seit ihrem Sprachstudium gewesen ist, hat der Große Bruder HVA sie beobachtet.

In Bonn hat es fünf Jahrzehnte lang für tüchtige und ehrgeizige Sekretärinnen vergleichsweise die besten Karriereangebote gegeben. Wer aus der Republik nach Bonn zog, hoffte in der Stadt oder deren Umfeld schnell heimisch zu werden, vielleicht schneller als anderswo: kein furchteinflößendes Großstadtmilieu, sondern alles sauber und ordentlich, mit einem Hauch rheinischer Leichtigkeit, wie es sich für die »nördlichste Stadt Italiens« gehört, obwohl das berüchtigte Treibhausklima nur die zur Einwohnerzahl überproportional niedergelassenen Hals-, Nasen- und Ohrenärzte frohlocken läßt. Dem guten Image von Bonn konnte 1994 nicht einmal die Kriminalstatistik Schaden zufügen, als die Stadt in der Rubrik »unnatürliche Todesfälle« an Berlin, Frankfurt am Main, München und Hamburg vorbeizog und auf Platz zwei landete. Nur in Magdeburg waren 1993 im Verhältnis zur Einwohnerzahl mehr Menschen getötet worden.

In Bonn, so geht die Sage, hatte früher fast jeder Abgeordnete ein Fisternöllchen, einen Knüssel oder, wie die Rheinländer sagen, ein Krösken, eine Sitzungswochen-Beziehung mit einer Sekretärin, die am Wochenende allein in der Rheinaue spazierenging und zu Beginn des parlamentarischen Zirkus am Montag erneut die Frage stellte: »Wann läßt du dich endlich scheiden?« Und der Herr Volksvertreter soll dann immer die gleiche Antwort parat gehabt haben, warum das nicht gehe: wegen der Sonntagsreden zum Lob der Familie, wegen dem Ansehen im Wahlkreis, der vor frommen Frauen nur so strotze – und so weiter und so fort. Dieses Bonner Ritual soll angeblich nicht mehr funktionieren, seit Willy Brandt sich von seiner Frau Rut scheiden ließ und seine letzte Geliebte heiratete. Brandt hat den Parlamentariern die Ausreden genommen, was einige ihm wohl sehr verübelten.

## Die Einsamkeit der Sekretärin

In Bonn konnte, wer sich als Sekretärin nicht an die Regeln für Affären halten wollte, ganz schön einsam sein. Die Probleme alleinstehender Frauen, die vergeblich nach Partnern suchten, wurden auch dann von den Chefs geflissentlich übersehen, wenn eigentlich die Alarmglocken hätten läuten müssen: Trotz aller Unauffälligkeit, dem Markenzeichen von Agenten, haben spionierende Sekretärinnen fast immer durch ihr verändertes Verhalten Signale an ihre Umgebung ausgesandt. Denn als sie ihr Doppelleben begannen, waren sie keine Profis, ließen Anzeichen von Nervosität erkennen. Der neue Lebensstil, stets Thema in den Verfahren vor Gericht, hätte einem sensiblen und zur Fürsorge für seine Untergebenen verpflichteten Chef auffallen müssen.

»Der Staat hat am Bett seines Bediensteten nicht zu schnüffeln. Ich war immer dahingehend instruiert worden, daß mein Interesse für das Privatleben insbesondere meiner Mitarbeiterinnen an der Schlafzimmertür zu enden habe«, antwortete der frühere Abteilungsleiter einer wegen Spionage angeklagten Sekretärin auf die Frage des Gerichts, wie er die Fürsorgepflicht für eine Untergebene gesehen habe, die offenkundig in privaten Schwierigkeiten steckte. Der Jurist präzisierte seine Aussage, wie es nur Juristen vermögen: »Ich habe nie gefragt, wie sie ihren Intimbereich gestaltet.«

Aus der Perspektive der Sekretärin stellte sich das Problem der Fürsorge anders dar. Bei der Befragung für einen Aufklärungsfilm des Bundesamtes für Verfassungsschutz schildert sie die Situation so: »Jeder wußte, daß ich scheinbar alleinstehend war. Von Montag bis Freitag genoß ich mehr oder weniger das Interesse der Kollegenschaft und meiner Vorgesetzten. Aber von Dienstende bis Dienstbeginn, insbesondere an Wochenenden, war ich sozusagen eine Unperson. Niemand interessierte sich dafür, was für ein Dasein ich während dieser Zeit führte. Außer den zwei, drei Vorgesetzten, die mit mir schlafen wollten. Im übertragenen Sinn ein Fall von Unzucht mit Abhängigen. Darüber wurde ich zum erstenmal ernsthaft krank.«

In der sich anheimelnd gebenden Kapitale konnte das Klima auch frostig sein.

## VII. »Lieber Gott, laß Gerda anders werden ...«

### Kindheit und Jugend von Agentinnen

Solange sie sich erinnern kann, hat ihre Mutter immer auf ihrem Recht beharrt. Sie weiß alles besser, sie irrt sich nie, hält sich für unfehlbar. Sie glaubt auch stets zu wissen, was das Beste für ihre jüngste Tochter ist. Sie hält es für ihre Pflicht, für Margret Entscheidungen zu treffen. Die Hausfrau ist sehr fromm und selbstgerecht, wie es nur protestantische Eiferer vermögen. Wenn das sensible Mädchen eine eigene Meinung nur andeutet, pflegt Mama das aufkeimende Selbstbewußtsein mit ihrem Lieblingssatz niederzuwalzen: »Du weißt doch gar nicht, was du willst.« Selbst als Margret zu wagen versucht, einen Wunsch zu äußern, eine Idee zu verwirklichen, einen Traum zu haben, nimmt die Mutter ihr den Mut. Was sie nicht für gut befindet, kann für die Tochter ebenfalls nur schlecht sein.

Margret H., aufgewachsen in der Kleinstadt Löhne, hat nicht nur das Talent fürs Gymnasium, sondern auch Lust dazu. »Du bist doch kein Junge«, sagt die Mutter und schickt sie auf die Realschule. Die Schule, die den Weg ebnet in die typischen Frauenberufe in Verwaltung, Handel und Soziales, scheint aus der Perspektive der Mutter das Richtige zu sein für die Lebensplanung der Tochter. Die Tochter möchte sich nach der Mittleren Reife weiterbilden, die Mutter meldet sie bei der Tanzstunde an. Und Margret, der hübsche, aber extrem schüchterne Teenager, gehorcht und lernt langsamen Walzer links herum.

Als Margret H. das Alter erreicht, das man in den 50er Jahren heiratsfähig nennt, freundet sie sich an ihrem Arbeitsplatz mit einem jungen Mann an. Er sieht gut aus, ist ganz nett, aber für Margrets Geschmack zu langweilig. Sie gibt ihm den Laufpaß. Aber ihre Mutter hat ihn schon als Schwiegersohn im Visier gehabt: Er, Inspektor der Kreisverwaltung, ist offenbar genau der Richtige – aus Mamas Sicht. Sie versucht alles, um die gelöste Verbindung zu kitten, auch hinter dem Rücken der Tochter. Die endlosen Auseinandersetzungen um diesen Ehekandidaten entladen sich schließlich in einem großen Krach. Der Vater schlägt seine Tochter zum erstenmal und vergißt, daß sie schon erwachsen ist. Doch die sanfte, liebe Margret, die nicht zu widersprechen gelernt hat, gibt sich unerwartet selbstbewußt. Mit 22 Jahren, ein Jahr nach Erreichen der Volljährigkeit, verläßt sie das Elternhaus, zieht nach Bonn, will ihr eigenes Leben, keine Bevormundung mehr. Die Mutter wirft ihr vor, undankbar zu sein, aber die Tochter läßt sich nicht beirren. Zum 1. April 1958 beginnt sie als Stenotypistin im Auswärtigen Amt.

Als Margret H. mit 51 Jahren auf der Anklagebank im Saal A 01 des Oberlandesgerichts Düsseldorf sitzt, sich wegen Landesverrats und geheimdienstlicher Agententätigkeit in einem besonders schweren Fall verantworten muß, sucht sie im Dialog mit dem Gericht nach Gründen für das, »was ich heute nicht begreifen kann«. Seit ihrer Festnahme vor zwei Jahren, im August 1985, zermartet sie sich den Kopf, warum sie, ausgerechnet sie, zur Agentin werden konnte – zur Top-Spionin gar, wie die Zeitungen behaupten. Einen Erklärungsansatz hat Margret H. in dem heillosen Verhältnis zu ihrer Mutter gefunden, und sie versucht, ihre Gedanken dem Gericht nahezubringen.

Die fünf Berufsrichter wissen offenbar mit den immer wiederkehrenden Ausführungen über Kindheit und Jugend wenig anzufangen. »Vielleicht begann es damit, daß ich eigentlich gar nicht geboren werden sollte und dann noch nicht einmal ein Junge war«, sagt Margret H. Sie versucht zu erklären, warum ihre Mutter, ein Jahr nach der Geburt ihrer ersten Tochter, über die zweite Niederkunft alles andere als glücklich war und vielleicht deshalb ihr jüngstes Kind von Anfang an mit

Nichtbeachtung strafte. »Die Mutter spielt eine viel zu große Rolle in diesem Verfahren«, moniert der Vorsitzende Richter Klaus Wagner. Die Angeklagte korrigiert ihn: »... in meinem Leben.«

Selbstkritisch spricht Margret H. von ihren Befreiungsversuchen aus dem Elternhaus: »Ich brauchte sehr viel Kraft dazu, mich gegen den Willen meiner Mutter in Bonn zu bewerben. Ich habe das heimlich gemacht.« Den lebenslangen Konflikt einer braven Tochter mit einer ewig nörgelnden Mutter kann Richter Wagner schwer nachvollziehen. Das Porträt, das Margret H. von sich selbst zeichnet, steht seiner Meinung nach im krassen Gegensatz zu dem Bild, das ihre Chefs im Auswärtigen Amt und im Bundespräsidialamt von ihr gewonnen hatten: loyal, rücksichts- und verständnisvoll, kollegial, sehr fix und freundlich, verantwortungsbewußt.

Bisweilen provozieren die Auszüge aus früheren Zeugnissen ein vielsagendes Lächeln auf der Richterbank, als zum Beispiel die Verschwiegenheit von Frau H. gelobt wird. Sie selbst sagt über die Widersprüche zwischen Privatleben und ihrer Karriere in Bonn: »Nach außen hin war alles wunderbar.« Einmal, so erzählt sie, habe sie eine Psychologin aufgesucht, um ihre Probleme mit Männern zu erforschen, habe aber dann nur über die Konflikte mit ihrer Mutter gesprochen. Die Herren Richter lauschen ungerührt ihren Aussagen, sind gelegentlich ein bißchen genervt.

Die Phantasie der Juristen reicht nicht aus, sich das Drama in der Kindheit und Jugend von Margret H. auszumalen, sich vorzustellen, wie das von früher Kindheit eingeimpfte Minderwertigkeitsgefühl das weitere Leben überschattet hat. Die Mutter soll nicht als Zeugin gehört werden, ein psychiatrischer Gutachter ist nicht bestellt. Aber ein Zufall beschert dem Gericht unerwartet Einblick in die familiäre Atmosphäre, die das Leben der Angeklagten geprägt hat. Eines Tages tauchen Mutter und Vater als Zuschauer im Gerichtssaal auf. Der Senat stimmt dem Antrag des Verteidigers zu, den Eltern in der Verhandlungspause ein Gespräch mit der Tochter zu gestatten.

Den Vater, ein ruhiger, freundlicher Mann, schmerzt es offensichtlich, die Tochter auf der Anklagebank zu sehen. Er fragt, wie es ihr geht, versucht, sie zu trösten, ihr Mut zu machen.

Die Mutter kennt kein Erbarmen. Wie eine Furie geht sie auf die Tochter los, beschimpft sie wie ein ungehorsames Kind, überhäuft sie mit Vorwürfen. Sie hält ihr vor, was sie ihr schon immer vorgehalten hat: Daß alles nicht so gekommen wäre, wenn sie nur das getan hätte, was sie ihr, der Undankbaren, schon immer empfohlen hat – nämlich den netten Inspektor von der Kreisverwaltung zu heiraten und in Löhne zu bleiben, im Blickfeld von Mutter. Sie wiederholt die Lektion all jener Mütter, die das Leben ihrer Töchter beherrschen wollen, weil sie ihre eigenen Träume nicht verwirklichen konnten; die Mutter von Margret H. wäre am liebsten als Missionsschwester nach Afrika gegangen, ist aber im westfälischen Löhne hängengeblieben.

Margret H. bricht entnervt das Gespräch ab. Justizwachtmeister Wolfgang Schmitz, Zeuge des Auftritts der Mutter, nimmt Margret H. tröstend in den Arm. Schmitz, auf den ersten Blick eine typisch rheinische Frohnatur, hat als Sitzungswachtmeister in zahllosen Prozessen ein feines Gespür für menschliche Tragödien entwickelt. Er macht aus seiner Empörung keinen Hehl und berichtet dem Vorsitzenden Richter detailliert die Szenen im Besucherraum. An den folgenden Verhandlungstagen lassen Wagners Fragen und seine Reaktionen auf die Antworten erkennen, daß er einen Lernprozeß hinter sich hat. Das wird sich auch im Urteil später niederschlagen.

Margret H. ist aus ihrem Elternhaus geflüchtet und bald in die Arme eines Romeos gelaufen – wie Leonore Sütterlin, Gerda O., Helge B., Dagmar K.-S., Irene S., Ursula S. oder – auf gewissen Umwegen – ebenso Gabriele K. Bei einigen, erst nach 1990 festgenommenen Agentinnen, hat sich die Erforschung ihrer Lebensumstände vor Gericht erheblich reduziert – nicht zuletzt angesichts der historischen Wende und der Jahre, die seit der raffinierten und skrupellosen Verstrickung und den Taten ins Land gegangen waren. Verfahren wegen geheimdienstlicher Agententätigkeit für das MfS oder den KGB wird es auch nicht mehr geben, seit 1998 sind diese Straftaten verjährt.

Hinter jedem Namen der Frauen, die als Agentinnen in die Schlagzeilen gerieten, steht ein einzelnes Schicksal, eine unverwechselbare Persönlichkeit. Dennoch gibt es auffallende Parallelen in den Biographien. Die Entscheidung für das Doppelleben wurde von allen wohl nicht bewußt und gewollt getroffen, so wie sie zuvor ihren Beruf als Sekretärin oder Übersetzerin gewählt haben, weil er ihrer Ausbildung und ihren Neigungen entsprach. »Man beschließt nicht, Agentin oder Spionin zu werden«, schreibt in ihrer klugen Analyse »Frauen in ungewöhnlichen Berufen« die Schweizer Autorin Mascha M. Fisch. »Es verhält sich eher so wie bei einer schleichenden Krankheit, die sich langsam, zuerst unbemerkt und unauffällig, entwickelt. Die Weichen dazu werden bereits im Elternhaus gestellt.«

Heinz Hülser, der Dutzende von Spionen für eine Serie von Geheimschutz-Dokumentationen des Bundesamtes für Verfassungsschutz zur Information potentieller Opfer von Geheimdiensten befragt hat, faßt in einer Rückschau seine Erkenntnisse so zusammen: »Fremde Nachrichtendienste haben bei Anwerbungen, denen gründliche und sorgfältige Ermittlungen vorangegangen sind, labile Menschen, alleinstehende Frauen oder auch durch den Partner ›geschädigte‹ Zielpersonen stets bevorzugt ins Visier genommen. Eine besonders wichtige Rolle spielen dabei auch psychologisch eindeutig negative Erfahrungen im kindlichen Erlebnisalter eines Menschen, was kaum zur Kenntnis genommen wird.«

Gerda O., geboren in einem Dorf in Bayern, verbringt Kindheit und Jugend im Städtchen Landsberg, wo der Vater nach ihrer Geburt als Bierbrauer eine neue Stelle gefunden hat. Von Anfang an ist das hübsche und aufgeweckte Kind sein Liebling. Die Mutter ist eifersüchtig, empfindet die Zuneigung ihres Mannes zum gemeinsamen Kind als Störfaktor in der ehelichen Beziehung. Außerdem ist sie überzeugt, ihre Tochter sei aus der Art geschlagen. Die Unbefangenheit des Kindes irritiert die fanatisch religiöse Frau. Die Kleine erzählt ihr alles, auch das, woran eine fromme Katholikin in den 50er Jahren nicht zu denken wagt.

Gerda muß wohl fünf Jahre alt gewesen sein, als sie Mama vom gemeinsamen Doktor-Spiel ihrer Spielkameradinnen und einiger Buben berichtet. Die Mutter empfindet das als Skandal und Sünde und als Bestätigung ihrer Furcht, ein mißratenes Kind großzuziehen. Sie holt den Priester, der dem Mädchen den Teufel austreiben soll. Der Pfarrer versucht, die Mutter, das wild gewordene, aber treueste Schäfchen seiner Gemeinde zu beruhigen. Vergeblich. Als der Priester das Haus verläßt, muß Gerda auf Geheiß ihrer Mutter vor dem Kruzifix den Rosenkranz beten. Immer wieder. Ihr kommt es vor wie eine Ewigkeit. Und ihre Mutter sagt die Worte, die sie ihr Lebtag nicht vergessen wird: »Lieber Gott, laß Gerda anders werden, sonst muß sie sterben.«

Das Mädchen weiß nicht, was es falsch gemacht hat. Es ahnt aber instinktiv, daß es besser ist, in Zukunft zu schweigen. Fortan erzählt Gerda nichts mehr zu Hause. Die Mutter schimpft, nennt ihre Tochter jetzt verstockt und versucht, aus ihr das herauszuprügeln, was sie nicht mehr erzählt. Gerda befindet sich in einem Dilemma, aus dem sie sich nicht befreien kann. Gleichgültig, wie sie sich verhält, in den Augen der Mutter tut sie immer das Falsche. Die Mutter hört nicht auf, Gerda Vorwürfe zu machen, die sie mehr verletzen als Schläge: »Du taugst nichts. Aus dir wird nichts.« Gerda flüchtet zu ihren Puppen. Mit ihnen spielt sie die Rolle der Mutter, die sie selbst gern hätte: fröhlich, freundlich und vor allem liebevoll. Im Spiel inszeniert sie die bedingungslose Zuneigung, die sie so schmerzlich vermißt.

Das Verhältnis zwischen Mutter und Tochter wird von Jahr zu Jahr schlechter. Die Leistungen der Schülerin Gerda lassen zu wünschen übrig. Die Lehrer sagen, sie sei nicht dumm, könnte viel besser sein, wenn sie nur wolle. Gerda O. will aber nicht. Sie ist bockig, trotzig, frech. Wie viele entmutigte Kinder versucht sie, mit provozierenden Auftritten Aufmerksamkeit zu finden. Mit 16 Jahren geht sie auf die Handelsschule, mit 18 nimmt sie als Au-pair-Mädchen eine Stelle in London an, ohne zuvor ihre Eltern zu informieren. Die Mutter gibt ihr eine letzte Ohrfeige, läßt sie aber ziehen: Gerda O. hat ihren Willen durchgesetzt. Sie hat sich vom mütterlichen Terror befreit. Später wird sie dennoch sagen, daß sie ihren Eltern keine Vorwürfe mache, sie seien wahrscheinlich nicht schlechter als viele andere Eltern auch. Wahrscheinlich hat sie recht, denn die meisten Dramen der Kindheit kommen nie ans Tageslicht.

Die Mutter von Ursula S. hatte gehofft, einen Sohn auf die Welt zu bringen. Ihre Enttäuschung verwindet sie nicht, und sie mag diese auch nicht vor der Tochter verbergen. »Wenn du ein Junge wärst, dann ...«, so fangen die Sätze an, mit denen sie das Mädchen kränkt. Ursula S. erinnert sich noch haargenau an jene Situation, als sie zum ersten Mal diesen Satz hörte. Sie lernte Radfahren, es waren nur noch ein paar Tage bis zu ihrem ersten Schultag. Ganz stolz war sie über ihr Stehvermögen auf Großmutters altem Fahrrad, drehte übermütig Runden auf dem Hof. Dann stürzte sie. Das linke Knie und beide Handflächen, aufgeschürft vom Schotter, bluteten. Ursula S. erinnert sich, wie sie »ganz furchtbar« weinte. Doch ihre Mutter tröstete sie nicht, während sie die Wunden mit Jod bepinselte, sie sagte nur: »Wenn du ein Junge wärst, dann würdest du jetzt nicht weinen ...«

Das Verhältnis zu ihrem Vater bleibt ungezwungen bis zärtlich, solange die Mutter nicht in der Nähe ist. Manchmal neckt er seine Frau, sie sei wohl eifersüchtig auf das Töchterchen, das mit seinem Lockenkopf viele Erwachsene entzückt. Der Vater wagt aber nicht, Partei für Ursula zu ergreifen, wenn seine Frau die Tochter demütigt: »Wenn du ein Junge wärst, dann würdest du nicht deine Zeit vertrödeln ... Dann würdest du nicht so schlecht in Mathe sein ... Dann würdest du nicht ...«

Der Vater macht sich zu Hause rar, ist viel auf Dienstreisen, Mutter bleibt ihrem einzigen Kind indes immer auf den Fersen. Sie kommandiert die Tochter herum. Sie holt sie aus ihren Träumen, wenn sie sich in ihr Zimmer geflüchtet hat: »Tu endlich was, sonst wirst du noch im Elend enden.« Doch alles, was sie mag, zum Beispiel »Nesthäken«-Bücher lesen, tanzen lernen, Puppenkleider nähen, einen Hund haben, findet nur die Mißbilligung der Mutter.

Ursula S. ist ein einsames Kind, ein einsamer Teenager. Sie hat keine Freundin, mit der sie ihre Geheimnisse teilt. Sie erzählt, wie sie andere Mädchen um solche Freundschaften beneidet hat, aber sie erinnert sich auch, wie ihre Mutter die ersten Schulfreundinnen kritisch unter die Lupe nahm und bestimmte, mit wem sie spielen durfte und mit wem nicht, wer mit ins Haus durfte und wer nicht. Ein Mädchen namens Hanni, das sie besonders nett fand, durfte nicht. »Hanni«, so hat ihre Mutter sie belehrt, »stammt aus einer asozialen Familie.« Ursula wußte damals nicht, was das bedeutet, glaubte aber, daß es etwas mit den vielen Geschwistern zu tun hatte, von denen Hanni auf dem Weg zur Schule umringt war und auf die sie aufpassen mußte. Nach Mutters Verdikt hatte Ursula auch keine Lust mehr, Schulkameradinnen mitzubringen. Die Mädchen aus ihrer Schule und Nachbarschaft zeigten auch wenig Neigung, sie zu besuchen, denn die kritische Musterung von Ursulas Mutter hatte sich schnell herumgesprochen.

Ursula S. sagt, sie hat oft gedacht, sie müßte ersticken, weil sie immer alles herunterschluckte, nie aufzumucken wagte. Einmal hat sie sich die Unterlippe blutig gebissen, um still zu bleiben, als sie von ihrem Versteck im Wandschrank aus die Mutter beobachtete, wie diese in ihrem Tagebuch las. Nur ein einziges Mal, einen Tag vor ihrem 14. Geburtstag, habe sie ihre Mutter angebrüllt: »Was habe ich dir getan? Warum willst du mich nicht verstehen?« Das war der Tag, als sie die Tapete mit den Mickey-Mäusen in ihrem Zimmer überstreichen wollte, weil sie das Muster zu kindlich fand, die Mutter aber darauf beharrte. »Meine Mutter hat meine Fragen nicht beantwortet, hat mich nur lange angesehen und den Kopf geschüttelt. Dann ist sie gegangen«, erinnert sich Ursula S. 40 Jahre später. »Ich habe nie erfahren, warum sie so war. Von meinem 14. Geburtstag an wollte ich nur noch weg.«

Mit 18 Jahren bekniet Ursula S. den Vater, ihr Geld zu geben für einen Feriensprachkurs in Oxford. Sie wird erst drei Jahre später nach Deutschland zurückkehren. Zuletzt hat sie in einer Familie mit zwei kleinen Töchtern als Kindermädchen gearbeitet, sich mit dem Hausherrn eingelassen, bis seine Frau dahinterkam und sowohl den Mann wie auch sie hinauswarf. Ursula S. fühlt sich schuldig und einsam, als sie drei Monate nach der verhängnisvollen Affäre sich auf die nächste einläßt – mit einem Romeo.

Helge B. wächst unter ähnlichen Bedingungen auf wie Margret H., Gerda O. und Ursula S.; in ihrem Fall ist es jedoch der Vater, der sie drangsaliert, ihr Vorschriften macht, ihr keinen Spielraum läßt für eigene Interessen, eine eigene Entwicklung. »Halt den Mund, ich weiß schon, was richtig für dich ist«, lautet sein Wahlspruch, und der gilt nicht nur für die Tochter, sondern auch für die Frau. Diese nimmt alles schweigend hin, wehrt sich nicht. An Trennung wagt sie nicht zu denken. Sie glaubt, daß er einfach mehr Erfahrung hat als sie, die Hausfrau. Und andere Männer sind – wie sie von einer Freundin weiß – noch viel schlimmer.

Der Werkmeister behandelt seine Familie, wie er jahrzehntelang auch seine Lehrlinge getriezt hat: Autoritär wechselt er von einer Drohgebärde zur nächsten, stellt Bedingungen, kündigt Strafen an. Widerspruch gilt nicht. Der Haustyrann läßt keine andere Meinung zu, und wagt Helge B., einen Wunsch zu äußern, einen Vorschlag zu machen, wittert der Vater sofort Verrat und beschimpft sie: »Was weißt du schon, du hast vom Leben keine Ahnung.«

Mit 18 Jahren verläßt auch Helge B. fluchtartig ihr Elternhaus, sie geht zum Sprachstudium an die Alliance Française nach Paris, wo sie bald ins Visier der Werber für die HVA gerät.

Eine junge Frau mit extrem angeknackstem Selbstbewußtsein, das sich auch als Minderwertigkeitskomplex beschreiben läßt, ist für einen Romeo leichte Beute. Der Mann verspricht, ihr endlich das zu geben, was sie in Kindheit und Jugend so schmerzlich entbehrte: Liebe, Geborgenheit, Anerkennung so wie sie ist – und nicht wie sie in den Augen von Mutter oder Vater sein sollte. Später wird er ihr noch das Gefühl vermitteln, wirklich gebraucht zu werden, etwas Nützliches für die Weltgemeinschaft (den Weltfrieden, den britischen oder den dänischen Geheimdienst) zu tun, sie muß ihm bloß helfen.

Einer der Pioniere der Individualpsychologie, Alfred Adler, sieht zwischen Minderwertigkeits- und Gemeinschaftsgefühl einen engen und bedeutsamen Zusammenhang. »Übergroßes Minderwertigkeitsgefühl und mangelndes Gemeinschaftsgefühl sind immer parallele Erscheinungen«, schreibt er. »Der Mensch, dem es an Gemeinschaftsgefühl mangelt, kann sich im Leben nicht wohl fühlen, weil er sich in der Gemeinschaft der Mitmenschen nicht aufgehoben fühlt. Dies führt dazu, daß er ständig von einem verstärkten Gefühl der Unsicherheit geplagt wird, das im Streben nach persönlicher Überlegenheit über die Mitmenschen mündet, mit welchem er aber nie Sicherheit finden wird, da er in ständiger Angst vor dem Versagen und der Aufdeckung seines tiefen Minderwertigkeitsgefühls schwebt.«

Die nach allen Regeln der psychologischen Kunst belogenen und betrogenen Frauen sind einem falschen oder fehlgeleiteten Gemeinschaftsgefühl gefolgt wie auch Terroristinnen und Anhängerinnen von Sekten, deren Biographien zu den Lebensläufen der Agentinnen erstaunliche Parallelen aufweisen. »Sie sind unter dem Einfluß dominierender Mütter aufgewachsen. Ihre Beziehung zum Vater hingegen war von früh auf gestört, weil sich der Erzeuger dem Kind gegenüber entweder zu schwächlich und distanziert oder zu diktatorisch verhielt«, schreibt der Psychologe Lothar von Balliseck in seinen Studien über Terroristen. Sein Kollege Walter F. Hiss analysierte die Ziele von Mitgliedern der Rote Armee Fraktion: »Diese Frauen erlagen dem Irrtum, in der Bande Geborgenheit, Verständnis, Liebe finden zu können, die sie schon immer gesucht hatten.«

### Der Sprung über den eigenen Schatten

Die Verletzungen in Kindheit und Jugend, die vergebliche Suche nach bedingungsloser Zuneigung spiegeln sich auch in anderen Familienszenarien wider. Das dokumentieren die Lebensläufe von Agentinnen, die noch als Erwachsene über den eigenen Schatten springen wollten und in einer Falle landeten – in einem feingesponnenen Netz aus Lügen, Verheißungen und lebenslangen Enttäuschungen.

Dagmar K.-S., 1946 geboren, war zwei Jahre alt, als sich ihre Eltern aus Thüringen in den Westen absetzten. Sie wächst bei ihrer Großmutter auf, während Vater und Mutter sich in München eine neue Existenz aufzubauen versuchen. Dagmar liebt ihre Oma und das Leben auf dem Land. Und die Oma liebt sie. Sie genießt die Gesellschaft des Kindes, fühlt sich noch einmal jung und gefordert. Ihre Eltern sieht Dagmar in diesen Jahren selten, sie sind viel zu beschäftigt mit ihren Nachholbedürfnissen.

1953 wird Dagmar dort eingeschult, wo sie aufgewachsen ist. Zwei Jahre später wird sie plötzlich von den Eltern nach München geholt. Die Neunjährige leidet ganz fürchterlich unter der Trennung von ihrer Großmutter, von den Freundinnen, von ihrem Zuhause. Jahre später wird sie vor Gericht sagen, daß die Eltern ihr keinen Gefallen damit getan haben: »Den Wechsel habe ich sehr, sehr schlecht verkraftet.«

Die Mutter arbeitet ganztags als Sekretärin, hat wenig Zeit. Der Vater, von Beruf Kraftfahrer, trinkt, verträgt aber einer Kriegsverletzung am Kopf wegen keinen Alkohol. Warum er dennoch nicht davon lassen kann, wird die Tochter erst später begreifen. Sie sieht nur, was der Alkohol bei ihm anrichtet. Er randaliert, wird gewalttätig, schlägt seine Frau.

Dagmar wärmt in der Zweizimmerwohnung mittags brav das Essen auf, das die Mutter am Vortag gekocht hat, bevor sie ihre Schulaufgaben macht. Das hochsensible Mädchen, das viel allein ist und keine Freundinnen in der neuen großen Stadt findet, wird immer wieder krank. Mehrmals wird das zarte Wesen zur Erholung ins Heim der Firma geschickt, für die ihre Mutter arbeitet. Doch die Reisen in den Schwarzwald können nur die Symptome lindern, sie aber nicht von ihrem Leid befreien. Die Ehe ihrer Eltern zerbricht, nach der Scheidung 1960 bleibt Dagmar bei ihrer Mutter. Der Vater, der Störenfried, ist weg, aber viel ändert sich dadurch für das junge Mädchen nicht.

Mit 17 Jahren flüchtet sich Dagmar in eine Beziehung zu einem älteren Mann. Sie wird schwanger, geht noch vor der Mittleren Reife von der Schule ab, heiratet, wird kurz vor ihrem 19. Geburtstag Mutter. Ihr Traum vom Studium und einem Beruf als Lehrerin platzt. In den folgenden Jahren wird nur ihr Mann seine Pläne verwirklichen. Sie ordnet sich ihm völlig unter, will häuslichen Frieden, um jeden Preis etwas anderes als den Ehekrieg ihrer Eltern. Der Exportkaufmann beginnt Betriebswirtschaft an der Fachhochschule zu studieren, sie arbeitet als Schreibkraft: Das Paar kopiert das Verhalten ihrer Eltern in einer Studentenehe. Nach dem Examen ändert er radikal seinen Lebensstil, spielt den Schickimicki, sie bleibt bemüht, alle Kontroversen zu glätten.

Auf einer Silvesterparty probt das Paar mit einem Schauspieler-Ehepaar den Partnertausch, ein Ereignis, das den Anfang vom Ende ihrer Beziehung einläutet. Aus Spaß wird Ernst. Er bindet sich an die neue Frau. Versöhnungsversuche scheitern. Mit 25 Jahren steht Dagmar K.-S. vor den Trümmern ihrer Ehe: beladen mit Minderwertigkeitskomplexen und Zukunftsängsten. Der Romeo, der auf sie bei ihrem ersten Urlaub allein in Bulgarien wartet, hat leichtes Spiel.

An die Flucht ihrer Familie im Januar 1945 aus Breslau erst nach Österreich und später nach Schwäbisch Hall erinnert sich Irene S. wie an einen Alptraum: die Schreckensbilder des Krieges, die Toten, die Trümmer, die Szenen der Odyssee im Lazarettwagen, die Angst, die geliebte Mutter und die fünf Geschwister im Treck zu verlieren. Irene war damals gerade neun. Die ersten Nachkriegsjahre erlebt die Familie ohne den Vater. Er kommt spät aus russischer Gefangenschaft zurück, die Familie siedelt von Baden-Württemberg nach Niedersachsen um. Obwohl sie auf ihn gewartet und seine Rückkehr herbeigesehnt hatten, irritiert der Heimkehrer Frau und Kinder.

»Er war ein sehr strenger Vater«, wird sich Irene S. Jahrzehnte später vor Gericht erinnern: »Ich hatte immer Angst vor ihm.« Aber sie akzeptiert ihn, denn auch ihre Freundinnen haben strenge Väter. Und ihre Mutter, erprobt im Überlebenskampf der Nachkriegsjahre für sich und die sechs Kinder, greift mutig ein, wenn ihr Mann mit seinem autoritären Gehabe mal wieder übertreibt. Einer ihrer Brüder beschreibt beim Blick zurück auf die Großfamilie S.: »Ich glaube, wir waren eine typisch deutsche Familie in der Nachkriegszeit. Es war für alle schwer. Für uns Kinder, aber besonders für die Mütter.«

Irene S. beginnt nach der Schule eine Ausbildung zur Verwaltungsangestellten bei der Stadtverwaltung in Salzgitter. Wegen guter Leistungen darf sie die Prüfung schon ein halbes Jahr früher als vorgesehen ablegen. Sie entwickelt Ehrgeiz, wird Mitglied im Stenographen-Verein, wechselt zu einer Firma als Stenotypistin und Kontoristin nach Braunschweig. Sie ist 18 Jahre alt, als zwei Ereignisse sie aus der Bahn zu werfen drohen. Ihr neuer Chef belästigt sie, er versucht sie damit zu erpressen, ihr weiteres berufliches Fortkommen von der Gewährung gewisser Gunstbezeugungen abhängig zu machen. Irene S. reicht Klage beim Arbeitsgericht ein. Ein ungewöhnlicher Beweis von Mut, denn Mitte der 50er Jahre ist sexuelle Belästigung am Arbeitsplatz ein Tabuthema ohnegleichen. Die öffentliche Diskussion darüber wird erst 25 Jahre später einsetzen. Irene S. gewinnt den Prozeß, wechselt aber den Arbeitsplatz.

Etwa zur gleichen Zeit muß ihr Vater eine Affäre mit seiner Sekretärin begonnen haben. Der Mann, der daheim christliche Moral und eheliche Treue predigt, betrügt seine Frau. Als die Geliebte schwanger wird, drängt er sie zur Abtreibung. Das Bild von der glücklichen Familie des strenggläubigen Katholiken S. soll um jeden Preis erhalten bleiben. Alle tuscheln über die Affäre und die vom Erzeuger finanzierte Abtreibung, aber wie in solchen Fällen üblich, erfährt die betrogene Ehefrau als letzte davon. Irene S. ist am Boden zerstört: Die Heuchelei des Vaters erschüttert ihr Weltbild, das Leid ihrer Mutter schmerzt tief. Sie ergreift für die Mutter Partei, doch sie kann ihr nicht helfen.

Die Ehekrise mündet in ein Scheidungsverfahren, in dem die schmutzige Wäsche bis ins letzte Detail gewaschen werden muß, wie das Schuldprinzip des Scheidungsgesetzes es verlangt. Als die Ehe der Eltern geschieden ist, feiert Irene S. ihren 21. Geburtstag. Sie nimmt die Gelegenheit wahr, sich von zu Hause abzusetzen. Sie bewirbt sich in Aachen und Köln, weil sie einen Belgier zum Freund hat und hofft, ihn im Rheinland häufiger zu sehen als bisher. Im April 1957 beginnt sie als Stenotypistin im Hochbauamt der Stadt Köln. Als die Beziehung zu ihrem Freund in die Brüche geht, sucht sie »aus Spaß« über eine Annonce einen neuen Gefährten – und findet ihren ersten Romeo.

### Die ewige Suche nach dem Vater

Gabriele K. leidet schon als kleines Mädchen unter ihrer hohen und piepsigen Stimme. Zahlreiche Ärzte haben sich vergeblich bemüht, die auffällige Tonlage zu korrigieren. Doch erst als Erwachsene wird sie erfahren, daß dieser Defekt mit großer Wahrscheinlichkeit auf früheste Kindheitserlebnisse zurückzuführen ist und ihr deshalb kein Chirurg helfen kann, auch keine Sprachtherapie, von denen sie mehrere versucht hat. Die Geschichte, die sich hinter dieser Diagnose verbirgt, war Gabriele K. zum Teil bekannt, sie hatte sie allerdings noch nie mit dem Problem ihrer Stimme in Verbindung gebracht.

Der Blick zurück enthüllt ein Drama, das in den letzten Kriegsmonaten Millionen Menschen erlitten. Gabriele K. kennt es nur aus den Erzählungen ihrer Mutter und Großmutter, aber sie spricht darüber, als habe sie alles bewußt erlebt. Im Januar 1945 kommt sie in einer kleinen Stadt in Oberschlesien auf die Welt. Mutter und Großmutter sind vor den Russen auf der Flucht, als vorzeitig die Wehen einsetzen. Es grenzt an ein Wunder, daß das Baby, geboren in einem von Flüchtlingen und Kranken überfüllten Altersheim, überlebt. Die beiden Frauen müssen trotz der Komplikationen bei der Geburt schnell gen Westen weiterziehen: Die Russen überrollen die Flüchtlingstrecks. Die Frauen haben panische Angst vor Vergewaltigungen, malen sich Pockennarben ins Gesicht, hüllen sich in Lumpen und humpeln wie Greisinnen.

Trotz dieser Verkleidung fürchten die Frauen, das schwache und immer hungrige Baby könne durch sein Schreien den marodierenden Russen verraten, daß zumindest eine der Frauen nicht so alt sein kann, wie sie aussieht. Mutter und Großmutter tun deshalb alles, um das Weinen des Säuglings zu dämpfen. Tagsüber überdecken sie es mit Tüchern, und nachts, wenn sie irgendwo bei einer Familie Unterschlupf gefunden haben, verstecken sie das Baby im Schrank hinter der Wäsche. Wochenlang sind sie auf der Flucht, der Leidensweg scheint endlos, bis die drei im unzerstörten Haus der Großeltern im Westen von Berlin ankommen.

Das ständig kränkelnde Kind wächst bei den Großeltern auf, sein Vater, Hauptschriftleiter im Auswärtigen Amt, kehrt aus dem Krieg nicht zurück. Er ist in russischer Kriegsgefangenschaft verhungert. Die Mutter, bis zur Schwangerschaft Chefsekretärin bei der deutschen Gesandtschaft in Luxemburg, will sich beruflich neu orientieren, um für sich und das Kind besser sorgen zu können. Sie beginnt Heilpädagogik zu studieren und wird später auch an einer Behindertenschule unterrichten.

Gabriele K. liebt ihre Großeltern, ihre Mutter aber vergöttert sie. Sie sieht diese nur selten, denn die Mutter muß ihr Studium selbst finanzieren. Als die Tochter im Alter von 12 Jahren zu ihr zieht, wird sie maßlos enttäuscht. Ihre Mutter entspricht nicht dem schönen Bild, das sie sich von ihr gemacht hatte. Als größtes Ärgernis betrachtet sie den allgegenwärtigen

Freund der Mutter. Gabriele findet ihn »eklig«, denn er schwärmt Mutter und Tochter ständig von seinen eigenen vier Töchtern vor. Klüger, schöner und besser als Gabriele wären diese. Die Mutter geht darüber hinweg wie über einen dummen Witz. Das schmerzt. Mit 14 Jahren unternimmt Gabriele einen ersten Selbstmordversuch nach einem Krach mit der Mutter. Sie hat Gabriele zur Rede gestellt, nachdem die Tochter einen Brief des Freundes unterschlagen hatte. Jahre später wird Gabriele K. sagen, daß sie bloß demonstrieren wollte, wie unglücklich sie gewesen sei, wie sehr sie diesen Freund gehaßt und sich zurück zu ihrer Großmutter gesehnt habe.

Die begabte Schülerin wird immer häufiger krank. Sie hat keine Freundinnen, schon Ansätze zu Freundschaften scheitern. Gabriele lebt in ihren Träumen, sie genügt sich selbst. Die Auffälligkeiten ihrer Psyche werden von Jahr zu Jahr stärker, doch die Mutter scheint zu sehr mit sich selbst beschäftigt, um die Veränderung der Tochter überhaupt wahrzunehmen. Oder sie verdrängt sie, wie Eltern von Drogenabhängigen erste Anzeichen von Sucht nicht sehen wollen, weil sie dann auch nach den Ursachen forschen müßten. Gabriele wird wegen ihrer fiepsigen Stimme fast immer gehänselt. Das hat im Kindergarten angefangen, wo sie dann so getobt hat, daß ihre Großmutter sie wieder abmelden mußte. Es setzte sich fort in der Schule, die sie mehrmals wechselt, bis sie 1965 das Abitur macht.

Ihren Vater hat Gabriele K. nicht gekannt, aber sie hat, wie sie später einmal bekennen wird, ihn »wahnsinnig in ihrem Leben vermißt«. Sie konzipiert ein Bild von ihm aus Beschreibungen anderer, erhöht ihn zu einem gottähnlichen Wesen. »Er hat nur für seine Ideen gelebt, seine Musik. Er hat komponiert, gesungen und auch getanzt. Er hat in einer anderen, inneren Welt gelebt«, so wird sie als erwachsene Frau ihn einmal beschreiben. Gabriele begibt sich bereits als Teenager auf die Suche nach einem Mann, der die Rolle des Übervaters einnimmt. Mit ihren verklärten Erwartungen taumelt sie zwangsläufig von Enttäuschung zu Enttäuschung, von Desaster zu Desaster.

Ein halbes Jahr vor dem Abitur verlobt sich die 18jährige mit einem zehn Jahre älteren, bereits dreimal geschiedenen Amerikaner. Als sie die Reifeprüfung abgelegt hat, ist er schon wieder auf und davon. Sie bändelt umgehend mit einem amerikanischen Offizier an, der sie vergewaltigt und schwängert. Ihr Versuch, ihn zu verklagen, schlägt fehl. Sie durchleidet ihre erste Abtreibung und kann sich noch 30 Jahre später an jedes Detail erinnern. Mit 21 Jahren wandert sie nach Kanada aus. Ihre Erwartungen sind übergroß, vielleicht überspannt. In Toronto erlebt sie angeblich ihre erste große Liebe und wird furchtbar enttäuscht. Der dreifache Familienvater will sich ihretwegen nicht scheiden lassen. Die Beziehung endet dramatisch. Sie unternimmt abermals einen Selbstmordversuch, läßt sich als psychiatrische Krankenschwester ausbilden, heiratet einen psychisch kranken Frührentner, läßt sich von ihm scheiden, zieht mit einem Neurochirurgen zusammen – und abermals endet alles in Psychoterror und Tränen.

Sie ist 29, als sie nach Berlin zurückkehrt und bei einem Tanzabend geradewegs einem Werber der HVA in die Arme läuft.

## VIII. »Die erste Jugendblüte ist vorbei ...«

### Frauen im dreißigsten Jahr

»Wenn einer in sein dreißigstes Jahr geht, wird man nicht aufhören, ihn jung zu nennen. Er selber aber, obgleich er keine Veränderung an sich entdecken kann, wird unsicher; ihm ist, als stünde es ihm nicht mehr zu, sich für jung auszugeben. Und eines Morgens wacht er auf, an einem Tag, den er vergessen wird, und liegt plötzlich da, ohne sich erheben zu können, getroffen von harten Lichtstrahlen und entblößt jeder Waffe und jeden Muts für den neuen Tag ... Nie hat er gedacht, daß von tausendundeiner Möglichkeit vielleicht schon tausend Möglichkeiten vertan und versäumt waren ... Nie hat er bedacht ... Nichts hat er befürchtet. Jetzt weiß er, daß auch er in der Falle ist.«

Das Lebensgefühl, das Ingeborg Bachmann in ihrer 1961 erschienenen Erzählung »Das dreißigste Jahr« beschreibt, scheint spätestens in den 90er Jahren verflogen. Inzwischen sind sie alle jung, die Vierzigjährigen in der CDU, die sich zu den »Jungen Wilden« rechnen, selbst die über Sechzigjährigen, die sich als »junge Alte« charakterisieren. Sie fühlen sich »viel zu jung, um alt zu sein«, wie die Psychoanalytikerin und Professorin für Klinische Psychologie, Eva Jaeggi, mit dem Titel ihrer Untersuchung »Das neue Lebensgefühl ab sechzig« aus dem Jahr 1996 unterstreicht.

Mehr als ein Jahrzehnt zuvor haben noch Bücher wie »Mit 40 fängt das Leben an« oder »Endlich über 40« die neue Jugendlichkeit heraufbeschworen, bevor die angeblich neue »Mitte des Lebens« der Fünfzigjährigen bis in die letzte geglättete Falte ausgeleuchtet wurde. Etwa um die gleiche Zeit begann man in zahllosen Publikationen, das Selbstbewußtsein der Singles zu heben, bis schließlich die täglichen Vorabend-Seifenopern glückliche, schöne und selbstbewußte Singles zuhauf vorführten.

Mitte der 50er Jahre, als erstmals Agenten der HVA und des KGB Sekretärinnen in Bonn zu umgarnen versuchten, sprach man eine unverheiratete Frau von 30 Jahren immer noch als Fräulein an, galt eine ledige Mittzwanzigerin als »spätes Mädchen«, eine Schwangere von 26 Jahren bereits als »alte Erstgebärende«. Seit Ende der 60er Jahre zeichnet sich in der Gesellschaft allmählich ein Wandel ab, Frauen genießen ein neues Selbstbewußtsein, das die herkömmliche Etikettierung ad absurdum führt. Die Emanzipation hinterläßt überall Spuren, der Geschlechterkampf wird an sämtlichen Fronten geführt. Aber nicht alle Frauen, aufgewachsen mit den Leitbildern und Vorurteilen der Nachkriegszeit, verändern ihre Perspektive mit der Zeit.

Bei der Berufswahl entschieden (und entscheiden) sich die meisten immer noch für einen der typischen Frauenberufe – zum Beispiel den der Sekretärin. Das Berufsbild entspricht den klassischen Erwartungen und dem veränderten Rollenverständnis gleichermaßen. Der Beruf der Sekretärin läßt sich bei Bedarf und gebremstem Ehrgeiz mit einer Familie vereinbaren. »Ich habe manchmal an die Perspektive einer Sekretärin gedacht, wenn sie keine Familie hat«, gab der Chef einer früheren Top-Sekretärin, die sich als angebliche Top-Agentin entpuppt hatte, 1987 im Prozeß gegen Margret H. den Richtern zu bedenken: »Sie macht mit 18, 20 Jahren das, was sie auch noch mit 40, 50 oder gar 60 Jahren machen wird.«

Und mit 30? Margret H., immer noch sehr schüchtern und wenig selbstbewußt, hat gerade eine große Liebe hinter sich. Heute glaubt sie, daß die Beziehung an ihr gescheitert ist, an ihrer Unentschlossenheit, ein Wagnis einzugehen, an ihrer Unfähigkeit zu einer Bindung. Als er nach Bonn ziehen wollte, um dort sein Studium fortzusetzen, fürchtete sie sich vor der permanenten Nähe: »Ich habe selbst nicht die Verantwortung für die gemeinsame Zukunft übernehmen wollen. Ich war unsicher und habe alles kaputt gemacht – mit ein paar törichten Bemerkungen.« Es ist nicht das erste Mal gewesen, daß sie eine Beziehung zu einem Mann aufgekündigt hat. Als sie noch als Sekretärin im Auswärtigen Amt arbeitete, hatte sie sich mit einem Juristen aus dem Ministerium spontan verlobt – und sich ebenso spontan wieder entlobt. Sie erinnert sich: »Wir haben die Verlobung ganz einfach vergessen und nicht mehr darüber geredet.«

Nach beiden Trennungen bleibt sie dennoch nicht einsam zurück. Margret H. hat Freundinnen und Bekannte, einen ausgefüllten Terminkalender auch in ihrer Freizeit. Sie besucht Sprachkurse, nimmt an Fortbildungslehrgängen für Stenographie teil, besucht Seminare der anspruchsvollen Art über Religion und Esoterik, sie lernt Yoga, liest viel, unternimmt Studienreisen. »Ich habe mich nie gelangweilt«, behauptet sie heute, aber sie spricht auch von einem Gefühl der Unzufriedenheit inmitten ihrer Aktivitäten. Sie erinnert sich an die Suche nach etwas, das sie nicht genau zu definieren vermag, aber dem sie innerlich nachtrauert. Sie bewegt sich in einem Vakuum zwischen Träumen ihrer Kindheit und der Realität. Sie wünscht sich einen Mann und Kinder, aber nicht um jeden Preis. Noch mit 30 Jahren besucht sie regelmäßig ihre Eltern in Löhne. Eine Mischung aus Pflichtbewußtsein und Schuldgefühl verhindert eine endgültige Abnabelung von der Mutter, die die Tochter nicht einmal als Erwachsene respektierte, deren Briefe sie öffnete und deren Pläne sie mit Häme kommentierte.

»Theoretisch wollte ich mich lösen«, sagt Margret H. Jahrzehnte später, »aber ich habe es nie geschafft.«

Ursula S. hatte sich kurz nach ihrem 30. Geburtstag mit dem Mann verlobt, von dem sie nicht ahnte, daß er ihr Führungsoffizier war. Sie erzählt, wie sie damals hoffte, durch die Beziehung jenem Unbehagen zu entkommen, das sich bei ihr allmählich einzunisten begann und für das sie keine rechte Erklärung fand: »Wenn ich nach Hause kam, hat mich niemand erwartet. Ich mußte auf niemand Rücksicht nehmen, das war irgendwie ganz schön und bequem. Es war aber auch niemand da, auf den ich gern Rücksicht genommen hätte. Am schlimmsten waren die Wochenenden. Bis Samstagmittag hatte ich alles, wirklich alles zu Hause erledigt, dann fühlte ich mich schlapp und fiel in ein tiefes schwarzes Loch.«

Wenn Ursula S. heute an diese Zeit zurückdenkt, verschwimmen die Erinnerungen. Mehr als 25 Jahre sind vergangen, und inzwischen ist sie in ein viel tieferes Loch gestürzt. »Ich glaube, daß ich damals noch nicht gewußt habe, wer ich eigentlich war und was ich wirklich wollte«, meint sie. »Ich bin wohl ein bißchen spät erwachsen geworden, weil zu Hause immer nur über mich verfügt worden war.«


## Die Ehe als Köder

In einem von der Juristischen Hochschule des MfS als Doktorarbeit mit summa cum laude bewerteten Forschungsauftrag zum Thema »Die Entwicklung operativer Prozesse zum systematischen Eindringen in bedeutende Führungsstellen« aus dem Jahre 1976 beschreiben die Obersten Rudolf Genschow und Otto Wendel die Methode mit den Eheversprechen so: »In der Regel hat jede alleinstehende Person die Vorstellung, einen Partner zu finden. Sehen wir uns nicht in der Lage, bei einer Kontaktperson oder einem IM diesem Bedürfnis echt Rechnung zu tragen, dann ist es sinnvoller ... die menschlichen Perspektiven überzeugend ab(zu)sichern, indem man die operative Aufgabe zeitlich begrenzt und während des ›Getrenntseins‹ bereits praktische Schritte zur Vorbereitung der gemeinsamen Zukunft unternimmt.« Mit einem solch »klaren Ziel«, wie der Ehe vor Augen, arbeite eine Quelle »um so effektiver«. Daß die angebliche Zwischenetappe, die Verlobung, nur eine Illusion nähren soll, wird an anderer Stelle unmißverständlich geäußert: »In fast allen Fällen entsteht früher oder später das Problem der ehelichen Partnerschaft; zuweilen in einer solchen Schärfe, daß der Vorgang nicht mehr zu halten ist.«

Im Fall von Ursula S. hat sich das Problem auf eine andere, höchst dramatische Weise gelöst. Der Verlobte gerät ins Visier der Verfassungsschützer und damit auch sie. Er schafft es noch, sich in die DDR abzusetzen, sie wird verhaftet. Sie, die geglaubt hat, ihm bei der Karriere in einem Industrieunternehmen mit Insiderwissen geholfen zu haben, wäre niemals in die DDR gegangen: »Das wenige, was ich über die DDR wußte, hat mir gereicht. Ich glaube, ich hätte da einfach nicht leben können.«

Irene S. ist mit 29 zwar selbständig und stolz, sich von den Familienbanden befreit zu haben. Sie hat aber auch gesehen, wie viele ihrer Schulkameradinnen geheiratet und Kinder bekommen haben. Sie fühlt plötzlich, wie ihr die Zeit davonzulaufen beginnt. »Der dreißigste Geburtstag«, so wird sie drei Jahrzehnte später behaupten, »war für mich so eine Art Wendepunkt. Ich wollte eine Familie, ich wollte Kinder, deshalb konnte ich nicht so weitermachen wie bisher. Ich mußte mich entscheiden: entweder jetzt oder nie. Sonst war es zu spät.« Sie hat die Initiative ergriffen, eine Annonce aufgegeben, ahnt aber nicht, daß sie bald wie eine Marionette an den Fäden der HVA hängen wird.

»Es stellt sich generell die Frage, welche Verhaltensweise praktiziert werden soll, wenn eine alleinstehende Frau geworben wurde und von ihr eine menschliche Partnerschaft angestrebt wird«, schreiben die Oberste Genschow und Wendel weiter. Und die Herren Offiziere haben am Schreibtisch für diese Fälle einen ganzen Katalog von Lösungsmöglichkeiten entworfen. Für Irene S., die erst von einem Romeo für die Anbahnung stimuliert wurde, um vom zweiten Mann endgültig für die HVA verstrickt zu werden, scheint aus HVA-Perspektive die zweitbeste Lösung gerade gut. Denn statt der »Optimallösung«, den »Vorgang von Anfang an mit einer geeigneten Originalperson aus dem Operationsgebiet (beziehungsweise mit einer im operativen Sinn gleichgestellten, das heißt auf

Doppelgängerbasis übersiedelten Person) zu beginnen«, wird erst »im Verlaufe eines Vorganges eine geeignete Originalperson an den IM bzw. Kandidaten herangebracht, sobald die Frage nach einer Partnerschaft ernsthaft auftaucht«.

Fast alle Agentinnen entsprechen nicht jenem Frauentyp, der in ungewöhnlichen Berufen Karriere macht. Sie gehören eher zum Heer der Unauffälligen und Angepaßten, die schon in ihrer Kindheit Träume begraben mußten und sich vielleicht auch vor der Zukunft fürchten, selbst wenn sie es schafften, sich aus der häuslichen Enge zu befreien. Das bemerkt in ihrer Umgebung niemand – bis auf den Tipgeber aus dem Bekanntenkreis, den Werber oder den Romeo aus Ostberlin.

Als die HVA die ersten Romeos ins feindliche Bonn schickte, hatten die Erfinder dieser Masche wohl auch Bilder von wenig attraktiven älteren Damen vor Augen, die leicht zu umgarnen sind. Doch der wahrscheinlich allererste Romeo mit Decknamen »Franz« oder »Felix« (so nennt ihn Markus Wolf in seinen Memoiren als Geheimdienstchef) verliebte sich Hals über Kopf in sein Opfer, bevor er es überhaupt in die Halbwelt der Spionage locken konnte. Die Dame »Norma«, Anfang 30, hatte soviel Feuer, daß »Franz«/»Felix« zu verbrennen drohte. Er wurde schleunigst abgezogen, konnte aber seiner Führungsstelle noch einen Tip über ein lohnendes Zielobjekt im Bundeskanzleramt geben: eine Sekretärin im Büro des Staatssekretärs Hans Globke. Sie wird als »Gudrun« in die Akten des MfS eingehen und dort viele Ordner füllen.


### Ein Mann nach Maß für »Gudrun«

Die Kurzbeschreibung der ins Visier genommenen Sekretärin aus dem Umfeld von Bundeskanzler Konrad Adenauer ist ebenfalls nachzulesen in dem Forschungsbericht der Juristischen Hochschule des MfS: »›Gudrun‹ ist Sekretärin beim Referenten des Bundeskanzler Adenauer. Sie ist 34 Jahre alt, ledig, ohne festen Freund. Ihr Vater ist verstorben. Zu ihrer Mutter unterhält sie eine enge Verbindung. Näheres über ihre Geschwister ist nicht bekannt. ›Gudrun‹ legt viel Wert auf gute Garderobe. Sie zeigt Interesse für politische Tagesfragen, ohne daraus auf ihre politische Grundhaltung schließen zu können. ›Gudrun‹ ist intelligent, besitzt eine gute Allgemeinbildung und ein sicheres Auftreten. Sie ist gesellig und tanzfreudig.«

Später, da die HVA wegen der geheimdienstlich verhängnisvollen Affäre des »Franz« auf Nummer Sicher gehen will, wird das Bild der Zielperson noch vervollständigt.

Die von der Zentrale in Ostberlin beauftragten Ermittler nehmen den Bekanntenkreis von »Gudrun« unter die Lupe. Von den einzelnen Männern, mit denen sie sich gelegentlich getroffen hat, recherchieren sie die persönlichen, beruflichen und finanziellen Lebensumstände, um zu der Erkenntnis zu gelangen: »Als Frau, die den eigentlichen Anschluß an den Partner verpaßt hat, bevorzugt sie einen Umgangskreis seriöser, materiell gesicherter älterer Herren, ohne offenbar stark ausgeprägte sexuelle Bedürfnisse zu entwickeln oder auf eine rasche Bindung orientiert zu sein.«

Aufgrund dieser Angaben sucht die Zentrale der HVA einen Mann nach Maß für »Gudrun«. Er soll eine Frau von ihrem Format beeindrucken können. Oder wie es im schönsten Bürokratendeutsch der beiden analysierenden Oberste heißt: »Es mußte also ein für die operative Bearbeitung der ›Gudrun‹ geeigneter, überprüfbarer IM mit entsprechenden Werberqualitäten und mit Voraussetzungen, um einen dauerhaften und stabilen Kontakt herzustellen, zum Einsatz gebracht werden.« Der Kandidat, ein 56 Jahre alter Bundesbürger, schien für diesen Auftrag wie geschaffen: Der Immobilienmakler Herbert S., ehemaliger Offizier im Generalstab und immer noch passionierter Sportflieger, hatte sich nach der Entlassung aus russischer Kriegsgefangenschaft in der DDR als IM verpflichten lassen, bevor er wieder in seine Heimatstadt Hamburg zurückkehrte.

Warum auf den spät berufenen Marxisten die Wahl gefallen ist, erklären die Analytiker in der Untersuchung folgendermaßen: weil »er über große Lebenserfahrung und eine attraktive gesellschaftliche Position verfügte, um bei einer ledigen weiblichen Person Interesse für eine Bekanntschaft zu wecken; er in der Lage war, ›Gudrun‹ etwas zu bieten und Vertrauen zu gewinnen; für ihn bei eventuellen Sicherheitsüberprüfungen keine Gefahren zu befürchten waren«. Im nachhinein scheinen sich die Herren in der Zentrale nicht mehr so sicher über ihre Entscheidung zu sein: »Die Auswahl des IM entsprach den damaligen Kenntnissen über die objektiv existierenden Bedingungen der Kontaktierung von Mitarbeitern des Bundeskanzleramts.«

Freilich hat die HVA-Führung erkannt, was »Gudrun« wirklich will. Ladylike zögert sie eine intime Beziehung hinaus, läßt sich dann aber, gierig nach Wohlstandsgütern der edlen Art bis zum Tod von »Astor« auf das Doppelspiel im Bundeskanzleramt ein. Minutiös wird in der Untersuchung der beiden DDR-Offiziere beschrieben, wie die Ostberliner Zentrale in einer ausführlichen Beratung »Astor« instruierte, wie er »auf ihre wachsenden finanziellen Wünsche« reagieren und die Vorlieben von »Gudrun« nutzen solle, um sie »materiell zu binden«. Als Erfolgsmeldung schließt sich an: »›Astor‹ berücksichtigte bei der Auswahl eines neuen Pkw ›Gudruns‹ Wünsche. Da aber ihre Wünsche extravagant waren, und die Firma Mercedes nur in besonderen Fällen einige Extras an Wagen anbrachte, hatte ›Gudrun‹ einfach im ›Auftrage des Bundeskanzleramtes‹ beim Generalvertreter der Mercedeswerke in Köln angerufen und zum Ausdruck gebracht, das Bundeskanzleramt wünsche, daß ›Astor‹ einen Mercedes wie gewünscht erhalte.«

In späteren Fällen hat die HVA – soweit bekannt – nie mehr so viel Geld direkt in eine Sekretärin investiert wie bei »Gudrun«. Die zielstrebige Frau, die nicht so recht in das spätere Klischee der Julias vom Rhein passen will, mußte dennoch das Versuchskaninchen für den Umgang der Romeos »mit fraulichen Wünschen« spielen. »Ein weiteres Problem waren die intimen Beziehungen«, schreiben die Autoren Genschow und Wendel. »Es mußte damit gerechnet werden, daß ›Gudrun‹ ... eine Heirat wünschen könnte. ›Astor‹ sollte sich in dieser Frage äußerst vorsichtig verhalten. Im Prinzip sollte er erkennen lassen, daß er glaube, in ihr einen guten weiblichen Kameraden gefunden zu haben. Er sollte sich jedoch auf sein Alter berufen, um ihr seinen Standpunkt einer freien Liebe zu begründen. ›Astor‹ schätzte ein, daß ... er sie, falls diese Frage (der Heirat) auftauchen sollte, hinhalten könne.«

Bis auf wenige Ausnahmen haben sich die Romeos der HVA an die Hinhaltetaktik gehalten und die schönen Worte von der Kameradschaft rezitiert, wie die Aussagen der Agentinnen aus Liebe belegen. Nur der sowjetische Geheimdienst KGB hat noch bis Mitte der 60er Jahre den Romeos die Ehe befohlen, wie der Überläufer Jewgenij Runge (alias Willi Gast) offenbarte und seine wie die Heirat der Sütterlins als Beweis anführte. KGB-Psychologen wollten erkannt haben, daß verheiratete Agenten weder zu schwatzhaften Liebschaften neigen noch zu übermäßigem Alkoholgenuß.

### »Im fortgeschrittenen Alter von 32 Jahren ...«

Verfassungsschützer, Ankläger und auch Gerichte haben wohl größere Schwierigkeiten gehabt, sich von dem Bild der von einem feschen, amourös geschulten Kerl zur Liebe verführten, ältlichen Jungfer zu lösen. Das mag zum einen daran gelegen haben, daß die oft lange Anbahnungszeit oder Vorbereitungsphase auf einen Job in einem Ministerium bei ihrer Festnahme in den Hintergrund getreten ist, zum anderen aber auch am Weltbild der Ermittler und Juristen. Ein Beispiel muß hier genügen. Im Frühjahr 1979 versetzte eine Serie von Spionagefällen Bonn in helle Aufregung. Innerhalb von nur sieben Tagen war die dritte Mitarbeiterin der CDU/CSU-Opposition aufgeflogen, so daß Lothar Haase, Vorsitzender der Arbeitsgruppe Haushalt in der Union, eine Sitzung für fünf Minuten unterbrach, »damit jeder mal nachsehen kann, ob seine Dame noch da ist«.

Nur wenige Wochen zuvor war in der Bonner NATO-Botschaft die Fremdsprachensekretärin Ingrid G. als Agentin für die HVA verhaftet worden, Ursel Lorenzen, Spitzenkraft im Direktorium des NATO-Generalsekretariats, hatte sich nach Ostberlin abgesetzt und am 8. März im DDR-Fernsehen ein Interview über ihren »tiefen Gewissenskonflikt« angesichts der angeblichen Kriegsvorbereitungen der NATO gegeben. Vier der fünf Agentinnen waren Mitte 20, als sie sich auf das Abenteuer Spionage eingelassen hatten, aber der damalige Abteilungsleiter für Spionage-Abwehr im Bundesamt für Verfassungsschutz, Heribert Hellenbroich, beschrieb in einem Interview mit dem »Spiegel« (Nr. 12/79) die Opfer der Romeos so: »Die Damen sind alleinstehend, haben ein gewisses Alter, die erste Jugendblüte ist vorbei … Sie suchen nach einer persönlichen Beziehung, die sie als Ausgleich für ihre berufliche Angespanntheit brauchen, aber nicht finden.«

Die Wendung mit der verblühten Jugend ist in Varianten seither in fast jedem Kapitel über »Sekretärinnen-Fälle« in Spionagebüchern oder Zeitungsartikeln aufgetaucht, oft nicht mal als Zitat des Verfassungsschützers gekennzeichnet, sondern als eigene Bewertung ausgegeben. Wenn die Formulierung noch nicht ausreicht, um das Klischee vom späten Mädchen zu bestätigen, müssen die Agentinnen auch noch zu »grauen Mäusen« mutieren – ebenfalls nachzulesen in zahlreichen Berichten.

Selbst in dem Urteil des 4. Strafsenats des OLG Düsseldorf (IV 19/86 4. StE2/86) heißt es im Jahr 1987 noch mitleidig, daß die Angeklagte Margret H. »im fortgeschrittenen Alter von 32 Jahren« den fünf Jahre jüngeren Studenten mit dem Decknamen Franz Becker kennenlernte. Mit diesen Worten wird das anscheinend unvermeidliche Ende des Dramas schon vorweggenommen: Wenn eine Frau über 30 sich auf so etwas

Unvernünftiges wie eine Affäre mit einem jüngeren Mann einläßt, muß sie zwangsläufig ins Elend stürzen.

## IX. »Da gab es nur noch den Ekel vor dem Verrat«

### Das Ende des Doppelspiels

Als sie die Musik und das Gelächter hört, das von einem Ausflugsschiff auf dem Rhein zu ihr herüberweht, als sie das Aufblinken der Lichter im Rhythmus der Musik am dunkeln Himmel sieht, immer wieder im Takt gelb-rot-grün-gelb-rot-grün, weiß sie, daß sie Angst hat. Wie eine aufgezogene Puppe stolziert sie die Wendelstadtallee hinunter bis zur Kreuzung, biegt in die Nachtigallenstraße ein, steuert auf ein Haus zu, an dessen Toreinfahrt sie sich blitzschnell bückt, um ein flaches Päkkchen von der Größe eines Streichholzbriefes in eine Ritze des brüchigen Gemäuers zu stecken. Sie schaut sich nicht um, als sie kurz vor der Straße Am Finkenherd wie zufällig einen Laternenmast berührt und einen Kreidestrich zieht: Der tote Briefkasten ist beschickt. Sie fühlt sich wie in einem Film, wie in einem miesen Agenten-Thriller, in dem die Verfolger mit Revolvern um die Ecke schießen. Doch es ist tatsächlich ihr Leben in einer zweiten Realität.

Die Sekretärin in der Rolle der KGB-Spionin. Betont langsam schlendert sie zurück zu ihrem Auto, das sie in der Nähe der Botschaft von Burkina Faso geparkt hat. Wieder einmal hat die Routine die panische Furcht vor Entdeckung besiegt. Aber sie ist nicht im geringsten erleichtert. Ganz im Gegenteil. Sie fühlt sich elend, krank und entsetzlich einsam. »Ich glaubte, am Ende zu sein. Ich wollte aufhören. Ich wollte alles hinschmeißen, einfach weglaufen, aber ich habe es nicht gekonnt«, so wird sich Jahrzehnte später eine ehemalige Agentin erinnern, wenn sie erstmals über aufkeimende Zweifel, die Warnsignale ihrer Psyche spricht: »Von Jahr zu Jahr wurde mir immer mehr bewußt, daß ich auf einem falschen Weg war. Ich erledigte mechanisch alle Aufträge. Ich lebte wie eine Sklavin für die Sache, die in Wirklichkeit mit mir gar nichts mehr zu tun hatte. Es war eine Art Schizophrenie.«

Jahrelang hat sie ihre Ängste und Depressionen verdrängt und auch vor Gericht geleugnet – der Grund, warum sie jetzt nicht einmal mit abgekürztem Namen zitiert werden will.

Fünf Jahre nach der ersten Panikattacke auf dem Weg zum toten Briefkasten ist sie festgenommen worden. Sie hat sich nicht selbst aus dem feingesponnenen Netz des KGB befreien können. »Allein habe ich das nicht geschafft. Ich hätte einen Mann gebraucht, der mich liebt und mir aus dem ganzen Dilemma heraushilft«, sagt sie. »Aber es gab keinen. Es konnte ja auch keinen geben, denn ich war inzwischen total isoliert.«

Zwei Jahre vor ihrer Festnahme war sie zwar mit einem anderen Mann eine Liebesbeziehung eingegangen, aber sie fürchtete, ihn zu verlieren, wenn sie ihm von ihrem Doppelleben erzählte und ihn um Hilfe bitten würde: »Er mochte mich, weil ich so unkompliziert und lebenslustig schien. Er hatte gerade die Scheidung von einer depressiven Frau hinter sich und fühlte sich schuldig. Ich wollte ihn nicht enttäuschen. Irgendwie hoffte ich, daß ich eines Tages selbst den Schlußstrich ziehen konnte.«

Sie behauptet, sich oft ausgemalt zu haben, wie sie sich ganz tapfer stellt und was anschließend geschehen würde. An ihrem Arbeitsplatz, in ihrer Familie, im früheren Bekanntenkreis, aus dem sie sich seit der Beziehung zu ihrem Verlobten zurückgezogen hatte. »Ich wartete auf einen günstigen Moment, aber irgendwie habe ich ihn immer wieder verpaßt«, sagt sie. »Daß ich schon eine geraume Zeit observiert worden bin, sogar in meinem Urlaub in Österreich, das habe ich gar nicht gemerkt. Als ich verhaftet wurde, dachte ich bloß: Endlich ist der Alptraum vorbei.«

Fast alle Spioninnen, denen vor der Wende der Prozeß gemacht wurde, haben im nachhinein die Festnahme als einen Akt der Befreiung empfunden. Die anderen, die erst durch die nach der Wiedervereinigung ausgewerteten Dokumente der

HVA oder durch Aussagen ihrer früheren Auftraggeber enttarnt wurden, hatten allesamt gehofft, noch einmal davongekommen zu sein.

### Der KGB-Offizier als Hausmann

»Ich war völlig durcheinander, schockiert. Ich habe gar nicht gewußt, was mit mir passiert. Auf die vielen Fragen konnte ich nicht antworten«, so beschreibt Margret H. ihre erste Reaktion auf die Festnahme nach einem Treff mit ihrem Führungsoffizier »Franz Becker«. Sie erinnert sich, wie sie auf der Fahrt von Karlsruhe, wo sie vor dem Ermittlungsrichter des Bundesgerichtshofs aussagen mußte, zurück in den Knast nach Köln beim Mittagessen keinen Bissen herunterkriegen konnte: »Alles in mir hat sich gewehrt.« Später war sie erleichtert, daß alles vorbei war. Sie begriff die Verhaftung als eine Chance, sich selbst auf die Suche nach der Wahrheit zu begeben: »Erst in der Haft kam ich zur Besinnung.«

Margret H. hatte zuvor wiederholt versucht, von Franz Becker loszukommen, obwohl sie seinen Auftrag nicht kannte und seiner Lügengeschichte von den deutschen Emigranten in Südamerika Glauben schenkte. Aber sie hat es – wie all die anderen Frauen – nie geschafft, die Beziehung endgültig zu kappen. Einmal, als sie erneut Schluß machen wollte, hat er sich aus Kummer betrunken – und damit gegen alle Agenten-Regeln verstoßen. Denn wer sich betrinkt, kann Dinge ausplaudern, die später nicht mehr zu korrigieren sind. Nach Krisen und tränenreichen Aussprachen hat er sie immer zu trösten versucht und alles unternommen, um sie gnädig zu stimmen. Er hat dann etwas Schönes gekocht und sogar die Fenster geputzt. Das kommt in keinem Agenten-Thriller vor: der KGB-Offizier als Hausmann, der sich nicht scheut, mitten in Bonn bei der Geliebten für klare Sicht zu sorgen. Doch der »schöne

Franz« wußte, was eine von der Arbeit erschöpft heimkehrende Frau schätzt. Die Spitzenquelle im Bundespräsidialamt, wo der NATO-Verteidigungsfall zuerst bekannt und auch verkündet würde, verdiente einen Sonderservice.

Ursula S. erzählt von dem Tag, an dem sie zum ersten Mal an Ausstieg dachte – als sei es gestern gewesen und nicht vor 25 Jahren. »Es war ein Samstagvormittag. Ich hatte schon eingekauft und begann, das Mittagessen vorzubereiten, weil mein Verlobter kommen wollte. Ich sah von meinem Küchenfenster auf die Straße. Rechts und links die weißen Reihenhäuser mit Blumen in den Vorgärten, darüber ein zartblauer Frühlingshimmel. Es war der Samstag nach Ostern. Auf dem Bürgersteig probierten Kinder ihre Rollschuhe aus. Sie haben vor Vergnügen gejuchzt und geschrien. Ihr Lachen, das zu mir in den ersten Stock hinaufdrang, hat mich traurig gemacht. Unendlich traurig. Ich wußte plötzlich, was ich schon lange vermißte. Eine stinknormale Familie. Mit einem Mann, der nicht hinter jeder Frage eines Tischnachbarn im Restaurant einen Verdacht wittert. Und mit Kindern. Mein Verlobter wollte keine Kinder. Jetzt noch nicht, sagte er immer, warte, bis wir verheiratet sind. Doch ich war 35 und wußte, daß es für Kinder bald zu spät sein wird. Vielleicht klingt es pathetisch. Aber an diesem Samstagmorgen am Fenster meiner Küche wollte ich ein ganz bürgerliches, spießiges Leben. Ich wollte nicht mehr Außenseiterin sein.«

Ursula S., die Jahre nach ihrer Entlassung aus der Haft einen Witwer mit zwei halbwüchsigen Kindern geheiratet hat, sagt heute: »Ich glaube, daß jeder Spion das Doppelleben irgendwann zu hassen beginnt und aussteigen will. Wenn eine Frau Kinder möchte, kommt der Zeitpunkt vielleicht schneller.« Ursula S. hat ihn verpaßt.

Als im September 1985 das Ehepaar Herbert und Herta-Astrid W. nicht aus seinem Urlaub in Spanien nach Bonn zurückkehrte und sich in die DDR absetzte, begann Elke F. unter Schlaflosigkeit zu leiden und fürchtete: »Die nächste, die auffliegt, kannst du sein.«

Elke F., KGB-Spionin im Bundeskanzleramt, hatte zeitweise mit Herta-Astrid W. im selben Zimmer gesessen, aber die beiden Sekretärinnen wußten nichts vom Doppelleben der anderen: Die eine lieferte Verratsmaterial an den KGB, die andere, deren Ehemann die FDP-nahe Friedrich-Naumann-Stiftung ausspionierte, an die HVA. Als sich der Wirbel um das Verschwinden des Ehepaars W. zu legen begann, wiegte sich Elke F. in Sicherheit – bis die nächsten Zweifel aufkamen und der KGB sie über ihren Führungsoffizier aufs neue motivieren mußte. Mit einer Urlaubsreise, bei der sie das Ziel bestimmen durfte, mit einem Ring in einem von zwei Dutzend toten Briefkästen in der Nähe des Godesberger Stadtparks: Geschenke, die bis zum nächsten Tiefpunkt vorhielten. Elke F. hat oft an Ausstieg gedacht – und ihn immer wieder vergessen, verworfen. »Ich wußte einfach nicht mehr, wie es weitergehen sollte«, sagt sie später. »Ich glaubte zum Schluß, mich überhaupt zu nichts mehr entschließen zu können. Nicht mehr zum Aufhören und nicht mehr zum Weitermachen. Ich war an einem toten Punkt angelangt.«

### »Ich war früher doch ganz anders«

Heinz Hülser, der Verfassungsschützer, beschreibt die häufig von Ex-Agenten beklagte Unentschlossenheit als Indiz für einen Verdrängungsprozeß oder für die Flucht aus einer als zwanghaft empfundenen, als solcher erkannten Streßsituation. Hülser hat festgestellt, daß Spione beiderlei Geschlechts »meist maßlos« von der Idee geplagt werden, aufzuhören, einen Ausweg aus dem Dilemma zu finden. »Aber gerade an dieser Wegmarke beginnt oft das eigentliche Drama«, schreibt er. »Nicht selten ein echter Fall von Szylla und Charybdis: einerseits die Sirenenklänge – der ›Romeo‹, die materiellen Vergünstigungen, die verlockenden Versprechungen – und andererseits die tosenden Wasser – der Leistungs- und Lieferdruck, der Zwang zu widernatürlichem Verhalten gegenüber der sozialen Umwelt, die ständige strafrechtliche Bedrohung.«

Bis auf eine einzige hat keine der Agentinnen es geschafft, sich aus den Fängen eines Geheimdienstes zu befreien. »Das Abspringen ist ein jahrelanger Prozeß«, sagt Gerda O., die sich in Etappen von ihrem Mann und Führungsoffizier zu lösen begann, als sie sich erst aus dem Auswärtigen Amt in Bonn an die Botschaft nach Washington und dann nach Warschau versetzen ließ, »aber dann, wenn man einen günstigen Augenblick sieht, greift man zu, und alles geht sehr schnell.«

Ihre jugendliche Schwärmerei und Begeisterung für den Sozialismus hatte sich bald gelegt, seit sie für die DDR als Spionin arbeitete. Den Kampf für den Frieden hatte sie sich irgendwie anders, vor allem aufregender vorgestellt, aber auf keinen Fall so: Dokumente aus dem Auswärtigen Amt nach Hause schleppen, die von ihrem ungetreuen Mann verfilmt und nach Ostberlin verfrachtet wurden. »Wenn ich vom Büro nach Hause kam und er war nicht da, war ich enttäuscht. War er da und wartete wie ein Jäger, dessen Hund eine Wachtel apportiert, fühlte ich mich erniedrigt.« Als die Beziehung in einen Ehekrieg mündet, will sie nur noch weg.

»Da gab es nur noch den Ekel vor dem Verrat.« Mit dieser Bekundung hat Gerda O. vor Gericht ihren Seelenzustand beschrieben, in dem sie sich bei ihrer Entscheidung in Warschau befand. Der französische Schriftsteller Nicolas de Chamfort hat den Prozeß der Desillusionierung so beschrieben: »Es gibt Menschen, denen die Illusionen so notwendig sind wie das Leben ... Wenn sie aber der Wahrheit nahegekommen sind, wenden sie sich erschrocken davon ab, wie Kinder, die hinter einer Maske herlaufen und fliehen, sobald diese sich umdreht.«

Der Mann, den Gerda O. später heiratete, muß sie wohl sehr geliebt haben, denn er half ihr, alle schwierigen Phasen der Abnabelung zu durchstehen, später auch, dem Alkohol zu entsagen. Die Behauptung von Markus Wolf in seinen Memoiren, der neue Lebenspartner der Gerda O. sei nicht Rundfunk-

Korrespondent, sondern ein als Journalist getarnter Agent des BND gewesen, entbehrt jeder Grundlage. Die Unterstellung beruht offenbar auf gekränkter Eitelkeit, denn die HVA hatte eine langjährige Top-Agentin verloren. Zumal der angekündigte Treff mit dem legendären Markus Wolf Gerda O. nicht beflügeln konnte. Sie fürchtete sich vor dieser Begegnung, die ihren Wunsch nach einer Flucht aus dem Zwielicht nur noch verstärkte.

Die Journalistin Mascha Fisch hat Gerda O. kurz nach ihrer Rückkehr in die Bundesrepublik kennengelernt, als sie täglich von Beamten des Bundeskriminalamtes vernommen wurde, aber nicht in Untersuchungshaft saß, weil keine Fluchtgefahr bestand. »Sie fühlte sich sehr erleichtert über ihren Entschluß. Der Ring, der sie jahrelang umklammert hatte, war gesprengt«, schreibt sie über Gerda O. »Sie war erlöst. Es war zusätzlich ein großer Sühnezwang in ihr. Sie hatte etwas getan, wofür sie bestraft werden mußte. So wurde sie wieder zum kleinen Mädchen in Mutters Küche.«

### Die tödliche Angst vor dem Wiedersehen

Mit spitzen Fingern angelt die Vorsitzende Richterin Schmuck aus Plastiktüten. »Hier ist ein Ring«, sagt sie und hält ihn hoch wie eine Trophäe. »Von Helmut«, antwortet die Angeklagte. Beim nächsten Griff holt Ina Obst-Oellers eine Goldkette mit Türkissteinen ans Neonlicht. »Von Hans«, lautet die Antwort. Den Ring mit einem Rauchtopas bezeichnet Irene S. als Gabe eines Herrn Exner. Zwölf Schmuckstücke, eine silberne Uhr, eine Abendhandtasche, eine angeschlagene Rosenthal-Vase, zwei Cocktailgläser aus Kristall, die nicht zu Bruch gegangen waren, als sie in ohnmächtiger Wut Geschenke von Hans zu zertrümmern begann, ordnet Irene S. drei Männern zu.

Schließlich identifiziert die 61 Jahre alte Rentnerin an einem

Vormittag im Januar 1998 einen weißblauen Schal als Abschiedsgeschenk des Mannes, der sich ihr gegenüber als Hans Türke ausgab. 20 Jahre nach dem letzten Treffen auf einem Bahnhof in Berlin versucht ein Senat in kleiner Besetzung (drei statt fünf Berufsrichter) an sieben Verhandlungstagen zumindest einen juristischen Schlußstrich unter Jahrzehnte des Lebens der Irene S. zu ziehen. Geheimdienstliche Agententätigkeit für die DDR von 1968 bis 1990 lautet der Vorwurf, doch diese Beschuldigungen können allenfalls ein Stichwort für die Ereignisse sein, die aus einer unternehmungslustigen, ehrgeizigen jungen Sekretärin eine ängstliche, alkoholkranke Frau machen.

Der Prozeß gegen Irene S. ist wohl der letzte dieser Art, und er dokumentiert wie kaum ein anderer das Trauma einer nachrichtendienstlichen Verstrickung. Irene S. hat nach der Trennung von Hans Türke alias Wilhelm Richard M. geheiratet, aber ihr Geheimnis wie einen Schatz gehütet, zwei Selbsttötungsversuche unternommen, für den Ex-Geliebten gelogen, seine Legende noch zu retten versucht, als Beamte des Bundeskriminalamtes 1994 vor ihrer Tür standen und nach Hans Türke fragten. Sie hat gelitten, vor dem Prozeß ihre Gefühle auf Zetteln und in Briefen festgehalten. Sie leidet immer noch, als sie auf der Anklagebank sitzt und von einer behutsamen Richterin noch einmal nach Dingen gefragt wird, die sie am liebsten vergessen möchte, aber dennoch nicht vergessen kann.

Zwischen Verlesung der Anklage und der Verurteilung zu einem Jahr auf Bewährung entwickelt sich ein Drama, das beinahe tödlich endet und erahnen läßt, wie die Schatten der Vergangenheit auf der Psyche von Irene S. lasten. An jenem Tag nämlich, als sie ihren »Hans« als Zeuge vor Gericht wiedersehen soll, versucht sie, sich gemeinsam mit ihrem Ehemann auf einem entlegenen Parkplatz bei Bonn das Leben zu nehmen. Niemand kann wissen, ob die Mischung aus Alkohol und Tabletten eine tödliche Wirkung entfaltet hätte, wenn nicht zufällig ein Trupp der GSG-9 im Wald geübt und das Paar noch rechtzeitig entdeckt hätte.

Als Irene S. sieben Tage später in Begleitung einer Ärztin im Gerichtssaal erscheint, gesteht sie ein, Angst davor gehabt zu haben, den einstigen Geliebten wiederzusehen. Aber die Krise, so betont sie, sei durch die Zukunftsangst ihres Mannes ausgelöst worden. Sie lebt von ihm getrennt. Er habe gefürchtet, durch den Prozeß und die drohende Verurteilung seiner Frau die bürgerliche Existenz zu verlieren. (Tatsächlich wird seiner Frau nach dem Urteil ihre Zusatzrente aus dem öffentlichen Dienst von 700 Mark monatlich gestrichen, sie wird auf Sozialhilfe-Niveau leben müssen und Probleme haben, die Prozeßkosten in Höhe von etwa 25 000 Mark zu bezahlen.) Fast trotzig behauptet Irene S., bevor der falsche Hans Türke als Zeuge auftritt: »Ich habe den dringenden Wunsch, alles schnell hinter mich zu bringen.«

Ihr Mann, ein Italiener, der weder die Geschichte der deutsch-deutschen Spionage noch das Verhalten seiner Frau begreifen kann und will, taucht im Gerichtssaal nicht mehr auf. Er will den Mann nicht sehen, der das Leben seiner Frau zerstört hat – und am Ende auch die Ehe.

\*

Gabriele K. war am 13. März 1991 wegen Verdacht des Landesverrats festgenommen und zwei Tage später unter Auflagen und einer Kautionsleistung auf freien Fuß gesetzt worden. Die psychisch höchst labile Frau denkt angesichts des drohenden Prozesses an Selbstmord. Nach der Trennung von ihrem Romeo mit Decknamen Frank Dietzel hat sie zwar geheiratet, sich aber von dem früheren Geliebten emotional nicht lösen können. Mehr noch als das Verfahren fürchtet sie die drohende Gegenüberstellung mit Frank Dietzel alias Dr. Rudolf R.

Sie weiß, daß sie selbst Jahre nach der Trennung nicht zu Distanz fähig ist. »Jahrelang war sein Wort für mich Gesetz, sein Blick Befehl ... Ich habe Angst, daß ich wieder wie erstarrt sein werde und mich nicht seiner Aussage widersetzen kann«, wird sie vor Beginn ihres Prozesses im Sommer 1996 aussagen.

»Ich habe Angst, daß mich seine Erklärungen wieder betören könnten und ich wie früher anfange, an mir zu zweifeln. Jahrelang hat er mich immer überzeugt, daß er mich nicht heiratet, weil ich mich erst ändern muß. Ich habe Angst, daß ich ihm wieder glaube, wenn er sagt, daß Rot Schwarz ist und Lila in Wahrheit Grün.«

Bis zum Verfahren fährt Gabriele K. in die Niederlande, um dort Abstand zu gewinnen. Freunde und Bekannte haben sich abgewandt, weil sie nicht begreifen können, warum diese gebildete Frau sich auf ein so durchsichtiges Spiel eingelassen hat. Sie wissen nichts von dem Psycho-Horror, von dessen ausgeklügelten Mechanismen auch Gabriele K. erst aufgrund des Prozesses erfährt. »Ich habe die Angst zwar mit nach Holland genommen, aber es geht mir dort besser, weil der Rest der Welt um mich herum normal ist. Es gibt dort kein Ost und West, keine Verwicklungen zwischen Ost und West und nicht diese großen Schatten der Vergangenheit«, so beschreibt sie ihre Fluchten in das Land, in das sie sich nach dem Prozeß ganz zurückziehen wird. Sie hat den Mann, der sie auf übelste Weise von sich abhängig gemacht hat, nie wiedergesehen. Kurz vor Prozeßbeginn ist er bei einem Verkehrsunfall ums Leben gekommen, aber sie läßt sich darauf ein, einen Journalisten nach Rostock zu begleiten, um die Witwe des Dr. Rudolf R. aufzusuchen.

Nach der Exkursion in die Vergangenheit des früheren Geliebten behauptet Gabriele K., von dem Journalisten überrumpelt worden zu sein und nicht richtig über die Konsequenzen nachgedacht zu haben. Vielleicht wollte sie aber auch einen Blick auf jenes Leben werfen, das er ihr jahrelang verheimlicht hat. Vielleicht wollte sie ihm, vor dessen Wiedersehen sie sich so gefürchtet hatte, unbewußt ein bißchen näherkommen, um zu verstehen, was er ihr angetan hat – über das Ende ihrer Beziehung hinaus. Nach ihrer Festnahme hatte er behauptet, sie sei schon vor der ersten Begegnung mit ihm Spionin für das MfS gewesen. Diese Aussage warf sie völlig aus der Bahn: »Wo ich sowieso schon belastet bin, hat er nicht einmal den Mut oder die menschliche Größe, die Wahrheit zu sagen. Er belastet mich, weil er meint, daß ich mich sowieso nicht wehren kann – und gegen ihn schon gar nicht.«

Alle Spioninnen waren mit den Nerven am Ende, als sie festgenommen wurden. Sie litten unter den Folgen des Doppellebens, das fast zwangsläufig zu einer Deformation der Psyche führt: Neurosen, Depressionen, Angstzustände, psychisch bedingte Erkrankungen. Manche versuchten wie Gerda O. mit Alkohol ihre Angst zu betäuben; mindestens fünf von ihnen wurden zu Alkoholikerinnen, eine von ihnen brauchte zwei stationäre Therapien, um trocken zu werden. Ihr Arbeitgeber, das Bundeskriminalamt, hatte gedroht, sie zu entlassen, falls sie das Problem nicht in den Griff bekäme.

»Sobald der Transfer der eigenen Identität in eine andere gelingt, ergeben sich daraus Lust und Spannungsgefühle«, schreibt der Kenner der deutschen Geheimdienstszene Jürgen Alberts über die psychischen Probleme von Agenten. »Sobald aber die Gefahr der Entdeckung besteht, kommt es zu Angstzuständen, die kaum beherrschbar sind. Es tritt eine Verschiebung ein: Bin ich die Rolle, die ich spiele?«

In fast jedem Prozeß, in dem eine Agentin im Tiefgeschoß des Oberlandesgerichts Düsseldorf auf der Anklagebank saß, haben die Richter herauszufinden versucht, warum sie sich spätestens nicht dann von ihrem Romeo losgesagt hatte, als sie – von der Warte eines Außenstehenden betrachtet – sein grausames Spiel hätte durchschauen können oder sogar müssen. Warum hat sie nicht erkannt, worauf sie sich eingelassen hatte? Hat die Liebe oder das, was sie für Liebe hielt, sie tatsächlich blind gemacht?

»Die Frau liebt nicht in der gleichen Weise wie der Mann. Für die Frau ist die Liebe das Leben selbst«, schrieb der Psychoanalytiker Lepp Ingnace, bevor Bücher über Frauen, die angeblich zuviel lieben, den Markt zu überschwemmen begannen. »Sie erhofft von ihr die Erfüllung ihres Daseins. Es ist ihre Hauptaufgabe, zu lieben und geliebt zu werden.«

Daß Männer ganz anders lieben, hat W. Somerset Maugham, Autor und Ex-Spion, einmal so erklärt: »Selbst während der kurzen Zeitspannen, in denen sie verliebt sind, beschäftigen sich die Männer mit anderen Dingen, die ihre Gedanken ablenken: Geschäfte, mit denen sie ihren Lebensunterhalt verdienen, nehmen ihre Aufmerksamkeit in Anspruch; sie beschäftigen sich mit Sport; sie können sich für Kunst interessieren ... der Unterschied zwischen Männern und Frauen als Liebende besteht darin, daß Frauen den ganzen Tag lieben können, Männer aber nur zeitweise.«

Richter Klaus Wagner, den die Skrupellosigkeit der Romeo-Masche in jedem Prozeß empört hat, kommentiert resigniert seine Erfahrungen nach Dutzenden von Sekretärinnen-Fällen: »Wo Liebe im Spiel ist, ist der Verstand im Eimer.«

Zu begreifen, daß vielleicht alles nur eine Lüge war, jede zärtliche Geste nur der Nachrichtenbeschaffung und nicht dem Menschen galt, hat einige Frauen nach ihrer Enttarnung in die schlimmste Krise ihres Lebens gestürzt. Heidrun H., Sekretärin beim Bundesnachrichtendienst, hat an die große Liebe geglaubt, als sich 1970 ein gutaussehender und höchst seriös wirkender »Freiherr« an sie heranmachte. Er erzählte ihr die Mär von seinem Vater, der dem Direktorium einer Organisation ehemaliger deutscher Offiziere angehöre, die den deutschen Reichsschatz bei Kriegsende nach Südamerika gebracht und dort gewinnbringend angelegt habe. Drei Jahre später hat sich die Geliebte verpflichtet, für diese Organisation zu arbeiten.

Als Heidrun H. 1976 aufgrund von Aussagen eines KGB-Überläufers observiert und schließlich festgenommen wurde, brach für sie eine Welt zusammen: Der Freiherr war kein Freiherr, sondern IM der HVA. Er, der ihr versprochen hatte, immer für sie da zu sein, war auf und davon. Bei ihrer ersten Vernehmung im Bayerischen Kriminalamt wurde Heidrun H. mit Fakten aus dem Leben ihres Liebhabers konfrontiert. In einer Pause stürzte sie sich aus dem sechsten Stock auf die Straße. Sie ist seitdem schwerstbehindert.

Vier Tage nach ihrer Festnahme 1969 hat sich Leonore Sütterlin am Fensterkreuz ihrer Zelle im Kölner »Klingelpütz« mit ihrem Pyjama aufgehängt. Bis heute gibt es verschiedene Versionen ihres Selbstmordes, weil die eine oder andere Erklärung den Überlebenden nicht paßt. Variante Nummer eins: Frau Sütterlin habe sich erhängt, weil ihr bei der ersten Vernehmung enthüllt worden sei, ihr Mann habe gestanden, sie nicht aus Liebe, sondern auf Befehl des KGB geheiratet zu haben. Variante Nummer zwei: Leonore Sütterlin habe sich getötet, weil »sie vor Schmerzen wahnsinnig« wurde, nachdem ihr die Gefängnisleitung Tabletten gegen ein schweres Augenleiden vorenthalten habe. Diese Behauptung stammt von Heinz Sütterlin, der 1977 in einem Interview mit der Zeitschrift »Neue Revue« die Ermittler vom Bundeskriminalamt als Sündenböcke anprangert. »Die Vernehmungsbeamten haben Lore umgebracht. Sie haben sie mit einer Lüge getötet.« Sütterlin hatte zum Zeitpunkt des Interviews bereits Ehefrau Nummer zwei verlassen, die er als ehrenamtliche Betreuerin im Gefängnis kennengelernt und die ihm zur Flucht in die DDR verholfen hatte. Der Mann mit der Piratennarbe auf der Stirn präsentierte den Journalisten seine dritte Lebenspartnerin, halb so alt wie seine beiden ersten.

Die dritte Erklärung für den Freitod von Lore Sütterlin knüpft an das Motiv für ihre Spionagetätigkeit an. Sie habe sich aus Liebe zu ihrem Mann umgebracht, um ihn mit ihrem Tod zu decken. Diese Variante, die auch Version Nummer eins nicht ganz ausschließt, hat den Geheimdienstkenner Hans Detlev Becker nur wenige Tage nach dem Tod von Frau Sütterlin zu einer Abrechnung mit den Methoden der Spionage im »Allgemeinen Sonntagsblatt« animiert: »Hier offenbart sich besser als in Filmen, Romanen und antibolschewistischen Parolen die Bitterkeit des Handwerks geheimer Nachrichtengewinnung.« Becker mochte der »Willensaufbietung« von Lore Sütterlin aber nach ihrer Festnahme »den Respekt nicht versagen«.

# X. Schmierenstücke mit HVA-Komparsen

## Ein falscher Priester läßt Gnade walten

Als er jung war und in Potsdam den jugendlichen Helden oder den Naturburschen mimte, haben die Mädchen von ihm geschwärmt. Die Rolle des »schönen Rudi« schien ihm auf den Leib geschrieben, und als Wilhelm Tell in der Titelrolle gefiel er auch den Damen auf der falschen Seite der Fünfzig. Sein Auftritt in »Kabale und Liebe«, wo er den Ferdinand spielte, scheint ihm unvergeßlich. Noch Jahrzehnte später wird er freiwillig und gern über das Drama von Schiller reden. Hingegen zeigt er sich wenig enthusiastisch, als er als Zeuge vor Gericht im ersten Wolf-Prozeß sich an die Inszenierung seines eigenen Schmierenstücks erinnern muß.

Die Uraufführung fand im Sommer 1963 unter Ausschluß der Öffentlichkeit in einer katholischen Kirche in Kopenhagen statt, die Wiederholung in Bruchstücken ist 30 Jahre später im Tiefgeschoß des OLG Düsseldorf angesetzt. Auf der Bühne präsentiert sich der Deutsche Roland Conrad Gerhard G., Jahrgang 1920, in seiner Doppelrolle als Däne Kai Petersen. Offiziell war G. damals Schauspieler, später auch Regisseur und Intendant in Annaberg, Journalist und angeblich Agent für den dänischen Geheimdienst, den »Dansk Efterretningstjeneste« war er im verborgenen. In Wahrheit und ganz geheim agierte G. aber als Inoffizieller Mitarbeiter einer der 15 Bezirksverwaltungen des MfS, die für die HVA Auslandsaufklärung betrieben.

Solo für einen Romeo am 3. Juni 1993 bei mäßigem Interesse des Publikums. Nur 20 Zuschauer sitzen im Saal, um die Rekonstruktion eines Schmuddel-Dramas zu erleben. Die HVA hatte es in Szene gesetzt, um die von Gewissensbissen geplagte junge Margarete L. aus Bonn durch eine »operative

Scheinbeichte« zu erleichtern und durch die Begegnung mit der angeblichen Schwiegermutter in spe ihre Hoffnung auf Heirat mit Herrn Petersen zu nähren.

Die Inszenierung der Beichte in der Kirche von Kopenhagen hat ein jahrelanges Vorspiel. Das Drama beginnt 1961, als Margarete L. in eine Art Torschlußpanik gerät. Sie ist zwar gerade erst 25 Jahre alt und hat eine passable Karriere von der Telefonistin zur Fremdsprachenassistentin hinter sich, vier Jahre in England und Frankreich gearbeitet und nun einen Arbeitsplatz mit Perspektive im Bundesministerium für Verteidigung. Doch die Frau, die mit vier Geschwistern in ländlicher Idylle aufgewachsen ist, wünscht sich vor allem eine eigene Familie. Ihre Versuche, einen passenden Mann zu finden, sind bislang gescheitert.

Ihre ältere Schwester Marianne und deren beste Freundin Anita haben offenbar mehr Glück. Beide klagen nie über mangelnde Männerbekanntschaften; beide unternehmen viele Reisen. Auch der Ehemann von Marianne scheint keine Einwände gegen die Wochenendtrips seiner Frau zu haben, da die Freundin sie stets begleitet. Nach einer ihrer Fahrten nach Plauen in die DDR erzählt Marianne ihrer Schwester Margarete von einem seriösen, netten Mann, vielleicht der Partner für sie. Margarete könne den potentiellen Ehegatten kennenlernen, wenn sie die Schwester auf ihrer nächsten Reise nach Wien begleite. Was die große Schwester der ahnungslosen Kleinen nicht erzählt: Sie spioniert seit einigen Jahren für Ostberlin. Von ihrem Arbeitsplatz auf der Fernschreibstelle des Bundesinnenministeriums besorgt sie für die HVA Fernschreiben, einmal 50 bis 60 Fahndungsersuchen des Bundeskriminalamtes.

Auch Freundin Anita, die in einer Bar und in der elterlichen Kohlenhandlung jobt, hat eine Verpflichtungserklärung unterschrieben – und beide haben wie üblich ihren Führungsoffizieren von ihrem familiären und beruflichen Umfeld berichtet, in diesem Zusammenhang auch die etwas zurückhaltende, heiratswillige Margarete L. und deren Job auf der Hardthöhe erwähnt. Beide Frauen glauben, für den dänischen Abwehrdienst zu arbeiten. Der Lohn für die Freundinnen: kleine Reisen mit kulturellem Unterhaltungsprogramm und individueller Betreuung, aber auch eine Woche Winterurlaub am Dachstein – romantische Schlittenfahrten inklusive.

Einer der ständigen Begleiter des Damen-Duos, geradewegs für den Eskort-Service von der Bühne des Theaters Annaberg im Erzgebirge wegengagiert, ist Roland G. alias Kai Petersen, der vorgibt, als dänischer Korrespondent in Flensburg zu arbeiten. Jahre später wird er vor Gericht behaupten, warum er seine Aussage vor der Polizei als falsch zurückweise, damals als Gigolo den Damen Dienste geleistet zu haben. Mit echter oder gespielter Empörung wird er ins Publikum schmettern: »Das habe ich mit Sicherheit nie gesagt, das ist mir ein zutiefst verhaßter Ausdruck. Davon möchte ich mich distanzieren.«

Roland G. scheint im Frühjahr und Sommer 1962 am Theater in Annaberg zu beschäftigt, um für ein Wochenende in seine Rolle als Kai Petersen zu schlüpfen. Zweimal warten Margarete L. und ihre Schwester Marianne in Wien vergeblich auf ihn. Er erscheint nicht zu den verabredeten Treffs, läßt sich nachträglich vom Führungsoffizier der Marianne als krank entschuldigen. Als er im Herbst in der österreichischen Hauptstadt aufkreuzt, um seinen Auftrag zu erfüllen (»meine Aufgabe war, einen engen Kontakt zu Margarete herzustellen, 1. freundschaftlich, 2. wenn möglich als Liebesverhältnis«), macht der Mann namens Kai Petersen eine für die HVA wunderbare Entdeckung: Margarete L., vom Ministerium zum Verbindungsstab der Bundeswehr beim 1. Belgischen Corps in Köln beordert, wartet auf ihre Versetzung zur NATO ins französische Fontainebleau.

Die erste Begegnung mit Margarete L., die G. Jahrzehnte später als »natürlich, nett, nicht richtig hübsch« charakterisieren wird, läuft nach Plan: Ausflüge, Besichtigung des Kunsthistorischen Museums, Lokalbesuche, Abstecher zum Prater, viele Gespräche und der »erste Austausch von Zärtlichkeiten«, denn G. muß sich bei der 16 Jahre jüngeren Frau »nicht überwinden«. Der Schauspieler hat indes ein ganzes Repertoire an

Verführungskunst aufzubieten, denn die streng katholisch erzogene Margarete L. macht ihm bald klar, was sie will: kein voreheliches Verhältnis, sondern die Ehe.

Die sexuell unerfahrene Frau bekennt sich zu ihren hohen Ansprüchen an die Männer, und Kai Petersen, im echten Leben als Roland G. schon verheiratet, sieht sich beim zweiten Treffen in Wien dazu gezwungen, »es bis zur heimlichen Verlobung kommen zu lassen und ihr einen Ring zu schenken«, bevor er mit ihr auftragsgemäß intim wird und das Gespräch auf seine berufliche Tätigkeit für eine dänische Militärkommission bringt. Die Begründung für seinen zweiten Job undercover: Dänemark sei nur ein kleiner NATO-Staat und erhalte deshalb von den großen Mitgliedsstaaten wie der USA und der Bundesrepublik zu wenig Informationen. Margarete L. wird Jahrzehnte später in ihrem Prozeß behaupten, daß ihr diese Erklärung »nicht unplausibel« erschienen sei, habe sie doch schon auf Schriftstücken den Vermerk gelesen: »for German eyes only«.

Es kommt, wie es fast immer kommen muß in einem von Lügen, Liebesschwüren und Leidenschaften durchwirkten Beziehungsgeflecht. Margarete L. verliebt sich in den Grand Charmeur der alten Schule, vergißt alle Skrupel und Gewissensbisse, läßt ihre Mädchenträume fahren, um dem dänischen Journalisten ihre Liebe zu beweisen. Sie hat damals gehofft, den ersten Mann ihres Lebens an sich zu binden und ihn nach etwa zwei Jahren zu heiraten. Einmal wirft sie ihm vor: »Wenn wir schon intim sind, dann sollten wir heiraten.« Er vertröstet sie auf später, oder – wie er als Zeuge die für ihn prekäre Situation beschreiben wird: »Ich habe abgewiegelt. Ich war ja schon verheiratet ...«

Sie wird als Angeklagte dennoch bekennen, daß die von G./Petersen erbetenen Liebesdienste strafbar gewesen sind, auch wenn sie an die Mär vom dänischen Geheimdienst geglaubt habe. Sie verdrängt ihre Zweifel, stellt keine Fragen, weil sie keine offenen Antworten erwartet. Sie will ihn um jeden Preis.

Seit Margarete L. bei SHAPE, dem NATO-Hauptquartier in Fontainebleau arbeitet, trifft sich das Paar alle drei Monate in Paris. Bei den ersten gemeinsamen Wochenenden scheinen beide glücklich: sie, weil er da ist und ihre Hoffnungen auf eine gemeinsame Zukunft nährt, er, weil sie über ihre Arbeit nicht nur mündlich berichtet, sondern trotz wiederholt vorgetragener moralischer Bedenken auch Schriftstücke, zum Beispiel über die Planung von NATO-Manövern, mitbringt. Dann wird sie von ihren Skrupeln eingeholt. »Sie wollte mir keine Informationen mehr geben und ihre bisherige Tätigkeit einem Priester in Bonn beichten und sich auch dort ihren Vorgesetzten offenbaren«, so wird später der Romeo Roland G. sein Dilemma vor Gericht schildern. Er bringt sie erst einmal von der doppelten Beichte in Bonn ab, doch der gemeinsame Winterurlaub in der Schweiz bleibt aus seiner Perspektive überschattet von ihrem Wunsch zu beichten, Buße zu tun und ihre Gewissensqualen auch seinem Vorgesetzten beim dänischen Aufklärungsdienst zu erläutern.

G. sucht Rat bei seiner Führungsstelle in der Bezirksverwaltung von Karl-Marx-Stadt, und gemeinsam beschließt man, ihre Bedürfnisse in einer Geheimdienstoperation ohnegleichen zu befriedigen. G., vor Gericht ganz der ausgebuffte IM: »Wir kamen meiner Idee folgend überein, die Margarete in Kopenhagen operativ beichten zu lassen. Dort sollte ich ihr auch den dänischen General vorstellen.« Und nach dem Motto, wenn schon Schmierenstück, dann auch komplett, soll Margarete L. darüber hinaus die falsche Mutter des falschen Liebhabers kennenlernen.

Die bühnenreife Inszenierung bedarf einer präzisen Vorbereitung. G. nimmt drei Monate lang bei einer Dänin in Karl-Marx-Stadt Sprachunterricht, dann vervollständigt er seine Kenntnisse mit einem Langenscheidt-Kurs. Er reist nach Kopenhagen, macht sich mit der Stadt vertraut, in der er zuvor noch nie gewesen ist. Er hält Ausschau nach einem Haus für den General und nach einem für die auserwählte Schwiegermutter. Der »General« ist ein deutscher Emigrant, der seit der

NS-Zeit in Dänemark lebt, die »Mutter« aus der DDR übergesiedelt, beide sind überzeugte Kommunisten. Für den Zeitraum von zwei Wochen mietet Roland G. beiden ein möbliertes Haus. Er nimmt an mehreren Tagen eine Kirche im Zentrum der Stadt ins Visier und stellt fest, wann der Priester nicht im Gotteshaus anzutreffen ist, nämlich morgens zwischen elf und zwölf Uhr.

Die Dramaturgie steht, Vorhang auf: Roland G. holt Margarete L. vom Flughafen ab, fährt mit ihr zu seiner vermeintlichen Mutter. Man plaudert, tauscht Höflichkeiten aus, trinkt zusammen Kaffee und stößt auf die Zukunft des Paares an. Am nächsten Tag fährt G. mit Margarete L. zur Kirche, wo ein Mitarbeiter des MfS als Priester verkleidet sie schon erwartet. Originalton G.: »Der angebliche Pfarrer ist mit ihr in die Kirche gegangen und hat sich in den Beichtstuhl gesetzt. Er trug ein Priestergewand und sah eben aus, wie ein katholischer Pfarrer halt aussieht. Dann hat er ihr die Beichte abgenommen.« Der Mann von der Bezirksverwaltung Karl-Marx-Stadt, unvertraut mit dem Ritual der katholischen Kirche, verzichtet auf die Ohrenbeichte und läßt sie statt dessen zwanglos sich das Herz ausschütten. Er erklärt ihr weisungsgemäß, die Kirche hätte nichts gegen eine Eheschließung mit Petersen und ihre geheimdienstliche Tätigkeit sei angesichts der Umstände auch keine Sünde vor Gott.

Originalton des Zeugen Roland G.: »Der Priester sagte ihr, daß er das Ganze zwar nicht recht billigen könne, es im Grunde aber zu respektieren sei. Natürlich müsse sie selbst entscheiden, wie sie sich verhalte, aber sie solle doch Vertrauen zu mir haben.« Dem Rat wird sie fortan folgen, zumal sie sich bei dem Treffen mit dem angeblichen Vorgesetzten davon beeindrucke läßt, wie ihr Verlobter mit dem freundlichen älteren Herrn Dänisch spricht. Dieser falsche General dankt Margarete L. für ihren Einsatz, während ein paar Wochen später G. und die Komparsen der HVA von einem echten General belobigt und mit Orden behängt werden. Markus Wolf zeichnet Roland G. und den falschen Priester mit der Verdienstmedaille der Nationalen

Volksarmee in Bronze aus, G. erhält außerdem eine Prämie von 500 Ost-Mark und einen Fotoapparat. (Insgesamt ist er für seinen Einsatz mit militärischen Auszeichnungen in Silber und Gold wie der Medaille »Klassenbrüder-Waffenbrüder« belohnt worden und mit gelegentlichen Prämien in Höhe von 800 DDR-Mark, was seinem Einkommen am Theater entsprach.)

Über die Feier wird sich Jahrzehnte später im Prozeß gegen den früheren Spionagechef Wolf ein bemerkenswerter Dialog zwischen dem Zeugen G. und dem Vorsitzenden Richter Klaus Wagner entspinnen. Wagner mit leicht süffisantem Unterton in der Stimme: »Wurde von Wolf die schauspielerische Leistung angesprochen?« G. reagiert ganz empört und im Ton eines Oberlehrers: »Das war keine schauspielerische Leistung, sondern eine nachrichtendienstliche Aufführung.« Nachsatz in der Manier eines Gönners: »Das könnten Sie auch.«

Wagner mit Zweifel in der Stimme: »Ich glaube, so etwas könnte ich nicht.«

G., jovial und fast bescheiden: »Na, ich weiß nicht, dazu braucht es kein künstlerisches Können, das war eine ganz menschliche Geschichte.«

Die Frage, ob er die Kirche in Kopenhagen wiederfinden werde, verneint G., aber er führt dem Gericht in Düsseldorf vor, daß sich die Investitionen des MfS in seinen Sprachunterricht gelohnt haben. Er gibt eine Kostprobe: »Rodgrod med flode« – rote Grütze mit Sahne.

Der Mann, der für das MfS die Rolle des Romeos übernommen hat, will Anfang 1964 zurück auf die echten Bretter. Margarete L. sagt er, daß er als Verbindungsoffizier des dänischen Nachrichtendienstes zu den amerikanischen Kollegen nach Vietnam versetzt werde. Er offenbart sich ihr als Mann, der sich in sein Schicksal fügt. Sie ist traurig, läßt sich aber seinen Nachfolger vorstellen, weil G. verspricht, zurückzukommen und mit ihr seinen Urlaub zu verbringen. Zwei Monate nach dem Abschied wird G., der wieder im Erzgebirge Theater spielt, angeblich extra aus Vietnam eingeflogen, um ihren Widerstand gegen seinen Nachfolger namens Bernd zu brechen. Ganz sanft und liebevoll, kennt er sie doch inzwischen in- und auswendig.

G. verschwindet aus dem Leben der Margarete L., bis sie sich in ihrem Prozeß wegen geheimdienstlicher Agententätigkeit wiederbegegnen. Sie sitzt auf der Anklagebank, er ist abermals als Zeuge geladen, die strafrechtlichen Vorwürfe gegen ihn sind längst verjährt. Er bestätigt alles, was sie ausgesagt hat. Er spricht von einer »Sympathie auf Gegenseitigkeit«, bedauert sie und entschuldigt sich dafür, daß ihr seinetwegen der Prozeß gemacht wird, sie ihren Job und ihre Altersversorgung verloren hat. Doch kann sie ihm auch nur ein Wort glauben, wo doch alles Lüge war?

Bei seinem kurzen Auftritt erfährt G. nicht, wie sie nach seinem Abgang in Liebe zu seinem Nachfolger namens Bernd entbrannt ist. Wieder hofft sie auf eine Ehe, wird erneut enttäuscht und liefert dennoch treu und brav nach Berlin an die HVA, die inzwischen ihre Akten führt. Sie glaubt angeblich immer noch an die Mär vom dänischen Geheimdienst, obwohl sie in den Jahren ihrer Arbeit häufig auf die Anwerbung unter falscher Flagge aufmerksam gemacht worden ist und selbst nach dem Trip nach Kopenhagen auf eigene Faust versucht hat, mehr über die Mutter von Kai Petersen zu erfahren. Doch ihre Erkundungen endeten in einer Sackgasse.

Die Liaison geheimdienstlicher und privater Natur mit Bernd dauert bis 1974. Später wird sie von ihren diversen Dienststellen aus brieflich mit ihm bis zur Wende in Kontakt bleiben. Weitergeleitet werden die Briefe über Dr. Peter, den dritten Mann der HVA im Einsatz für »Rose«, wie Margarete L. mit Decknamen geführt wird. Bernd ermutigt sie zur Fortsetzung ihres Doppellebens: »Die gute Harmonie mit Dr. Peter gibt mir die Gewißheit, daß deinem weiteren Leben Inhalt und Zuversicht gegeben bleiben.« Ein anderes Mal lobt er sie wie ein Vater die kleine Tochter, die bösen Verlockungen widerstehen konnte: »Ich freue mich immer, wie stark du bist, wie du alles durchstehst, die Bösewichter abfertigst und Mißgeschicke verkraftest. Sei weiterhin so tapfer.«

Angesichts dieser Briefe überrascht es nicht, daß sie selbst Ende der 70er Jahre noch auf einen Neuanfang mit Bernd hofft, obwohl sie seit geraumer Zeit mit einem italienischen Marquese verbandelt ist. Ihre Hoffnung erfüllt sich nicht. Als der 7. Strafsenat des OLG Düsseldorf sie zu einer Freiheitsstrafe von einem Jahr und sechs Monaten auf Bewährung verurteilt, weiß sie noch nicht einmal, wer der Mann ist, der sich Bernd nannte.

Ihre Schwester Marianne, die sie ins Blickfeld der HVA gebracht hatte und selbst viele Jahre für Ostberlin Dienstgeheimnisse verriet, muß sich nicht vor Gericht verantworten. Sie starb wenige Monate vor Eröffnung des Verfahrens.

### Nur die Ringe der Braut waren echt

Jahrelang hat sie sich dieselbe Frage gestellt, keine Antwort bekommen und sich mit Mutmaßungen, Halbwahrheiten und den darauf basierenden Schlußfolgerungen zufriedengeben müssen. Keine offizielle Auskunft, kein Brief, nicht einmal eine amtliche Mitteilung hat sie darüber erhalten, ob sie am 26. Mai 1976 auf dem Standesamt in Berlin-Lichtenberg Herbert Sch. geheiratet hat oder ob all das nur zu dem makaberen Spiel gehörte, das sie bei Laune halten und sie weiterhin zum Spionieren im Bundeskanzleramt motivieren sollte. Über 20 Jahre später versucht Dagmar K.-S. die Bruchstücke ihrer Biographie zu ordnen, herauszufinden, was Inszenierung war, was Zufall, was echt war oder sie für echt halten mußte.

Es ist ein mühseliger und schmerzvoller Prozeß, den sie längst noch nicht abschließen kann, weil zu viele Fragen offen bleiben. Die Richter ließen bei den Urteilsverkündungen im Oktober 1978 (drei Jahre Freiheitsstrafe) und im Mai 1979 (viereinhalb Jahre Haft nach Aufhebung des angeblich zu milden Urteils durch den Bundesgerichtshof) offen, ob sie von einer echten oder inszenierten Eheschließung ausgehen sollte. »Sch. hat sie unter raffinierter Ausnutzung einer infolge ehelicher Schwierigkeiten bestehenden seelischen Niedergeschlagenheit an sich zu binden gewußt und später auch geheiratet«, heißt es in dem zweiten Urteil, »oder doch einen entsprechenden Anschein erweckt ...«

Inzwischen muß Dagmar K.-S. annehmen, daß die HVA sie damals die Rolle der Braut nur spielen ließ und auch den Bräutigam hinters Licht führte, wenn stimmt, was der hauptamtliche IM Herbert Sch. später als Zeuge vor Gericht über seinen Part ausgesagt hat. »Wir haben richtig geheiratet«, behauptet Herbert Sch. »Es war klar, daß wir das im Standesamt nicht während des normalen allgemeinen Publikumsverkehrs machen konnten. Da konnte ich ja schlecht mit einer Frau aus der Bundesrepublik zum Heiraten kommen. Es wurde deshalb außerhalb der üblichen Bürozeiten des Standesamtes durchgeführt.«

Sch. untermauert seine Überzeugung mit der Beschreibung der Zeremonie vor einer echten Standesbeamtin: drei Kollegen vom MfS, einer von ihnen ein Abteilungsleiter, waren die Trauzeugen, der Eintragung ins Standesamtsregister und dem Austausch der von der Braut gekauften Ringe folgten die offiziellen Hochzeitsfotos mit Küßchen, Blumen und Gratulationscour.

Daß die Heiratsdokumente und Fotos in Ostberlin bleiben mußten, schien Herbert Sch. selbstverständlich. Alles sollte seiner Meinung nach dort aufbewahrt werden, bis seine Frau in die DDR übersiedeln würde. Er will deshalb auch nach ihrer Entlassung aus der Haft in der DDR auf sie gewartet haben: eine Behauptung, die Dagmar K.-S. Jahre später mit einem höhnischen Lachen quittiert. »Wohin sollte ich denn gehen?« fragt sie. Statt ihrer kam die Anfrage eines Rechtsanwalts, wie die Scheidung über die Bühne gehen könnte. Sch. knapp und unklar in Details: »Die haben gesagt, daß das bei uns in der DDR geklärt wird. Zwei Jahre später habe ich wieder in der DDR geheiratet. Die Sache war irgendwie geklärt worden.

Von einer Scheidung weiß ich nichts. Daß es eine fiktive Ehe gewesen sein soll, glaube ich nicht.« Aber was dann?

Dagmar K.-S. weiß nichts von solchen Anfragen ihres Anwalts oder etwas von »Klärungen« über die Frage, ob die Heirat rechtsgültig war oder nicht. Während der Prozesse reagierte die Ständige Vertretung der DDR in Bonn auf Nachfragen nicht. Die nach der Wende eingeleiteten Ermittlungen der Bundesanwaltschaft gegen Herbert Sch. und dessen Aussagen vor der Polizei und später vor Gericht über die Eheschließung bleiben der Betroffenen unbekannt. In der ersten Anklageschrift des Generalbundesanwalts gegen Markus Wolf vom September 1992 wird auf Seite 114 als Faktum knapp mitgeteilt, daß Sch. mit ihr eine »operative Scheinehe« eingegangen sei. In seinen, nur einem kleinen Kreis zugänglichen Erinnerungen bewertet der frühere Vorsitzende Richter am OLG Düsseldorf, Klaus Wagner, das Geschehen als »fingierte Eheschließung, die außerhalb der Dienstzeiten des Standesamtes in Berlin-Lichtenberg unter Beteiligung dreier MfS-Mitarbeiter stattfand«. Anfragen von Dagmar K.-S. seien zunächst unbeantwortet geblieben, später habe man ihr »lapidar mitgeteilt, im Eheregister des Standesamtes sei eine Ehe nicht eingetragen«.

Markus Wolf nimmt in seinen Erinnerungen am ausführlichsten zu dem Fall »Inge« und »Kranz«, so die Decknamen von Dagmar K.-S. und Herbert Sch., Stellung. Er schreibt: »Obwohl Inge wußte, daß ein Ehe mit Kranz in der Bundesrepublik nicht möglich gewesen wäre, wollte sie ihn unbedingt heiraten, wenigstens in der DDR. Trotz unserer Bedenken ließen wir ihr Papiere auf ihren Mädchennamen ausstellen, und in einem Standesamt in Lichtenberg gaben die beiden sich das Jawort. Was sie nicht wußten, war, daß die Seite im Heiratsregister mit ihrem Eintrag nach der Veranstaltung entfernt und vernichtet wurde. Erst Jahre später, als Inge ohne eigenes Verschulden enttarnt und verurteilt wurde, erfuhren die beiden zu ihrer Empörung, daß ihre Ehe bislang null und nichtig gewesen war.«

Diese Zeilen über die »Veranstaltung« suggerieren, als habe

die Nachricht von der fingierten Eheschließung das Paar nach Jahren eines glücklichen Zusammenlebens getroffen, tatsächlich aber haben die beiden sich nur bei Agententreffs gesehen, und am 1. Jahrestag der Operetten-Hochzeit mit Komparsen aus dem MfS saß Dagmar K.-S. bereits in Untersuchungshaft. Sie erinnert sich, daß ihre Aussage über die Heirat mit ihrem Führungsoffizier Sch. bei den Beamten des BKA »wie eine Bombe eingeschlagen« sei.

Nach Darstellung von Markus Wolf waren die Papiere der Braut gefälscht und sind wahrscheinlich zusammen mit der Seite aus dem Heiratsregister vernichtet worden, um die Spuren der makabren Operation zu beseitigen. Für Dagmar K.-S., die sich auf das Doppelleben nur eingelassen hatte, weil sie Herbert Sch. liebte und mit ihm leben wollte, bedeutete die Eheschließung ein Meilenstein auf dem Weg in die gemeinsame Zukunft. Daß sie bloß ein Mittel sein sollte, um sie noch enger in das Geflecht von Lügen und Verrat einzubinden, hat die hochsensible Frau in ihren Grundfesten erschüttert. Sie spricht von »verbrannter Liebe« und von dem Alptraum, sich vorstellen zu müssen, »wie sie sich in Ostberlin über mich halb totgelacht haben«.

Dagmar K.-S. hat im Juni 1993 gewußt, daß Herbert Sch. als Zeuge im Prozeß gegen Markus Wolf geladen ist. Sie scheint hin- und hergerissen, ob sie sich in den Saal setzen soll, in dem ihr zweimal der Prozeß gemacht wurde. Sie will ihn wiedersehen, aus seinem Mund hören, was er über jene Beziehung zu sagen hat, die für sie »zum Auslöser für ein zerstörtes Leben« wurde. In der Dokumentation von Channel 4, »Spying for love«, wiederholt sie die Worte, die ihr seit der Verhaftung nicht mehr aus dem Kopf gehen wollen: »Man wird dir nach deiner Verhaftung als erstes erzählen, ich hätte dich nie geliebt. Und nur du wirst dann wissen, was die Wahrheit ist.«

Jemand, der ihre Geschichte kennt, hat angeboten, sie zum Gericht zu begleiten. Im letzten Augenblick entscheidet sie sich jedoch gegen eine Begegnung. Sie hat immer noch die angebliche Aussage von Herbert Sch. vor dem BKA im Ohr, in der Beziehung zu ihr habe er »das Angenehme mit dem Nützlichen verbunden«.

Was sie sich erspart hat, kann nur ermessen, wer am Nachmittag des 3. Juni 1993 den Auftritt von Herbert Sch. erlebt hat – und die Dialoge mit den Richtern.

»Das muß ja ein toller Hecht gewesen sein«, kündigt Richter Klaus Wagner den Zeugen an und versichert diesem auch noch, »persönlich recht gespannt« auf sein Erscheinen gewesen zu sein. Sch. sekundiert: »Ich hoffe, Sie sind nicht enttäuscht.«

Das Bild des vielleicht erfolgreichsten Romeos Ostberlins, ausgezeichnet mit je zwei Kampf- und Vaterlandsorden für seine Siege an der amourösen Front, hat zuvor der ehemalige Oberst und Jurist der HVA, Dr. Werner R., grob gezeichnet: »Er hat bei den Frauen außerordentlich Anklang gefunden. Wir mußten ihn zurückhalten. Er war ein Sicherheitsrisiko.«

Da sitzt er nun, der hochdekorierte Casanova außer Diensten, und enttäuscht das weibliche Publikum. Er erinnert eher an einen Biedermann als an einen Brandstifter, der einsame Herzen zu entflammen vermag. Zwar ist der 66 Jahre alte Rentner tief gebräunt, als jage er immer noch am Schwarzen Meer Sekretärinnen aus Bonner Ministerien nach, und auch sein Messerhaarschnitt glänzt vor Gel. Zur hellen Sportkleidung trägt er die im Gewerbe der Spione obligatorische Sonnenbrille, nur seine blauen Socken hängen wie Ziehharmonikas über den braunen Schuhen. Er schaut immer wieder hinüber zu Markus Wolf, als erwarte er von ihm die Absolution. Doch dem Ex-Spionagechef sind die intimen Bekenntnisse seines Ex-Kundschafters offenbar peinlich, obwohl er in Interviews und Büchern die Methode der Romeos als die natürlichste Sache der Welt darstellt. Er liest mit Inbrunst das »Neue Deutschland«.

Herbert Sch. versucht, seinen Einsatz als Idealismus und die Beziehungen zu den Frauen, insbesondere zu Gerda O. und Dagmar K.-S., als echte Liebesverhältnisse darzustellen. »Daß ich Damen kennenlernte, war ganz natürlich«, behauptet er, um schon im nächsten Moment damit zu prahlen, von seinen Vorgesetzten bei den Weltjugendfestspielen in Berlin 1973 »aus dem Verkehr gezogen« worden zu sein, weil man seine Aktivitäten kannte.

Hin- und hergerissen zwischen dem Stolz auf seine Erfolge (»Sie war mir hörig«) und der Selbstdarstellung als sozialistischer Saubermann (»Ich habe alle Schweinereien wie das Herstellen von Nacktfotos abgelehnt«), bedauert der Zeuge am Ende, daß die Führungsstelle in der HVA seine Verführungskünste unterschätzt habe. Nur zwei, höchstens drei Monate pro Jahr sei er nach dem Fall der Dagmar K.-S. auf Tour zum Anheuern und Anbaggern von Agenten, »nicht nur von Frauen«, gewesen, den Rest des Jahres habe er »unproduktiv« verbracht, zu Hause »rumgegammelt«.

»Das ist ja gegen die Planwirtschaft«, behauptet Richter Wagner. Die prompte Antwort: »Daran ist die DDR ja auch kaputtgegangen.«

Auf die Frage des Richters, ob denn seine Ehefrau nichts gegen seine Tätigkeit einzuwenden gehabt hätte, gibt er die entwaffnende Antwort: »Ich bin doch fast jeden Monat nach Hause gekommen ...«

In diesen Worten offenbart sich die Welt des Romeos, in der Zweifel über das, was er angerichtet hat, überhaupt keinen Platz haben. Kein Wort der Reue, kein Wort des Bedauerns, nur Worte des Dankes an den ehemaligen Boß: »Herr Generaloberst Wolf, ich möchte mich bei Ihnen noch mal dafür bedanken, daß alles immer sehr korrekt durchgeführt worden ist, daß niemals Zwang mir gegenüber ausgeübt worden ist.«

Es ist nicht bekannt, wie viele Trauungen die HVA fingiert hat, um bei den Agentinnen aus Liebe die Illusion von einer gesicherten Zukunft zu nähren. »Notfalls hat die Abteilung Dokumentation die Heiratsurkunde gefälscht. Das war keine Schwierigkeit«, hat Dr. Werner R. nach 35 Jahren Erfahrung in der HVA, zuletzt als stellvertretender Leiter der Abteilung VI, in einer Zeugenvernehmung vor dem OLG Düsseldorf im Juni 1993 bekannt und auch einen Kollegen, Oberst S., als besonders »auskunftsfähig« genannt. R. beschrieb ebenso die Gefahren für die HVA, wenn ein Führungsoffizier mit seiner Agentin unter Vorspiegelung falscher Tatsachen und in einer gestohlenen Identität eine echte Ehe eingegangen ist: »Eine Ehe war immer etwas kritisch, wenn er nicht Kontakten zu anderen weiblichen Wesen abhold war. Und jede Scheidung ist für einen Nachrichtendienst ein Risiko.«

### Ein Grabstein für fiktive Schwiegereltern

Der Mann hat einen gewissen Charme, er ist 43 Jahre alt, Routinier im Umgang mit dem anderen Geschlecht. Angeblich hat er bisher nur wenig Chancen in seinem Leben gehabt, um seine Talente zu nutzen. Er stellt sich als Rudolf Reggentin vor, als er sich 1968 mit Johanna Marta Ida Louise, genannt Hanneliese K., Sekretärin des CDU-Fraktionsvorsitzenden Rainer Barzel, bekannt macht. Hanneliese K., 46 Jahre alt, gehörte auch in jüngeren Jahren nicht zu den Frauen, die man landläufig attraktiv nennt. Mit Mitte 40 wirkt sie auf den ersten Blick mit dem Haarknoten, der Brille und den schmalen Lippen wie eine strenge Lehrerin. Wer aber jemals mit ihr zu tun hatte, schwärmt von ihrer Hilfsbereitschaft und Herzenswärme. Sie kann Menschen bezaubern. Sie engagiert sich für ehemalige politische Häftlinge aus der DDR, leistet einigen sogar tatkräftig Hilfe beim Start in ein neues Leben in der Bundesrepublik.

Ihre zufälligen Begegnungen mit dem von der Abteilung II der HVA (Parteien, Organisationen, Kirchen) geführten Agenten auf der Straße waren perfekt arrangiert, und Reggentin geht mit seiner auserwählten Zielperson schließlich ein Liebesverhältnis ein. Die ahnungslose Frau erscheint fortan unter dem Decknamen »Hulda« in den Akten der HVA. Ein Jahr später heiratet das Paar, »denn unser Mann fand keinen anderen Weg, als sie zu ehelichen, um an die gesuchten Informationen heranzukommen«.

So jedenfalls beschreibt Markus Wolf mit zynischem Unterton in seinen Memoiren die für die HVA offenbar zwangsläufige Entwicklung. Bei den späteren Ermittlungen wird sich herausstellen, daß Reggentin schon vor der ersten Begegnung mit seiner Frau in Hamburg ein Verhältnis mit einer Witwe begonnen hatte, mit der er in Urlaub fuhr und die er auch an seinem neuen Wohnort Oberdollendorf bei Bonn traf. Die Beziehung war so intensiv, daß Reggentin selbst seinen Hochzeitstag weitgehend mit ihr verbrachte, seine Heirat hatte er der Freundin verschwiegen.

Reggentin hat es nicht gewagt, sich seiner Braut als Agent zu offenbaren. Da er ihre Loyalität ihrem Chef gegenüber selbst als Ehemann nicht zu erschüttern vermag, versucht er, sie abzuschöpfen so gut es nur geht – seine Führungsstelle kritisiert und ermahnt ihn allerdings wegen ausbleibender Lieferungen des begehrten Materials. Vielleicht meint er es ernst, als er Ostberlin auf bessere Tage vertröstet, vielleicht ist es nur Taktik, um die schönen Seiten seines Einsatzes in der Bundesrepublik zu genießen. Weil Hanneliese K. ihren Mann liebt, investiert sie großzügig in die gemeinsame Zukunft. Für seine Ausbildung zum Fremdsprachenkorrespondenten läßt sie sich nicht lumpen. Sie finanziert von ihren 1 800 Mark Nettogehalt den gemeinsamen Lebensunterhalt und gibt ihm darüber hinaus monatlich ein Taschengeld von 600 Mark. Ein Bekannter der Familie wird später der Polizei sagen, daß Frau Reggentin in jenen Jahren so schlecht gekleidet gewesen sei, daß seine Frau ihr abgetragene Sachen geschenkt habe.

Hanneliese Reggentin bleibt ihrem Mann zugetan, auch wenn sie sich zugeknöpft gibt, sobald es um die Dokumente aus dem Panzerschrank von Rainer Barzel geht oder um Informationen über ihn selbst. Der Grund, warum sie vom MfS als potentielle Agentin ausgeguckt worden ist, sollte sich spätestens zu diesem Zeitpunkt als falsch erweisen. Der Tipgeber hatte sie der HVA als »ausgesprochen schwatzhaft« beschrieben. Nur ein einziges Mal hat sie dem Freund ihres Mannes, einem angeblichen Wirtschaftsberater, in Wahrheit ein HVA-Instrukteur, einen Wochenterminplan von Barzel kopiert, damit er es leichter habe, einen angeblichen wichtigen Gesprächstermin mit Barzel während der Wahlkampfzeit zu vereinbaren.

Später, als Hanneliese Reggentin für den Deutschland-politischen Sprecher der CDU/CSU-Bundestagsfraktion, Professor Manfred Abelein, arbeitet, bleibt sie ebenfalls diskret, sieht man von Bemerkungen ab, die jeder wohl macht, wenn der Ehepartner fragt: »Na, Schatz, wie war es bei dir heute im Büro?«

Sie liebt ihren Mann und sieht ihn ganz anders als Kollegen, die ihn selten zu Gesicht bekommen. Diese scheinen ihn nicht sonderlich zu schätzen, denn sie werden ihn nach seinem Verschwinden als eine Mischung aus »Teppichhändler und Soldat Schwejk« charakterisieren. Hanneliese Reggentin läßt sich allenfalls einmal dazu hinreißen, ihn einen Windhund zu nennen.

Frau Reggentin, die zu ihrer alten Mutter ein liebevolles Verhältnis hat, möchte ihre Schwiegereltern kennenlernen. Ihr Mann aber sträubt sich, erfindet Ausreden, um seine in Ostberlin lebenden Eltern nicht mit ihr gemeinsam zu besuchen. Sie beharrt auf ihrem Wunsch, er gibt ihn an seine Führungsstelle weiter, weil er seine Frau nicht länger hinhalten kann. Um sich des Problems einer Begegnung mit einem Vater und Mutter mimenden Paar zu entledigen, läßt Rudolf Reggentin weisungsgemäß seine fiktiven Eltern bei einem fiktiven Verkehrsunfall ums Leben kommen. Sie gibt dennoch nicht auf. Sie will nach Berlin. Dort lebt auch eine Freundin, die in den 50er Jahren bei ADN, der amtlichen DDR-Nachrichtenagentur, in Bonn gearbeitet hat.

Als Hanneliese Reggentin mit Mann und Mutter die Reise antritt, bittet sie ihn gleich nach der Ankunft, mit ihr das Grab der Verunglückten zu besuchen, während die Mutter sich erst einmal von den Strapazen der Fahrt erholen soll. Er führt sie an eine anonyme Grabstätte: ohne Kreuz, ohne Stein, ohne Blumen. Als sie am nächsten Tag dort zusammen mit ihrer Mutter ein Blumengebinde niederlegen will, finden die beiden statt der namenlosen Stätte ein Grab mit Gedenkstein vor – darauf die Namen der Reggentins. Die beiden Frauen kommen aus dem Staunen nicht mehr heraus, doch Rudolf Reggentin versteht es, ihr Mißtrauen zu zerstreuen. Daß die HVA zur Sicherung der Legende ihres Agenten aus Versehen den Grabstein einen Tag zu spät aufgestellt hat, wird erst Jahre später ans Tageslicht kommen.

Anfang 1977 läßt sich Rudolf Reggentin angeblich zur Förderung seiner Karriere in die französische Zweigstelle des Unternehmens versetzen, bei dem er seit einigen Jahren tätig ist. Am 2. Februar 1977 reist er nach Paris, nur sechs Tage später schreibt er seiner Frau, daß er gekündigt habe und sich von ihr trennen wolle: »Nach reiflicher Überlegung muß ich dir mitteilen, daß ich mich aufgrund deines Verhaltens in letzter Zeit gezwungen sehe, unser bisher gemeinsames Leben grundlegend zu verändern. Deine unüberwindliche Eifersucht, die ganzen Szenen der letzten Zeit, deine Bevormundungen mir gegenüber, dein Nachspionieren und die sogar vor kurzem von dir ausgesprochenen Verdächtigungen anderen gegenüber lassen mir keinen anderen Weg gangbar erscheinen, als den jetzt und dadurch unvermeidlichen Schlußstrich zu ziehen.«

Hanneliese Reggentin fühlt sich wie betäubt, kann sich auf die Vorwürfe und Unterstellungen keinen Reim machen, aber dennoch siegt im Wirrwarr ihrer Gefühle zum ersten Mal ihr Argwohn. Sie informiert am 9. Februar ihren Arbeitgeber über das mysteriöse Verschwinden ihres Mannes, am 4. März wird sie wegen Verdachts der geheimdienstlichen Agententätigkeit für die DDR festgenommen. Ihr Ehemann, so behaupten die Ermittler, soll auch ihr Führungsoffizier gewesen sein.

Was Hanneliese Reggentin in den nächsten Monaten durchlebt, spiegelt sich in den Briefen wider, die sie aus der Haft ihrer Mutter und Kollegen schreibt. »Ich weiß, du bist sicher genauso entsetzt wie ich selber«, teilt sie einer Arbeitskollegin mit. »Ich habe drei Tage Vernehmungen – zwei Nächte auf der Betonpritsche im Polizeipräsidium – und nun die Überweisung nach Ossendorf hinter mir. Nun, nachdem ich kein Geständnis ablegen konnte, werden die vergangenen Jahre analysiert nach allen Regeln. Und ich kann warten, ja bis wann? ... Wenn meine Unschuld erwiesen ist, wird man keineswegs im Fernsehen sagen, Hanneliese ist nicht schuld. Kümmere dich um meine Mutter, die Arme leidet am meisten. Irgendwann klärt sich alles auf.«

Geklärt wird zunächst nur, daß Rudolf Reggentin als Agent der HVA 1966 unter falschem Namen in die Bundesrepublik eingeschleust worden ist und daß die Freundin Hanneliese Reggentins in Ostberlin Briefe an sie benutzt hat, um Rudolf Reggentin Aufträge seiner Führungsstelle mitzuteilen. Die in belanglosen Sätzen versteckten Nachrichten haben Verfassungsschützer und BKA-Beamte entschlüsseln können. Und während die Ermittler noch darüber rätseln, ob es vielleicht diese ADN-Journalistin gewesen sei, die Hanneliese K. der HVA als potentielle Agentin empfohlen habe, fühlt sich die Beschuldigte unter Druck gesetzt, ein Geständnis abzulegen.

Am 13. März 1977 schreibt sie an ihre Mutter: »Die Wahrheit ist eine andere, aber die Wahrheit glaubt mir keiner. Die Wahrheit ist doch, daß ich keine Ahnung habe und hatte ... Alle anderen Fälle waren so, daß die Ehefrauen Bescheid wußten. Warum sollte ich, ausgerechnet ich, eine Ausnahme sein?«

Weil die Ermittler ihr nicht glauben, habe sie, so teilt sie ihrer Mutter mit, diese schon gefragt: »Wie hätten Sie es denn gerne?« Am 16. März beteuert sie abermals ihre Unwissenheit: »Ich verstehe heute noch nicht, daß wir, du und ich, nichts gemerkt haben ... Auch wurde mir gesagt, es gebe so etwas wie Sippenhaft. Da man den Agenten nicht hat, so hat man doch seine Ehefrau ... Die Wahrheit glaubt mir keiner, und ich kann nicht ein Lügengebäude aufbauen, um mich in eine bessere Situation zu retten.«

Hanneliese Reggentin wird nach 184 Tagen aus der Haft entlassen mit der Begründung, Rudolf Reggentin »sei mit ihr nur deshalb die Ehe eingegangen, um sie in dieser engen und im allgemeinen vertraulichen Lebensgemeinschaft besonders nachhaltig aushorchen zu können«.

Zurück in der Freiheit fühlt sie sich isoliert. Die Freude über ihre Rehabilitierung wird getrübt, weil sich zu viele Menschen von ihr abgewandt haben. Der Verdacht, daß doch irgend etwas an den Vorwürfen der Ermittler dran sein könnte, weil sie so lange in Untersuchungshaft gesessen habe, hängt ihr nach. Das macht es ihr nicht leichter, sich mit dem schamlosen Betrug des Mannes auseinanderzusetzen, den sie geliebt und dem sie vertraut hat.

Wieviel am Ende dieser menschlichen Tragödie aufzuarbeiten bleibt, verrät der Brief von Hanneliese K. an die »Welt am Sonntag« vom 17.12. 1978: »Ich gebe mir Mühe, nicht verbittert zu sein. Aber es ist schwer ... Obwohl meine Ehe auf mein Betreiben hin aufgehoben wurde, läßt mich die Unklarheit über die wahre Identität des Mannes, mit dem ich siebeneinhalb Jahre verheiratet war, nicht zur Ruhe kommen.«

Erst nach der Wende kann ermittelt werden, wer jener Rudolf Reggentin wirklich war: der HVA-Resident Wolfgang H., dessen Versetzung nach Frankreich im Januar 1977 nur zum Vorwand diente, in die DDR zurückzukehren. Die Spionage-Abwehr soll ihm durch die »Aktion Anmeldung« auf die Spur gekommen sein. Diese systematische Durchforstung von Karteien der Einwohnermeldeämter auf bestimmte Merkmale von Männern, die aus dem Ausland in die Bundesrepublik eingereist und sich hier niedergelassen hatten, gehörte zu den erfolgreichsten Abwehrmaßnahmen des Bundesamtes für Verfassungsschutz in den 70er Jahren – bis sie in einem Jahresbericht der Kölner Behörde öffentlich preisgegeben wurde.

### Kein Kind der Liebe

Wer Kolleginnen und Bekannte von Elke F. nach ihren Eigenschaften fragt, als die ehrgeizige Sekretärin noch jung war, erhält fast immer die gleichen Antworten in auch fast immer gleicher Reihenfolge: lebenslustig, temperamentvoll, aufgeschlossen, kontaktfreudig, kein Mauerblümchen, flirtet gern, hat keinen Mangel an Männerbekanntschaften. Elke F. war gerade 28, als sie 1973 durch eine Zeitungsanzeige einen Mann namens Gerhard Thieme kennenlernte. Angeblich arbeitet er als Verwaltungsangestellter an der Kölner Universität, in Wahrheit ist er Hauptmann des sowjetischen Geheimdienstes. Als Elke F. im Juli 1974 mit ihm zum ersten Mal in Urlaub fährt, glaubt sie, alles über ihn zu wissen. Er hat ihr inzwischen seine Geheimnisse offenbart: Er ist Agent der HVA in Ostberlin, dort noch verheiratet, hat zwei Kinder, will sich aber scheiden lassen und nach 25 Jahren Agentenleben zur Ruhe setzen – mit ihr in der Bundesrepublik.

Thieme hat sie gebeten, für die gemeinsamen Ferien Verlobungsringe zu kaufen. Sie ist selig, der Schock nach seinem Geständnis überwunden, sie fühlt sich nicht mehr, wie sie später bekennen wird, »am Boden zerstört«, ist nur noch glücklich über die Beweise seines Vertrauens und seiner Liebe. Sie kauft die Ringe, wie sie zuvor seiner Bitte nachgekommen ist, seine Wohnung in Bonn-Poppelsdorf aufzulösen und seine Spuren zu verwischen.

Auf eigene Kosten war die Sekretärin F. auf seinen Anruf hin nach London geflogen, um sich von ihm in die Details für die Entsorgung seiner verräterischen Habe einweihen zu lassen. Angeblich ist ihm der Verfassungsschutz auf den Fersen, doch wahrscheinlich will er sich nur nach Romeo-Rezept aus dem Staub machen, um die Beziehung auf Eis zu legen und sie lediglich alle paar Monate bei Agententreffs aufzuwärmen.

Den Urlaub im romantischen Warnemünde erlebt sie wie im Traum. Nichts scheint das junge Glück zu überschatten. Das Paar verlobt sich, aber beide werden die Ringe nicht tragen – noch nicht, erst nach Thiemes Scheidung, wie Elke F. hofft. 15 Jahre später wird sie vor Gericht beteuern, damals an die Zuneigung des von ihr so geliebten Mannes geglaubt zu haben: »Für Schöntuerei hatte er nichts übrig.«

Er schwärmt ihr vor, wie wunderbar es wäre, wenn sie ein

Kind hätten. Sie ist irgendwie gerührt, aber sie zögert noch. Vor zwei Jahren hat sie ihre zehn Jahre ältere Schwester verloren, seither fühlt sie sich den alten Eltern stärker verbunden.

»Der Wunsch nach einem Kind ging eigentlich von ihm aus. Er sagte mir aber auch, daß es praktisch die einzige Möglichkeit wäre, ihn zu heiraten«, wird sie den Richtern des OLG Düsseldorf im April 1989 sagen und den gemeinsamen Entschluß zur Schwangerschaft so beschreiben: »Wir haben bewußt und gewollt ein Kind gezeugt.«

Elke F. spielt im Sommer 1974 sogar mit dem Gedanken, notfalls als ledige Mutter in die DDR zu ziehen, falls die Chefs in Ostberlin Einwände gegen die Ehe hätten. Gerhard Thieme gaukelt ihr vor, einen sicheren Weg für ihre Heirat gefunden zu haben. Elke F. soll die Schwangerschaft bis zum dritten Monat verschweigen und erst danach seine Führungsstelle informieren. Die müsse dann einer Eheschließung zwangsläufig zustimmen, weil es zu diesem Zeitpunkt für eine Abtreibung zu spät sei.

Da Elke F. ihrem Geliebten blind vertraut, hält sie sich an seine Anweisung. Am Ende des dritten Schwangerschaftsmonats reist sie nach Ostberlin, wo sie sich mit Gerhard Thieme, dessen Vorgesetzten namens »Hannes« und mit einer Frau trifft, die sich »Erika« nennt. Mit ihnen will sie über ihre Heirat mit Thieme und die Zukunft reden. Wie verabredet, berichtet sie von ihrer Schwangerschaft, da beginnen »Hannes« und »Erika« plötzlich, sie zu attackieren. Die Menschen, die sie kaum kennt, bedrängen sie massiv, einer Abtreibung zuzustimmen. Für Stunden, die ihr wie eine Ewigkeit vorkommen, werden ihr Vorhaltungen gemacht, Argumente entgegengeschleudert: Gerhard Thieme könne sie noch nicht heiraten, sie ihrer Eltern wegen auch nicht in der DDR leben, in der Bundesrepublik werde sie aber als ledige Mutter diskriminiert und müsse ihre Arbeit aufgeben.

Für Elke F. bricht eine Welt zusammen. Während die Vorwürfe auf sie niederprasseln und sie nichts zu entgegnen weiß, hüllt sich der werdende Vater in Schweigen. Er wagt auch nicht zu widersprechen, als eine Zukunft mit Kind in schwärzesten Farben ausgemalt wird: »Es wird eure Existenz vernichten.«

Als sie sich Jahre später im Prozeß an diese Stunden der Ohnmacht und Verzweiflung erinnern muß, wird sie bekennen: »Ich war durch die Gespräche so zermürbt, daß ich am Ende selbst keine Möglichkeit mehr sah, das Kind zu bekommen … Es könnte so gewesen sein, daß alles geplant war, erst die Schwangerschaft, dann die Abtreibung. Aber ich habe mich damals nur in die Enge gedrängt gefühlt und nichts begriffen …« Sie willigt in die Abtreibung ein, wird in eine Klinik gebracht und zwei Tage später wieder zurück nach Bonn geschickt.

Trotz der traumatischen Erfahrungen fährt Elke F. drei Monate später erneut zu einem Treffen mit Gerhard Thieme und dessen Vorgesetzten nach Frankfurt an der Oder. Bei einem Abend am Kamin eröffnet ihr jener Hannes, daß sie für die DDR arbeiten soll. Sie versucht sich zu wehren, bis Hannes und ein anderer sie vor die Alternative stellen: Entweder du spionierst oder die Beziehung zu Gerhard Thieme wird heute noch beendet. An den entscheidenden Satz wird sie sich 15 Jahre später noch genau erinnern: »Wenn du es nicht für Gerhard tust, wirst du Gerhard nicht wiedersehen.«

Sie gerät in Panik, nimmt den Erpressungsversuch nicht wahr, verdrängt ihn, bis sie sich vor Gericht verantworten muß und ihr die Bundesanwaltschaft im Plädoyer vorwerfen wird: »Frau F. ist nicht das arme Hascherl, das von einem Romeo verführt wird. Das läßt ihr Selbstbewußtsein nicht zu. Es war eine egoistische, selbstbezogene Liebe, die sie zur Spionage verführte.«

Einem Außenstehenden fällt tatsächlich schwer zu begreifen, was an diesem Winterabend in einer Datscha an der Grenze zu Polen geschehen ist. Welche unglaublichen Versprechen und Verheißungen ihr aufgetischt worden sind, damit sie die Unterschrift unter eine Verpflichtungserklärung leistet. Die beiden Herren aus der Führungsstelle Berlin-Karlshorst müssen sich ihrer Sache sicher gewesen sein, nur ein einziges Wagnis wollten sie nicht eingehen: Sie lassen Elke F. sich für die HVA verpflichten und nicht für den wahren Auftraggeber, den KGB.

»Wir arbeiten an eurer Legende, damit ihr heiraten und zusammenbleiben könnt«, sichern die beiden KGB-Offiziere Elke F. zu und suggerieren ihr, daß sie sich die Heirat mit dem geliebten Mann erst verdienen muß – durch Spionage. Wie lange, sagen sie ihr nicht. Die aberwitzige Begründung der beiden Herren für den Handel Verrat gegen Ehe nimmt sie ohne Widerspruch hin: Sie sei schuld, daß Gerhard Thieme sich nicht mehr in der Bundesrepublik sehen lassen könne, weil er sich zu intensiv mit ihr eingelassen habe. Sie sei es gewesen, die ihn dazu getrieben habe, gegen alle Sicherheitsmaßnahmen zu verstoßen.

Gerhard Thieme weckt in ihr noch mehr Schuldgefühle, als er seinen Vorgesetzten in ihrem Beisein offenbart: »Ich war nicht darauf gefaßt, daß ich mich in sie verliebe.« Sie glaubt ihm, muß ihm das glauben, auch wenn es eine seiner vielen Lügen ist, denn ohne das Vertrauen in seine Liebe hätte sie das alles nicht ertragen: die angeblich von ihm ersehnte Schwangerschaft, die erzwungene Abtreibung, gegen die auch er offensichtlich machtlos war, die Verpflichtung zum Verrat an ihrem Dienstherrn, damit sie den Mann ihres Lebens heiraten kann.

In den nächsten Jahren, wann immer Elke F. von Zweifeln und dem Streß des Doppellebens geplagt mit dem Spionieren aufhören will, werden die Vorgesetzten ihres Geliebten das Versprechen feierlich wiederholen: »Wir arbeiten an eurer Legende ...«

Der gefälschte Lebenslauf, an dem die Herrschaften angeblich so emsig für das Paar stricken, soll aber nie fertig werden. Aber mehr als zehn Jahre bedient Elke F. im Glauben an die Zuneigung Thiemes den KGB: aus dem Bundeskanzleramt, aus dem Vorzimmer des Parlamentarischen Staatssekretärs im Bundesministerium für wirtschaftliche Zusammenarbeit, aus dem Bundesverkehrsministerium. Nachrichtendienstlich geschult, gewandt, begabt mit einem fotografischen Gedächtnis und ehrgeizig, mehr zu bringen, als ihr Führungsoffizier von ihr erwartet, liefert sie alles, was sie nur kriegen kann.

Als sich Elke F. vor Gericht verantworten muß, vermag sie immer noch nicht zu glauben, was ihr Gerhard Thieme angetan hat. Irgendwann, so bekennt sie, habe er ihr mal seinen richtigen Namen gesagt, aber sie ist nicht bereit, ihn preiszugeben. Das gemeinsam geteilte Geheimnis eines Doppellebens reicht scheinbar aus, sich lebenslang verpflichtet zu fühlen. Elke F. nimmt den Mann in Schutz, der sie so schamlos betrogen hat: »Ich möchte nicht, daß er drüben vielleicht Schwierigkeiten bekommt.«

Sie verneint eine »fortbestehende Zuneigung«, spricht aber Sekunden später »von unserem Ziel, das wir beide hatten«. Und sie, die schon seit 1980 mit einem anderen Mann liiert ist, bleibt dem Romeo treu, fährt mit ihm jedes Jahr zwei bis drei Wochen in Urlaub und verschleiert diese Reisen vor dem neuen Gefährten. Noch vor Gericht beschreibt sie den Lebenstraum, als ob sie ihn nie aufgegeben hätte: »Wir wollten zusammenbleiben. Wir wollten heiraten.«

Es gibt wohl keinen vergleichbaren Fall, der die Brutalität östlicher Nachrichtendienste bei der Manipulation und dem Mißbrauch menschlicher Sehnsüchte nach Ehe, Familie und Geborgenheit so extrem demonstriert wie der Fall der Sekretärin Elke F. Aber in der Geschichte der HVA und des KGB gibt es genug Beispiele dafür, wie eine unerwünschte, zufällige oder auch geplante Schwangerschaft für Erpressungsversuche benutzt wurde. Am rabiatesten ist offenbar der sowjetische Geheimdienst mit seinen eigenen Agenten-Paaren umgegangen, wenn sich Nachwuchs ankündigte, der angeblich nicht in die Planung der Führungsstelle paßte.

Nur selten sind die Methoden publik geworden wie im Fall des Überläufers Jewgenij Runge, russischer Staatsbürger deutscher Abstammung und Oberstleutnant des KGB. Als illegaler Resident hatte er unter dem Decknamen Willi Gast seit Mitte der 50er Jahre mehrere hochkarätige deutsche KGB-Spione gesteuert und sich 1967 mit seiner Familie in Westberlin dem amerikanischen Geheimdienst überstellt. Einer der Gründe, den er für einen Wechsel zwischen den Fronten nannte: »Mich erbitterte, daß sie in Ostberlin meine Frau gezwungen hatten, ein zweites Kind abzutreiben, weil sie es als eine Belastung für meine künftige Aufgaben ansahen.«

Für diese künftige Arbeit sollte Runge auch noch seinen sieben Jahre alten Sohn in einem Internat des KGB abliefern, um zunächst allein als illegaler Agent von der Bundesrepublik aus in die USA überzusiedeln und dort später »zufällig« seine Frau kennenzulernen. Die Begründung: Es sei einfacher, für zwei Singles eine gute Legende mit falschen Papieren und falschen Lebensgeschichten zu beschaffen als für ein verheiratetes Paar. Warum der Sohn, der in Köln geboren und in Frankfurt aufgewachsen war, in einem Sowjet-Internat untergebracht werden sollte, war Runge klar: Der Junge galt als bester Garant dafür, daß sich seine Eltern nicht in Washington D.C. ins feindliche Lager absetzten.

Nach dem gleichen Prinzip der Sippenhaft hat auch die HVA gelegentlich die Familie eines Agenten in der DDR als Faustpfand benutzt, um sicher zu sein, daß der Romeo nach seinem Einsatz im Operationsgebiet nach Hause zurückkehrte. Auf Kai Petersen alias Roland G. haben, als er Margarete L. umgarnte und verstrickte, in Annaberg Frau und Kinder gewartet; Frank Dietzel, in Wahrheit Dr. Rudolf R., lebte, als er Gabriele K. von sich abhängig machte, mit seiner Familie in Rostock. Herbert Sch. wurde nach seiner zweiten Eheschließung 1980 regelmäßig in Ferienzentren abkommandiert, um Bonner Sekretärinnen zu umspielen und aufzubereiten für einen Kollegen, der sich im fernen Bonn der Damen annehmen sollte. Gerhard B., als Romeo unter dem Decknamen Werner Wendt 1964 in die Bundesrepublik eingeschleust, hatte Frau und Kinder in der DDR, was ihn nicht davon abhalten konnte, in der Bundesrepublik unter seinem falschen Namen noch einmal zu heiraten und als der einzige – bekanntgewordene – Bigamist in die Geschichte der deutsch-deutschen Spionage einzugehen. Da von einigen Romeos die wahre Identität bis heute nicht geklärt werden konnte, ist nicht bekannt, wie viele von ihnen Familie hatten, deren Existenz ihren Rückzug in die DDR garantieren sollte.

Der Fall Runge/Gast demonstriert ferner, daß ein Geheimdienst die Regie in einer professionellen und befohlenen Agenten-Beziehung verlieren kann. Die KGB-Zentrale hatte 1956 beschlossen, daß Runge zu heiraten habe – und zwar die deutsche KGB-Agentin Walentina Rusch, die zuvor als Geliebte eines KGB-Oberst in die konspirative Ostberliner Sowjet-Gesellschaft geraten war. Vielleicht war der Oberst der Geliebten überdrüssig geworden, vielleicht sollte sie nicht länger ausgehalten werden. KGB-General Korotkow soll Runge – so dessen Aussage vor der CIA – die Vorzüge der ihm bis dato unbekannten Braut geschildert haben: »Sie kann dir in Köln den ganzen Funkverkehr abnehmen, sie wird dich zu den Treffs begleiten und dir als Kurier dienen. Außerdem habt ihr als Ehepaar die perfekte bürgerliche Tarnung.«

Die befohlene Ehe des Willi Gast mit Walentina Rusch – am 19. Oktober 1956 im Kölner Rathaus vollzogen – hatte anfangs etwas Rührendes, wenn man so will einen Hauch von »Ninotschka«. Runge beschrieb sie seinen amerikanischen Vernehmern: »Ich hielt ihr abends im Bett regelmäßig Schulungsvorträge, wie sie sich als strenge Marxistin im feindlichen Ausland zu benehmen habe.« Denn Runge glaubte, eine Pflicht zur Indoktrination zu haben: »Sie war mir unterstellt, hatte keinen Offiziersrang wie ich ... Ich hätte es als verantwortungslosen Mißbrauch meiner Dienststellung angesehen, meiner Frau in dieser Situation zu nahe zu treten.«

Doch dann geschah, was nicht vorgesehen war: Das zwangsverheiratete Paar verliebte sich nach drei Monaten Ehe auf Distanz und wollte sich nie mehr trennen – auch nicht auf Befehl des KGB.

In der miefigen und spießigen Atmosphäre Deutschlands der 50er und 60er Jahre bot eine unerwünschte Schwangerschaft auf beiden Seiten der Grenze Anlaß zur Rekrutierung von Agentinnen. Rosalie Kunzes Karriere als Spionin für die DDR begann 1955, nachdem das MfS der jungen Frau zunächst eine Abtreibung ermöglicht und sie später damit erpreßt hatte. »In unserer Republik steht auf Abtreibung die schärfste Strafe«, belehrte sie der HVA-Offizier, der sie dann als »Republikflüchtling« in die Bundeshauptstadt beorderte.

Bonner Sekretärinnen, die von ihrem Romeo geschwängert worden waren, ermöglichte die HVA noch in den 70er Jahren eine diskrete Abtreibung in Ostberlin oder auch in London. Die Fremdsprachensekretärin Ingrid G., die seit 1967 Schritt für Schritt von einem Mann namens Hans-Joachim Heisinger unter dem Deckmantel eines schweizerisch-kanadischen Marktforschungsinstituts ins Spionagegeschäft verwickelt worden war, wurde 1970 zur Abtreibung erpreßt: Die HVA hatte schon viel – unter anderem einen Sprachkurs in London – in die Agentin in spe investiert, ein Kind paßte deshalb nicht ins Konzept. Der Romeo wurde angewiesen, dafür zu sorgen, daß Ingrid G. die Schwangerschaft abbrach.

Herbert Sch. beschrieb vor Gericht in dürren Worten, wie schnell die HVA eine Abtreibung organisierte, wenn die Agentin es wünschte: »Sie wollte sich das Kind wegmachen lassen. Ich sagte das der Führungsstelle und erhielt die Auskunft, daß das Kind in Ostberlin abgetrieben werden könnte, wenn Gerda O. dies wünsche. Sie müsse dazu ihr Einverständnis erklären. Das wollte sie dann, und es wurde auch so gemacht.«

Nach Liberalisierung der Gesetze in der Bundesrepublik und der DDR war das Erpressungsmittel Schwangerschaftsabbruch so obsolet wie das Uraltmittel der Spionage aus Vor- und Nachkriegszeiten: angeblich kompromittierende Nacktfotos von Frauen. Inzwischen pensionierte Bonner Korrespondenten und Ministerialbeamte kennen eine Reihe von zu Anekdoten und Anekdötchen geronnenen Geschichten über Aktfotos, belegt ist aber nur wenig.

Unbestritten und dokumentiert bleiben freilich die Versuche eines Mannes namens Helmut Epp, der Anfang der 60er Jahre Sekretärinnen aus der CDU-Bundesgeschäftsstelle unbekleidet vor die Linse bekam. Eines der Fotos hat sogar der »Stern« 1970 veröffentlicht. Es zeigt eine mollige Dame bäuchlings in der Badewanne, nur der blanke Po ist keck der Kamera entgegengerichtet.

# XI. Johanna Olbrich in der Maske der Sonja Lüneburg

## Überzeugungstäterin in besonderem Auftrag

Als die Zeugin mit dem weißen Kurzhaarschnitt in der Kunstwelt von Saal A 01 des Düsseldorfer Oberlandesgerichts auftaucht, wirkt sie zur falschen Zeit am falschen Platz. In einem literarischen Zirkel, bei einer Diskussion der anspruchsvollen Art kann man sie sich gut vorstellen. Aber was hat eine Lady wie sie hier verloren, im fensterlosen, abhörsicheren Raum, der 20 Jahre zuvor für den Kanzleramtsspion Günter Guillaume gebaut worden war? Im Juni 1993 ist sie im ersten Verfahren gegen Markus Wolf zwar nur als Zeugin geladen, aber acht Monate später soll ihr am gleichen Ort der Prozeß gemacht werden. Daß sie jahrelang mit einem Haftbefehl des Ermittlungsrichters des Bundesgerichtshofs gesucht worden ist, auf dem sogar ihr Bild prangte – eine Rarität –, überfordert fast die Phantasie des Zuschauers. Aber die Ermittler wußten, als sie das feuerrote Formular ausfüllten, daß sich hinter Sonja Lüneburg eine Legende verbarg. Die Staatssicherheit hatte die Identität einer anderen Frau gestohlen. Der richtige Name der falschen Sonja L., Johanna Charlotte Anna Helene Olbrich, wurde erst 1991 bekannt.

Im August 1985 hatte das Verschwinden der Sonja Lüneburg die Bundeshauptstadt in Atem gehalten. Der stille Abschied gab vielen Rätsel auf. Ihr Chef, Bundeswirtschaftsminister Martin Bangemann, brach seinen Urlaub ab, das Bundeskriminalamt fahndete nach zwei Bundeswehroffizieren, die irgendwann mal eine private Beziehung zu ihr gehabt haben sollen. Gerüchte, Spekulationen, die üblichen halbamtlichen Verlautbarungen in jenem Verwaltungsdeutsch, das in Bonn extrem wuchert, füllten das berühmte Sommerloch. Die politischen Korrespondenten nahmen sich akribisch des Falles an, zumal sie Sonja Lüneburg als Gesprächspartnerin jenseits des Bonner Small talk kennen- und schätzten gelernt hatten. Als ihr Wagen in der Tiefgarage des Kölner Hauptbahnhofs und Fotostative in ihrer Bonner Wohnung gefunden wurden, wollten die meisten immer noch lieber an eine Entführung als an eine der üblichen Spionagegeschichten glauben. »Mein Gott. Das mag bei anderen möglich sein, aber doch nicht bei Sonja Lüneburg!« so klagte ein FDP-Präsidiumsmitglied, das seinerzeit als Europa-Abgeordneter ihr Organisationstalent zu nutzen wußte. »Sie und die Staatssicherheit – das paßt einfach nicht zusammen!« Und der Gedanke, daß sie – wie Wichtigtuer mit angeblich guten Drähten zu Geheimdiensten schon bald wissen wollten – »verbittert und einsam« in Moskau lebte, trieb dem Liberalen fast Tränen in die Augen.

Tatsächlich führte Frau Olbrich in der DDR ein recht komfortables Leben als Rentnerin. Sie hielt gelegentlich vor auserwähltem Publikum Vorträge über ihre Agententätigkeit, unternahm Reisen nach Osteuropa, Kuba und China. Doch so etwas mochte sich im Bonner Regierungsviertel keiner vorstellen, denn es widersprach den Regeln der political correctness.

Als neun Jahre nach ihrer spektakulären Flucht Martin Bangemann, inzwischen Mitglied der Europäischen Kommission, seiner langjährigen Sekretärin im Gerichtssaal begegnete und enttäuscht zu ihr hinüber auf die Anklagebank schaute, als wollte er sich ihrer Identität vergewissern, bekannte er: »Kein Mensch hat je angenommen, daß sie eine Spionin sein könnte.«

Warum hat eine Frau vom Format einer Johanna Olbrich für die HVA gearbeitet? Aus der Schar der Spione, die sich seit dem Untergang der DDR vor Gericht verantworten mußten, sticht sie heraus. In dem Reigen der Sekretärinnen, die für einen östlichen Geheimdienst Material aus ihren Büros schleppten und daheim fotografierten, bildet sie eine Ausnahme. Weder aus Einsamkeit, Liebe oder Geldgier, sondern aus politischer Überzeugung hat sie sich für ein Leben im Zeichen des Verrats entschieden.

Ende Februar 1994 wird der ehemaligen Lehrerin erstmals vor dem 4. Strafsenat des Oberlandesgerichts Düsseldorf der Prozeß wegen geheimdienstlicher Agententätigkeit gemacht. Die Angeklagte, inzwischen 67 Jahre alt, bezieht eine kümmerliche Rente von 802 Mark. Kühl, selbstbewußt und ohne eine Spur von Selbstmitleid gibt sie über ihr Doppelleben Auskunft. »Es klingt etwas abgegriffen, wenn man über Gefühle redet«, bekennt sie, beschwört dennoch in bewegenden Bildern die Erinnerungen an Krieg, Konzentrationslager, Flucht und Faschismus herauf. Sie beschreibt, wie sie als junge Frau gegen Ende des Krieges einen Marsch von KZ-Häftlingen beobachtet habe. Dieses Bild der entkräfteten, ausgemergelten Gestalten, trotz bitterer Kälte barfuß in Holzpantinen, habe ihr zu Bewußtsein gebracht, welches Verbrechen dieser Krieg gewesen sei.

Ihre Bereitschaft, eine beachtliche Karriere zugunsten eines risikoreichen Doppellebens aufzugeben, erklärt sich aus ihrer Biographie, in ihr sei damals der Wunsch gewachsen, »alles zu tun«, um Kriege zu vermeiden. Der Einsatz als Spionin schien dafür ein probates Mittel. Gleichzeitig gibt sie freimütig zu, daß sie auch herausfinden wollte, wieviel Kraft und welche Potentiale in ihr steckten. Fast augenzwinkernd bekennt sie sich auch zu einem »bißchen Abenteuerlust«.

Die Lebensgeschichte der Agentin Olbrich bietet genug Stoff für einen zeitgeschichtlichen Roman, der die Absurditäten der deutsch-deutschen Spionage auf beiden Seiten vor Augen führt. In Niederschlesien als Tochter eines Reichsbahnobersekretärs geboren, besucht Johanna Olbrich nach der Volksschule eine Lehrerbildungsanstalt, bis sie Anfang 1945 mit der inzwischen verwitweten Mutter und der drei Jahre älteren Schwester gen Westen fliehen muß. Sie ist gerade 19 Jahre, als sie in einem Dorf in der Nähe der sächsischen Kleinstadt Löbau als sogenannte Neulehrerin an der Volksschule zu arbeiten beginnt und nach dem Ersten Lehrerexamen dort mit 22 Jahren zur Schulleiterin avanciert.

Die Karriere kann sich sehen lassen: Zweites Examen,

Wechsel an verschiedene Schulen, daneben ein Fernstudium zur Ausbildung als Lehrerin für Deutsche Sprache und Literatur, im Jahre 1960 Berufung in das Ministerium für Volksbildung nach Ostberlin. Dort ist sie zunächst als Hauptreferentin für Deutsche Sprache und Literatur, später auch für das Referat für Fremdsprachen zuständig. Sie arbeitet eng mit der Akademie der Wissenschaften zusammen. Sie bezieht, gemessen an den damaligen DDR-Einkommen, ein überdurchschnittliches Gehalt. Parallel zur beruflichen Entwicklung verläuft ihr parteipolitisches Engagement. Mit gerade 20 Jahren war die überzeugte Marxistin der SED beigetreten, sie steigt bald zur Parteisekretärin und schließlich im Ministerium für Volksbildung zur Vorsitzenden der Betriebsgewerkschaftsleitung auf.

Im Jahre 1964, in der heißesten Phase des Kalten Krieges, gerät Johanna Olbrich in das Blickfeld der HVA. Ein Kollege fragt sie, ob sie ihre Wohnung als konspirativen Treff zur Verfügung stellen könnte. Er selbst habe das jahrelang getan, seine bevorstehende Heirat mache es aber unmöglich. Nach einer Bedenkzeit willigt sie ein. Ein Jahr später, als sie zu einem einjährigen Lehrgang in die SED-Bezirksparteischule abgeordnet ist, vermittelt der Bekannte ein Gespräch mit einem Mitarbeiter des MfS, der in dem für die Ausforschung der CDU zuständigen Referat der Abteilung II der HVA arbeitet. Mehrere Diskussionen folgen, in denen die Bereitschaft der Johanna Olbrich zu einem Einsatz für die HVA außerhalb der DDR debattiert wird. Verwendungsart und Einsatzort bleiben noch offen, allerdings soll ein Zeitrahmen von fünf Jahren feststehen.

Abermals bittet Johanna Olbrich um Bedenkzeit, stimmt dann zu, weil sie im Angebot der HVA eine Chance sieht, ihren Worten als Lehrerin Taten folgen zu lassen, und um ihren eigenen Maßstäben von Glaubwürdigkeit im Eintreten für den Frieden zu genügen. Vom Parteilehrgang kehrt sie nicht mehr an ihren Arbeitsplatz im Ministerium zurück, ihrer Familie muß sie vorgaukeln, sie sei nun im Auswärtigen Dienst tätig und schon auf ihrem ersten Posten in Nordkorea.

Um keine Zweifel aufkommen zu lassen, läßt die HVA zunächst ihre Briefe in Nordkorea abstempeln, während sie in Ostberlin nachrichtendienstlich geschult und später auf Erkundungstrips zur praktischen Umsetzung des Unterrichtsfachs »operative Regimekenntnisse« nach Wien, London und Stockholm geschickt wird. Später, als das Verfahren der Postumleitung über Nordkorea sich als zu zeitaufwendig und zu teuer erweist, fälscht die HVA kurzerhand die koreanischen Poststempel.

Johanna Olbrich, fortan unter dem Decknamen »Anna« in den Akten der HVA geführt, erhält einige Aufträge zur Probe, um auf feindlichem Terrain die »Regimekenntnisse« zu testen. Sie lernt Schreibmaschine und Stenographie, weil ein Job als Sekretärin als nachrichtendienstlich besonders ergiebig gilt. In London und Stockholm macht sie sich mit den Eigenheiten der Metropolen vertraut und erkundet die Lebensverhältnisse von Frauen, die die HVA als mögliche Spenderin einer Legende für die Perspektivagentin Anna im Visier hat.

Fehler oder Schlampereien bei solchen Vorarbeiten können den späteren Erfolg einer aufwendigen, mehrere 100 000 Mark teuren Operation der Einschleusung eines Perspektivagenten gefährden, wie zahlreiche Fälle belegen. Die Sekretärin Dagmar K.-S. ist 1977 als Agentin nur deshalb aufgeflogen, weil das sie betreuende Residenten-Ehepaar im Alter von 31 und 32 Jahren mit der Legende eines Seniorenpaares leben mußte.

Im Herbst 1966 findet die HVA eine Person, in deren Identität Johanna Olbrich schlüpfen soll. Sonja Lydia Lüneburg, geborene G., zwei Jahre älter als die spätere Trägerin ihres Namens, war gerade in die DDR übergesiedelt. Die HVA läßt die ganze Routine abspulen. Sonja Lüneburg in spe sucht als angebliche Freundin Nachbarn der echten Frau Lüneburg auf und horcht sie aus über Lebensgewohnheiten und Charakteristika. Die geschiedene und psychisch kranke Frau Lüneburg hatte bis 1964 in Berlin-Wedding einen Friseursalon geführt. Sie gab ihn auf, als sie unter Verfolgungswahn zu leiden begann. Bis zu ihrem Umzug nach Ostberlin hielt sich die Friseuse mit Aushilfsjobs über Wasser und machte Schulden. Johanna Olbrich begleicht sie auf ihrer unsentimentalen Erkundungstour auf den Lebensspuren der Sonja Lüneburg. Das Abtragen des Schuldenbergs ist dabei kein Akt der Nächstenliebe: Die HVA stellt so sicher, daß der Name Lüneburg aus dem Schuldnerverzeichnis des Amtsgerichts gestrichen wird.

Mit verschiedenen Personaldokumenten der echten Sonja Lüneburg und dem falschen Foto der Johanna Olbrich in deren Berliner Personalausweis, dem Scheidungsurteil und der Geburtsurkunde fährt die 40 Jahre alte Agentin im September 1966 mit dem Zug nach Colmar. Sie mietet sich als Sonja Lüneburg für eine Woche in einem Hotel ein und teilt der Meldestelle in Berlin mit, in die französische Stadt verzogen zu sein.

Anfang 1967 kehrt sie nach Colmar zurück, läßt sich im Hotel die Abmeldebestätigung aus Berlin aushändigen und reist als Sonja Lydia Lüneburg in die Bundesrepublik ein. In Offenbach meldet sie sich an, legt den mit ihrem Lichtbild gefälschten behelfsmäßigen Westberliner Personalausweis vor und erhält einen echten Bundespersonalausweis. Als sie sich Monate später in Hamburg einen Reisepaß ausstellen läßt, ist ihre Legalisierung als Bundesbürgerin vollendet.

Die falsche Lüneburg beginnt im Westen ganz bescheiden. Auf Weisung aus Ostberlin bewirbt sie sich auf eine Zeitungsannonce der Deutschen-Automobil-Schutz und Allgemeinen Rechtsschutz-Versicherungs AG (DAS) in Frankfurt als Registratur- und Schreibkraft. Als sie dem Arbeitgeber wegen ihrer überragenden Intelligenz schnell als überqualifiziert auffällt, beseitigt die Fälscherwerkstatt der HVA das von ihr nach Ostberlin gemeldete Risiko: Sonja Lüneburg erhält ein total gefälschtes, angeblich am 17. März 1943 für Sonja G. ausgestelltes Reifezeugnis der Lietzensee-Schule, einer Oberschule für Mädchen in Berlin-Charlottenburg. Sie wird angewiesen, das Dokument wegen der Fälschung mit gebotener Vorsicht zu verwenden. Fast 30 Jahre später wird sie vor Gericht eingestehen, warum das Zeugnis wichtig war: »Es ist sehr schwierig, sich auf lange Zeit dümmer zu stellen, als man ist.«

In seinen Erinnerungen beschreibt Richter Klaus Wagner ein weiteres Problem der Johanna O. mit ihrer neuen Identität als Friseuse: »In einige Verlegenheit gerät sie, als die Vermieterin ihres Zimmers die vermeintliche Friseurmeisterin bittet, ihr bei Gelegenheit die Haare zu legen; wie sie sich herausgeredet hat, ist ungeklärt geblieben.«

Daß die Vergangenheit der Friseuse mit dem Abiturzeugnis niemals unter die Lupe genommen wird, weder vor ihrer Beschäftigung in der Bundesgeschäftsstelle der FDP noch vor ihrer Einstellung im Bundeswirtschaftsministerium, wird ihr Jahrzehnte später das Gericht als strafmildernd zugute halten. »Die Verratstätigkeit ist der Angeklagten verhältnismäßig leicht gemacht worden. Das Sammeln von Informationen oder von schriftlichem Verratsmaterial in den jeweiligen Arbeitsbereichen war kaum mit einem Risiko verbunden und erforderte keine besondere kriminelle Energie«, heißt es in dem schriftlichen Urteil (OLG Düsseldorf IV – 34/92). »Eine sorgfältige Überprüfung etwa durch Ermittlungen im Zusammenhang mit dem von ihr vorgelegten total gefälschten Abiturzeugnis würde zu ihrer Enttarnung geführt haben. Kontrollen fanden nicht statt.«

Auftragsgemäß läßt sich die Agentin schon nach wenigen Monaten in das Hamburger Büro der Versicherungsgesellschaft versetzen. Der Grund: Kontaktaufnahme zu einem Ehepaar, das der HVA Informationen aus der CDU zu liefern versprach. Nach drei Treffen endet der Versuch, die Quelle wird als ungeeignet abgeschaltet.

Als Mitte 1969 die Abgeordneten des Deutschen Bundestages erstmals personenbezogene Diäten für die Beschäftigung einer Schreibkraft erhalten, wittert die Abteilung II der HVA die Chance, die Agentin Lüneburg in Bonn zu plazieren. Sie kündigt ihren Job in Hamburg, annonciert in Bonner Tageszeitungen, erhält mehrere Angebote, die in Ostberlin von ihrer Führungsstelle gesichtet werden. Darunter sind die Offerten von zwei Bundestagsabgeordneten, von Margot Kalinke (CDU) und William Borm (FDP).

Die Abteilung II der HVA entscheidet sich für William Borm, Mitglied in den Ausschüssen für innerdeutsche und auswärtige Angelegenheiten und dem nur aus acht Abgeordneten bestehenden Gremium, das von der Bundesregierung vertraulich über die Vertragsverhandlungen mit der Sowjetunion, mit Polen und der DDR unterrichtet wird. Außerdem gehört Borm als Abgeordneter dem Europa-Parlament an. Margot Kalinke, in der CDU zuständig für sozialpolitische Fragen, erscheint weniger interessant.

Dem DDR-Nachrichtendienst ist mit der Anstellung von Sonja Lüneburg im Büro des Abgeordneten Borm ein Coup ohnegleichen gelungen. Denn auch Borm, wie Jahrzehnte später beim ersten Prozeß gegen Markus Wolf offenbar werden sollte, war bereits 1957 während seiner Inhaftierung in der DDR von der HVA angeworben worden. Außerdem ist Borms wissenschaftlicher Assistent, Jürgen-Bernd R., auf Weisung der Abteilung II der HVA vom Parlamentarier angeheuert, ebenfalls ein IM. Da keiner der drei Spione weiß, daß er noch zwei Mitstreiter an seiner Seite hat, kann die Abteilung II jeden ihrer Agenten einer doppelten Kontrolle unterwerfen.

Das Trio in einem Büro zeigt freilich auch, wie engmaschig die HVA ihr Netz zu spinnen vermochte. Alle drei berichten über die Vorbereitungen von innerdeutschen Verträgen, über Zielvorstellungen und taktisches Vorgehen der Bundesrepublik bei einem Transitabkommen, über den Verkehrs- und den Grundlagenvertrag.

Sonja Lüneburg späht überdies die FDP-Spitze aus, liefert ungewöhnlich aktuelle Berichte und Fotokopien von Protokollen der FDP-Vorstandssitzungen und der FDP-Fachausschüsse für Außen-, Deutschland-, Europa- und Sicherheitspolitik. Samstag- oder Sonntagvormittags fährt sie mindestens einmal im Monat nach Köln, um auf einer Toilette des Interzonenzugs das Material der vergangenen Wochen zu verstecken. Die Menge des Materials, das sie von 1969 bis 1985 auf die Reise nach Ostberlin schickt, wird 1994 vom 4. Strafsenat des OLG Düsseldorf mit mindestens 15 000 Blatt beziffert. Ihr Kommentar zu der Offenheit der Liberalen der Sekretärin Lüneburg gegenüber klingt lapidar: »Ich gehöre nun mal zu den Leuten, denen man viel erzählt.«

1973, als William Borm aus dem Parlament ausscheidet, wechselt Sonja Lüneburg in die Bundesgeschäftsstelle der FDP. Bis zum Tod von Generalsekretär Karl-Hermann Flach, im August 1973, arbeitet sie als dessen zweite Sekretärin, danach für den Bundesgeschäftsführer Harald Hofmann. Martin Bangemann wird im Oktober 1974 zum Generalsekretär der FDP gewählt, und Sonja Lüneburg wird seine Chefsekretärin. Eine ungewöhnlich lange und intensive Arbeitsbeziehung beginnt. Das Referat 2 der Abteilung II der HVA braucht sich um die Führung der Top-Agentin kaum zu kümmern: Dank ihrer hohen Intelligenz und ihrem Verständnis für gesellschaftliche und politische Zusammenhänge wählt und liefert sie das Material selbst aus, nur in Ausnahmefällen erteilen die Bosse in Ostberlin konkrete Beschaffungsaufträge.

Die »ungewöhnlich tüchtige Sekretärin«, wie Jahre später Bangemann als Zeuge vor Gericht beteuern wird, begleitet ihn auf seinen weiteren beruflichen Stationen, kümmert sich auch um seine privaten Angelegenheiten, bekommt von ihm einen Wohnungsschlüssel, um nach dem Rechten sehen zu können. Sie pflegt guten Kontakt auch zur Ehefrau und den Kindern ihres Chefs, der sie zusammen mit seiner Familie und anderen Mitarbeitern auf eine Segeltour in die Ägäis mitnimmt. Nach dieser Reise duzt sich die Familie Bangemann mit Sonja Lüneburg. Sie bleibt Bangemanns Mitarbeiterin auch nach dessen Rücktritt vom Parteiamt, zunächst arbeitet sie in seinem Bonner Abgeordnetenbüro, nach seiner Wahl in das Europa-Parlament im Brüsseler Büro. 1984, beim Wechsel in das Amt des Bundeswirtschaftsministers, wird die Agentin seine erste Vorzimmer-Sekretärin, schließlich Sachbearbeiterin im Ministerbüro, zuständig für die Bürgerpost.

»Sehr offen, sehr kameradschaftlich, sehr hilfsbereit«, die Superlative, die Martin Bangemann selbst dann noch für seine Sekretärin gebrauchet, als er vom Verrat schon weiß und seine große Enttäuschung nicht verbergen kann, entspricht dem höchsten Grad der Zufriedenheit ihrer Ostberliner Auftraggeber. Markus Wolf nimmt sich Zeit, um mit ihr zu plaudern, über seinen Vater, den Schriftsteller und Arzt Friedrich Wolf, über seine schwäbische Heimat und über Kochrezepte: Spätzle nach Schwabenart und russische Pelmeni.

Das Doppelspiel-Meisterstück endet, als Ende Juli 1985 Johanna Olbrich nach einem längeren Aufenthalt in der DDR auf Anordnung ihrer Führungsstelle über Athen und Rom in das Operationsgebiet BRD zurückfliegen soll, um mögliche Spuren zu verwischen. Im Bundeswirtschaftsministerium hatte sie nämlich die Reise als Griechenland-Urlaub deklariert. In Rom vergißt sie in einem Taxi ihre Handtasche, in der sich neben einem größeren Geldbetrag auch jener Falschausweis mit echtem Bild befindet, mit dem sie von Athen nach Rom geflogen war. Als Sonja Lüneburg fährt sie nach Bonn zurück, meldet den Verlust der Tasche samt Ausweis an die HVA.

Obwohl sie davon überzeugt ist, daß keine Gefahr droht, weil der Finder höchstwahrscheinlich des Geldes wegen den Ausweis wegwerfen wird, ordnet die HVA ihren Rückzug an, ohne Johanna Olbrich über diese Absicht zu informieren. Sie empfängt lediglich den Aufruf eines Instrukteurs, sich mit ihm am 3. August in Lübeck zu treffen. Sie fährt nach Köln, parkt ihr Auto in der Garage des Kölner Hauptbahnhofs und fährt mit dem Zug nach Lübeck. Sie trifft den Instrukteur und einen unbekannten Mann, mit beiden fährt sie im Bus zu einem Waldstück in der Nähe des Grenzgebiets, zu Fuß erreichen sie den Fluß Wakenitz und setzen mit einem Boot in die DDR über. Alles, was Johanna Olbrich in 16 Jahren erreicht und erarbeitet hat, bleibt zurück. Die Zeit der zwei Identitäten ist vorbei: Markus Wolf verleiht ihr, der ohnehin mit diversen Auszeichnungen und finanziellen Zuwendungen bedachten Agentin, den »Vaterländischen Verdienstorden« in Gold und belohnt sie mit einer Prämie von 10 000 Ost-Mark.

\*

Die Top-Agentin Olbrich hat viel über ihr Doppelleben nachgedacht, über den Zwiespalt ihrer Gefühle, über die eigenen Vorurteile, bevor sie sich auf das einsame Leben einer Spionin einließ. »Wenn man eine solche Arbeit beginnt, ahnt man nicht, daß man auch Menschen trifft, die man hochachtet.« Sie sagt aber auch, daß sie verstehen kann, wenn andere, »die mir lieb waren und es noch sind, nicht begreifen, was ich gemacht habe«.

Sie spricht von der immerwährenden Furcht, enttarnt zu werden, von der großen Belastung und von den Verdrängungsmechanismen, mit Zweifeln fertig zu werden. »Es ist tatsächlich möglich, in zwei Identitäten zu leben«, behauptet sie. Aber sie gibt dennoch zu, »natürlich« ein schlechtes Gewissen gehabt zu haben, wenn sie Menschen nachrichtendienstlich abschöpfte, für die sie sich in ihrem Job abrackerte und mit denen sie freundschaftlich verbunden war. »Deshalb habe ich ihnen vielleicht mehr gegeben – um das andere auszugleichen und gutzumachen.« Sie bekennt, auch über »Angriffs- und Schwachpunkte« von FDP-Abgeordneten berichtet zu haben und über den Klatsch und Tratsch in der kleinen FDP-Bundesgeschäftsstelle, als diese noch in der abgelegenen Baunscheidtstraße residierte.

Johanna Olbrich hat niemals öffentlich beklagt, was sie für ihren Job im Dienst der HVA geopfert hat: ihre Karriere in der DDR, die Kontakte zu Mutter und Schwester, die sie nur noch einmal im Jahr sehen konnte, die Gründung einer eigenen Familie – die besten Jahre ihres Lebens.

Es bleibt dem Vorsitzenden Richter Klaus Wagner vorbehalten, in seiner Urteilsbegründung diese Umstände zu erwähnen. Das verständnisvolle Urteil, das das von der Bundesanwaltschaft geforderte Strafmaß deutlich unterschreitet, wird vom Bundesgerichtshof bestätigt. Aber das Bundesverfassungsgericht hebt aufgrund einer Verfassungsbeschwerde von Johanna Olbrich das Urteil des Senats im Rechtsfolgenausspruch (zweieinhalb Jahre Haft) auf und verweist es zur Neuentscheidung über das Strafmaß an das OLG Düsseldorf zurück. Der 7. Strafsenat verurteilt Johanna Olbrich am 16. Januar 1996 – zwei Jahre nach der ersten Entscheidung und mehr als zehn Jahre nach ihrer Flucht – zu einer Freiheitsstrafe von einem Jahr und neun Monaten. Die Vollstreckung wird zur Bewährung ausgesetzt.

## XII. Die Täter hinter den Tätern

### Die Regisseure der Spionage und ihre Helfer

»Wer in den scheinbar heiligen Gefilden der HVA den Geist der Aufklärung sucht oder auf den Kick des Außergewöhnlichen aus ist, sieht sich getäuscht. Die Nüchternheit des Bürobetriebes drückt dem Gebäude den Stempel auf. Hier werden Menschenschicksale und Materialien verwaltet, registriert und abgeheftet. Es ist eine Welt der Pläne, Berichte, Analysen und Abrechnungen.«

Mit dieser Beschreibung seines früheren Arbeitsplatzes stellt Günter Bohnsack, ehemals Oberstleutnant der HVA, all jene als Aufschneider dar, die dem Aufklärungsdienst der DDR im Apparat des MfS einen Sonderstatus zubilligen. Dazu gehört nicht nur Markus Wolf, der nach der Wende in Interviews kühn behauptet hat, die HVA sei an der gesellschaftlichen Wende der DDR wesentlich beteiligt gewesen. Auch einige Verfassungsschützer, unter ihnen deren Ex-Präsident Heribert Hellenbroich, und Journalisten wirken mit an der Legende der HVA.

Sie war nicht einmal die einzige Hauptabteilung des MfS, die sich mit Spionage befaßte, wenngleich die wichtigste. (Mitarbeiterstand am 31. Oktober 1989 der HVA einschließlich der hauptamtlichen Mitarbeiter der Spionageabteilungen der 15 Bezirksverwaltungen: 4 128.) Eine im Mai 1985 von der Abteilung XII herausgegebene Übersicht dokumentiert 477 IM-Verbindungen verschiedener Hauptabteilungen der Zentrale (ohne HVA und ohne Hauptabteilung II des MfS, zuständig für Spionage-Abwehr und Bearbeitung westlicher Geheimdienste) in den Bundesländern und in Westberlin.

Daß die HVA sich nicht vom MfS abstrahieren läßt, betont Günter Bohnsack in seinen Erinnerungen: »Sie war, um mit

Engels zu sprechen, Bein von ihrem Beine und darum weder besser noch anders als die ganze Institution. Anderslautende Gerüchte besitzen den Charakter einer Legende.«

Bohnsack ist der erste Insider, der die Bewertung des Kölner Autors Karl Wilhelm Fricke bestätigt: »Letztlich durchdringen sich Abwehr und Aufklärung in den Aktivitäten des MfS, defensive und offensive Arbeiten bedingen und ergänzen sich, denn die Staatssicherheit hat beides zu sein – Schild und Schwert der Partei – ein konstitutives Herrschaftsinstrument, mit dem sie ihre Politik durchsetzen will, im Innern wie nach außen.«

In einer Reihe von Schriften sind die Strukturen des MfS und der HVA analysiert worden. Aus den zahlreichen Dokumenten und Zeugenaussagen ehemaliger Insider geht eindeutig hervor, daß sich der DDR-Geheimdienst in Organisation und Zielsetzung von westlichen Nachrichtendiensten grundlegend unterschied. Die wichtigsten Merkmale sollen hier kurz erwähnt werden. Das MfS war nach seinem Statut vom 30. Juli 1969 formell ein »Organ des Ministerrats« der DDR, ein »Sicherheits- und Rechtspflegeorgan« zur Sicherung der DDR, und somit keiner staatlichen und schon gar keiner parlamentarischen Kontrolle unterworfen. Der Minister des MfS, Erich Mielke, war ausschließlich dem Generalsekretär der SED verpflichtet, Grundlagen für die Arbeit des MfS boten das Programm der SED, die Beschlüsse des Zentralkomitees und des Politbüros. Mielke, ab 1976 vollstimmberechtigtes Mitglied im Politbüro, war unmittelbar an den Weisungen der Partei für sein Ministerium beteiligt. Er kontrollierte sich selbst, von der ungebremsten Machtfülle profitierte auch sein Stellvertreter und HVA-Chef Markus Wolf.

Erich Mielke lobte am 7. Februar 1985 im »Neuen Deutschland« die Männer der HVA als »wahre Kundschafter des Friedens«. Die Agenten, die »zum Heiraten geschickt« (Günter Bohnsack) oder zum »Vögeln fürs Vaterland« (Redewendung in der HVA-Schule Belzig) ins Operationsgebiet abkommandiert wurden, gehörten trotz der schönen Bezeichnung »Kundschafter« oder »IM« zum ganzen Apparat und nicht zu einer Abteilung der Extraklasse, die noch vorgibt, durch ihre Aufklärung den Kalten Krieg milder gemacht zu haben. Auch ein IM leistet als Romeo nach dem Statut des MfS »Wehrersatzdienst«, führt militärische Dienstgrade entsprechend einer »Dienstlaufbahnverordnung«, hat einen »Fahneneid« geleistet, war also verpflichtet »zu unverbrüchlicher Treue zur Partei der Arbeiterklasse und zur Arbeiter- und Bauernmacht«, »zur unerschütterlichen Siegeszuversicht des Marxismus-Leninismus« und »zur Freundschaft mit der Sowjetunion und anderen sozialistischen Staaten«.

Der Fahneneid drohte Verrätern »die harte Strafe der Gesetze ... und die Verachtung des werktätigen Volkes« an. Diese Androhung stand nicht nur auf dem Papier, wie einige Fälle belegen. Wie auf Verratsfälle zu reagieren sei, hat Erich Mielke in einer Dienstbesprechung am 19. Februar 1982 dargelegt. Die Rede, auf einem Tonband archiviert und im ersten Prozeß gegen Markus Wolf vorgespielt, offenbart viel vom Geist und Klima in einem mit 90 000 Mitarbeitern bestückten Mammut-Apparat: »Wir sind nicht gefeit, daß auch mal ein Schuft unter uns sein kann. Wir sind nicht gefeit dagegen, leider. Wenn ich das schon jetzt wüßte, dann würd' er ab morgen schon nicht mehr leben! ... Ganz kurzer Prozeß. Weil ich Humanist bin, deshalb habe ich so 'ne Auffassung. Lieber Millionen Menschen vom Tode retten, als wie einen Banditen leben lassen, der uns dann also die Toten bringt ... Dieses Geschwafel von wegen undsoweiter nicht hinrichten und Todesurteil, alles Käse, Genossen. Die Schw...! Hinrichten die Menschen ohne Gesetze, ohne Gerichtsbarkeit undsoweiter. Wenn ich gesehen hab', wie die Friedenskämpfer da, wie man die behandelt hat, Genossen. Und wenn wir ein klein bißchen mal einen Strolch anfassen, da machen sie ein Geschrei, als wenn irgend etwas wäre, nicht wahr!«

In der »Richtlinie 2/68 für die Arbeit mit Inoffiziellen Mitarbeitern im Operationsgebiet«, vom MfS als »geheime Verschlußsache« klassifiziert, lautet die Begründung für den allumfassenden Spionageauftrag: »Das Ministerium für Staatssicherheit führt den Kampf gegen die imperialistischen Aggressions- und Diversionshandlungen in enger Zusammenarbeit mit den Werktätigen und mit Unterstützung aufrechter Patrioten ... Um die von der Partei und Staatsführung gestellten operativen Ziele zu erreichen, setzen die Organe des Ministeriums für Staatssicherheit ihre wichtigste Kraft, Inoffizielle Mitarbeiter, im Kampf gegen die Feinde auch außerhalb der Grenzen der Deutschen Demokratischen Republik ein.«

Wer als Patriot auserkoren war, weil er seines Alters, seiner Ausbildung und Umgangsformen wegen als der geeignete Mann für die Anbahnung einer »getippten« Sekretärin galt, ist nicht in die Rolle eines Romeos gezwungen worden; er mußte sich ja nach der politisch-ideologischen Auslese auch noch gefallen lassen, vom Psychologen der HVA auf seine Eignung getestet zu werden. Wie viele aber wagten, nein zu sagen, sich nicht verpflichtet zu fühlen, es als Ehre zu betrachten, in der Bundesrepublik eine Liebesbeziehung unter Aufsicht der HVA zu führen, wie viele nicht fürchteten, mit einer Absage ihre Karriere in der DDR als beendet anzusehen, ist nicht bekannt.

Im Gegensatz zum sowjetischen Geheimdienst, der sich überhaupt nicht scheute, verheiratete Führungsoffiziere (wie in den Fällen Margret H. und Elke F.) als Romeos einzusetzen, suchte die HVA bevorzugt nach ledigen und partnerlosen Kandidaten. Aber zwischen der Theorie (»Verzicht auf persönliche Ziele«, »Verzicht auf Kinder«), wie eine Untersuchung unter einem der üblichen Endlos-Titel: »Das Erkennen der objektiven und subjektiven Bedingungen von Fehlhandlungen übersiedelter Inoffizieller Mitarbeiter im Operationsgebiet als eine Grundlage für die Realisierung einer erfolgreichen Aufklärungsarbeit des Ministeriums für Staatssicherheit« aus dem Jahre 1978 zeigt, und der Praxis lagen Welten. Die Romeos Roland G., Dr. Rudolf R. und Gerhard B. waren verheiratet und hatten Kinder, als sie in die Bundesrepublik abkommandiert wurden; der Tausendsassa und Ex-Fremdenlegionär Herbert Sch. reiste nach seinen spektakulären Erfolgen (Gerda O. und Dagmar K.-S.) als abermals frisch verheirateter Mann bis Mitte der 80er Jahre zum Anbaggern im Sommer in die Ferienzentren ans Schwarze Meer und im Winter in die Berge. Von einigen Casanovas der HVA ist bis heute die Identität und deshalb auch ihr Personenstand ungeklärt; daß nicht wenige Probleme damit hatten, sexuelle Zuneigung demonstrieren zu müssen, zeigten die Pornohefte im Gepäck und die ausführlichen Debatten in der Führungsstelle über Potenzprobleme der Männer vor Ort – und das alles vor Erfindung von Viagra.

Jedes einzelne Problem mit der »Quelle« wurde im Kollektiv beraten. Nach der Richtlinie des MfS Nr. 2/79 hatten »auf allen Leitungsebenen« die Leiter persönlich an der Führung von IM-Vorgängen (»Mittelpunkt der Führungs- und Leitungstätigkeit«) teilzunehmen, die für die Realisierung der festgelegten Schwerpunktaufgaben von entscheidender Bedeutung waren. Dazu gehörten nach den vom Minister für Staatssicherheit jährlich zum 20. Oktober erlassenen »Zentralen Planvorgaben« auch Sekretärinnen als potentielle Werbekandidatinnen.

Für die Führung von Romeos gab es in der HVA keine eigene Abteilung, jede setzte nach Bedarf jeweils einen Offizier im besonderen Einsatz (OibE), einen Hauptamtlichen Inoffiziellen Mitarbeiter (HIM) oder einen Inoffiziellen Mitarbeiter (IM) als Liebesdiener ein. Welche Bedeutung der Romeo-Masche in fast jeder Sektion zukam, hat der Überläufer Werner Stiller nach seiner Flucht 1979 in seinem Buch »Im Zentrum der Macht« beschrieben. Der ehemalige Oberleutnant aus der Abteilung XIII (zuständig für Wissenschaft und Technik) nennt als Beleg zwei Fälle, in denen ein IM auf eine Sekretärin in Bonn angesetzt worden ist. Er kommt zu dem Schluß, »daß in der politischen Aufklärung die Anwerbung von Sekretärinnen über den Umweg von Liebesbeziehungen tatsächlich eine der wichtigsten Methoden in der Arbeit der HVA darstellte«.

Stiller bleibt bei seinen Schilderungen unpräzise. Wie systematisch die Methode erforscht, psychologisch begleitet und auch in Schulungsanweisungen und Richtlinien sanktioniert worden ist, das hatten zu diesem Zeitpunkt bereits das Bundesamt für Verfassungsschutz, die Ermittler des BKA und die Richter am OLG Düsseldorf in Dutzenden von Fällen an den Erfolgen der Anbahnungen ablesen können.

Es hält sich hartnäckig das Gerücht, daß der Bundesnachrichtendienst und das Bundesamt für Verfassungsschutz recht neidisch auf die Phantasie und das Durchhaltevermögen der HVA (und des sie kopierenden KGB) in Sachen Romeo geschaut haben. Doch nur namenlose Quellen aus dem BND oder der Ex-Präsident der Kölner Verfassungsschützer Hellenbroich müssen für solche Behauptungen herhalten. Verbürgt ist: Amerikanische und britische Geheimdienste verbieten ausdrücklich Liebesbeziehungen zwischen Führungsoffizieren (case officers) und Agentinnen, sie wechseln deshalb mindestens alle zwei Jahre das Team. Und sollte tatsächlich einmal ein professioneller 007 mit einer Agentin angebandelt haben, übernimmt ein Sicherheitsoffizier den Fall. Weitere Kontakte sind unter Androhung von Sanktionen untersagt. Sollte durch die private Liaison die wahre Identität des Agentenführers öffentlich werden (in Großbritannien immer noch durch einen Scheidungsprozeß), muß sich der Mann einen neuen Job suchen. Schließlich gehören die echten Namen von Nachrichtendienstlern zu den überlebenswichtigen Geheimnissen des Gewerbes.

Mit welchem Sendungsbewußtsein und welcher Akribie die HVA die Aktion Romeo verfolgte, wieviel Geld sie in das zeitaufwendige, teure Unternehmen investierte, lassen die wenigen Dokumente erkennen, die auf wundersame Weise der »Operation Reißwolf« im Winter 1989 entgangen sind. Um jede Reise eines hauptamtlichen Mitarbeiters der HVA zu einem Agententreff außerhalb der DDR wurde ein Papierkrieg geführt. Die schriftlichen detailliert vorzulegenden Pläne, in denen unter anderem auch die Treffpartner, die Spesen oder der Agentenlohn aufzuführen waren, mußten vom Leiter der HVA oder seines »anleitungsbefugten« Stellvertreters genehmigt werden; das galt ebenfalls für Reisen von Instrukteuren und Kurieren, die hohe Geldbeträge zu übergeben hatten.

Die Zahlung sogenannter Operativgelder richtete sich nach der Planungs- und Bewirtschaftungsordnung des Ministers vom 20.12.1976. Später wurden noch zwei Operativgeldanordnungen Nr. 7/81 und 3/83 nachgeliefert, zu denen auch ein Valuta-Dienstleistungsplan für die mutmaßlichen Ausgaben in West-Mark gehörte. »Sämtliche Dokumente des Planungs- und Berichtswesens der HVA sind nach der politischen Wende in der DDR planmäßig vernichtet worden, weil sie unter anderem wertvolle Hinweise auf die nachrichtendienstliche Führung bestimmter Quellen und auf das Verbindungspersonal hätten geben können«, schreibt Klaus Wagner in seinen Erinnerungen, dem es dennoch in diversen Prozessen gelungen war, bei Zeugenvernehmungen herauszufinden, wer in der Hierarchie der HVA welche Summen an Operativgeldern abzeichnen durfte – vom Referatsleiter (2 500 Mark) bis zum Vize der HVA (10 000 Mark).

Die unbändige Sammelwut, die Gier nach doppelter Sicherung mit Kopien, die vielfältigen Morgengaben mit Geheimnissen an den großen Bruder KGB, das vorsorgliche Beiseiteschaffen von Dokumenten zum Freikauf (oder Verkauf) von den Sünden der Vergangenheit haben dazu beigetragen, daß doch ein paar aufschlußreiche Zeugnisse wie die Untersuchung der Oberste Genschow und Wendel nicht verlorengingen.

»Die Hauptverwaltung A begann mit der systematischen Vernichtung ihrer Akten im November 1989. Insgesamt sollen während dieser ›Politik der Reißwölfe‹ etwa 100 Lkw beladen worden sein, die das Material aus der Zentrale der HVA in der Normannenstraße zu einer Papiermühle schafften. Mit dem 15. Januar 1990, als Bürger die MfS-Zentrale besetzt hatten, änderten sich auch für die HVA die Arbeitsbedingungen. Nunmehr trugen kleine, vom Bürgerkomitee eskortierte Gruppen von Mitarbeitern der HVA das noch verbliebene Material in wenigen Räumen zusammen und vernichteten es Tag und Nacht in den Reißwölfen ...«, heißt es im »Spiegel«, Heft 51, aus dem Jahre 1998 in einem Bericht über das Material, das nicht zerschnipselt, sondern – auf immer noch nicht ganz geklärtem Weg – in das Archiv der CIA gelangen konnte.

Bei der »Operation Rosenholz« war die Zentralkartei der HVA erbeutet oder gekauft worden, in der alle Klar- und Decknamen von DDR-Agenten (Führungsoffiziere und Quellen) auf Mikrofilmen gesammelt sind. Günter Bohnsack beschreibt, wie Abteilungsleiter, »einige listige Füchse«, sich beim Referenten des HVA-Leiters Sonderberechtigungsscheine besorgten, um unkontrolliert das Gelände der HVA mit Material verlassen zu können: »Das Herausbringen interessanter Unterlagen ist für Inhaber dieser Karten somit leichtes Spiel.«

Seit 1990 fordert die Bundesrepublik als Rechtsnachfolgerin des SED-Staates Anteil an der Beute der Amerikaner. Seit 1993 dürfen Mitarbeiter des Bundesamtes für Verfassungsschutz Abschriften aus der Kartei mit den Namen der aus Westdeutschland stammenden und hier operierenden Ost-Agenten machen, mehr aber nicht. Unter den 1 900 Namen waren auch die einiger Bonner Sekretärinnen, denen ab Mitte der 90er Jahre vor dem Oberlandesgericht Düsseldorf der Prozeß gemacht wurde.

Ende Dezember 1998 gelang es einem ehemaligen DDR-Telefontechniker, vier Magnetbänder der HVA mit der Bezeichnung »Sira« (System, Information, Recherche der Aufklärung) zu entschlüsseln. Sie enthalten 180 000 Datensätze über das Verratsmaterial, das die rund 4 500 HVA-Agenten von 1969 bis 1987 zusammengetragen haben: eine komplette Übersicht über das, was welcher Spion (mit Decknamen) wann verraten, wer wen wo bespitzelt hat. Eine erste Abgleichung der Bundesanwaltschaft in Karlsruhe (Stand: April 1999) von »Sira« mit den Daten von »Rosenholz« hat keinen neuen Romeo-Fall zutage gefördert, wohl aber Details zum Verratsumfang schon bekannter und abgeschlossener Fälle.

Die trotz der eifrigen Vernichtungsaktionen übriggebliebenen Dokumente, Richtlinien, Kommentare, Forschungsarbeiten, Referate und Vermerke sind nicht nur Zeugnisse einer bürokratischen Sammelwut ohnegleichen. Sie belegen ebenso, daß die Staatssicherheit in 40 Jahren eine eigene Sprache entwickelt hat: eine Sprache, die mühselig zu verstehen ist, weil sie alle Eindeutigkeiten meidet. Sie bedient sich der Begriffe der Gauner und des Militärs, sie strotzt vor Kürzeln, die Hans Halter in seiner kenntnisreichen Abrechnung mit den Geheimdiensten in Ost und West, »Der Krieg der Gaukler«, von AAW (Archivmaterial abgelehnter Aufnahmeauftrag) bis ZOV (Zentraler operativer Vorgang) nicht nur für unbelehrbare (N)ostalgiker entschlüsselt hat. Wortschöpfungen in Verbindung mit dem Adjektiv »operativ« dominieren. »Stasi-Rotwelsch« nennt Halter das Repertoire der Funktionäre: »Es ist der Ganovenjargon von Einbrechern aus einer 30er-Jahre-Klamotte.«

Die Sprache der Stasi hat freilich fast die Qualitäten des »Neusprech« erlangt, die George Orwell als Amtssprache in seiner Vision von »1984« so definiert: »Neusprech war zur Deckung der ideologischen Bedürfnisse ... erfunden worden. Sie hatte nicht nur den Zweck, ein Ausdrucksmittel für die Weltanschauung und geistige Haltung zu sein ..., sondern auch darüber hinaus, jede Art anderen Denkens auszuschalten ... Der Wortschatz der Neusprache war so konstruiert, daß jeder Mitteilung, die ein Parteimitglied berechtigterweise machen wollte, eine genaue und oft sehr differenzierte Form verliehen werden konnte. Das wurde teils durch die Erfindung neuer, hauptsächlich aber durch die Ausmerzung unerwünschter Worte erreicht. Der Wortschatz bestand aus Worten, die ... dazu bestimmt waren, den Benutzer in die gewünschte Geistesverfassung zu versetzen. Es war also in der Neusprech so gut wie unmöglich, verbotenen Ansichten ... Ausdruck zu verleihen.«

## Streicheleinheiten für die Seele – die psychologische Kriegsführung

Als Ursel Lorenzen, persönliche Assistentin des britischen Direktors für Operationen im Hauptquartier der NATO in Brüssel, sich im Frühjahr 1979 mit ihrem Führungsoffizier in die DDR absetzt und in einem spektakulären Interview als Agentin offenbart, ist sie glücklich. Sie steht im Mittelpunkt, gilt als Heldin der DDR. Die bis dato größte Spionageaffäre im westlichen Militärbündnis sorgt für Schlagzeilen hüben wie drüben.

Die neue Heimat empfängt die Überläuferin mit Orden, Ehrenzeichen und »anderen Attributen moralischer Aufrüstung«, wie Günter Bohnsack, einst Oberstleutnant der HVA, vermerkt. Frau Lorenzen, 40 Jahre alt, kann endlich ihren Romeo heiraten, den sie in Brüssel nur unter konspirativen Bedingungen sehen durfte. HVA-Chef Markus Wolf präsentiert die Meisterspionin stolz als »unsere Ursel« auf Parteitagen, sie wird als Staatsgast in Bruderländer eingeladen, posiert lächelnd auch in Moskau mit dem Generalsekretär der KPdSU, Leonid I. Breschnew, für Erinnerungsfotos.

Bald ist der Reiz des Neuen verflogen. Ursel Lorenzen beginnt das Leben im Westen zu vermissen: die Abendessen in den Spezialitäten-Restaurants Brüssels, die Empfänge im NATO-Hauptquartier, Shopping in den Boutiquen und ihren Alfa Romeo, der verlassen in einer belgischen Tiefgarage steht. Den Lada, den ihr die HVA vor die Tür einer Villa in Köpenick stellt, empfindet sie als Zumutung. Die Flaschen eines guten Bordeaux, den sie mit ins Exil nahm, gehen zur Neige. Das Ehepaar muß von der Großstadt in den als »Stasi-Dorf« bekannten Ort bei Bernau aufs Land ziehen. Dort soll es beim Verfassen eines Enthüllungsbuches über die NATO »eine sinnvolle Beschäftigung« (Bohnsack) finden – wie sich herausstellen wird, eine gemeine Beschäftigungstherapie.

Der mehr als 700 Seiten umfassende Wälzer wird nie gedruckt; aber Mitte der 80er Jahre darf Ursel Lorenzen noch einmal einen Anlauf nehmen und mit Hilfe eines Ghostwriters über ihr Leben berichten. Das Manuskript, später Stoff für den dreiteiligen Fernsehfilm »Vera Lenz«, wird von einem Drehbuchautor zu einer Propaganda-Schnulze umgeschrieben. Auf mysteriöse Weise verschwindet dieses Machwerk, es wird auf Druck von Markus Wolf – so ein Vermerk von HVA-Oberst Miermeister vom 19.8.1985 – noch einmal verfaßt. In dieser Version werden die Gründe für ihre Flucht bzw. für die befohlene Rückkehr ausgeklammert: Ob tatsächlich die Enttarnung der Agentin Lorenzen und ihres Führungsoffiziers drohte oder ob das Paar als Bauernopfer für die Rettung des Super-Agenten Rainer Rupp alias »Topas« hinhalten mußte, ist bis heute ungeklärt. Der Film, 1989 ausgestrahlt, findet nach Bohnsacks Beschreibung weder den Beifall des Publikums noch die Billigung der Hauptperson Ursel Lorenzen.

Was tun mit einer frustrierten Top-Agentin, die 1996 in einem »Spiegel«-Interview ihre Flucht in die DDR als »einen ihrer größten persönlichen Fehler« beurteilen wird? Zurück in die 80er, als sie sich in der DDR in einer Falle fühlt, und Ostberlin sie immer wieder zu Propagandazwecken ins Rampenlicht holt. Was tun, damit sie bei diesen Auftritten fröhlich in die Kameras lächelt und ihr nicht die Unzufriedenheit mit dem Leben im Arbeiter- und Bauernstaat an der Nasenspitze anzusehen ist?

Rat und Tat bietet Dr. Gerd L., einer von drei Diplom-Psychologen im Dienst der HVA, der die Seelenlage der kapriziösen Ex-Agentin aus Hamburg nachempfinden kann: »Wenn man aus einer solchen, vom Status her enorm anerkannten Situation plötzlich sozusagen vom schönen Nordseestrand in ausgesprochen bescheidene Verhältnisse geholt wird, dann gibt das Probleme.«

Diese Erkenntnis über den Fall der Ursel Lorenzen hat L. als Zeuge im ersten Prozeß gegen Markus Wolf vor dem Oberlandesgericht in Düsseldorf wiedergegeben und dabei auch über die Therapie für die maßlos enttäuschte Überläuferin berichtet: Gesprächspsychotherapie, Verhaltenstherapie und vertrauensbildende Maßnahmen über einen längeren Zeitraum. Zu letzteren gehörte die Umsiedlung vom »Stasi-Dorf« in eine Villa in der Nähe des Berliner Tierparks – mit Fitneß-Raum, Marmorterrasse, Doppelgarage und Garten mit englischem Rasen. Nach Darstellung von Günter Bohnsack hat Markus Wolf »den Irritierten das verschwiegene Domizil« zugewiesen. Bohnsack: »Das leibliche Wohl ist garantiert. Eine neu gegründete ›Arbeitsgruppe Betreuung‹ der HVA transferiert Leckereien aus der Feinschmeckerabteilung des Westberliner KaDeWe.«

Der Zeuge L., damals schon als Management-Trainer für Wirtschaft und Industrie in Berlin erfolgreich, bietet bei seiner Aussage erstmals (und in der Öffentlichkeit das einzige Mal) Einblicke in die »operative Psychologie« der HVA, daß heißt Informationen über die psychologische Betreuung von Kundschaftern und Spionen vor, während und insbesondere nach ihren Einsätzen. 1974 haben die Oberste Rudolf Genschow und Otto Wendel in ihrer Forschungsarbeit eine noch stärkere Professionalisierung auf dem Gebiet der psychologischen Beeinflussung gefordert: »Wir stoßen ... auf ein generelles Problem unserer operativen Arbeit, auf das Problem der Erforschung und Beachtung der menschlichen Psyche des betreffenden Kandidaten oder IM, besonders, was das Motivationsgefüge anbelangt. Es ist erforderlich, noch stärker von den gesicherten wissenschaftlichen Erkenntnissen der marxistischen Psychologie auszugehen und nicht nur autodidaktisch eigene Lebenserfahrungen zur Anwendung zu bringen; wenngleich letzteres unerläßlich ist und bleibt. Meist wird die Notwendigkeit, die Bedeutung und Beachtung der psychischen Gesetzmäßigkeiten, wie es in der Richtlinie 1/68 und 2/68 und in den Kommentaren gefordert wird, erkannt. Die Schwierigkeit liegt in der praktischen Verwirklichung.«

Daß die HVA und vor allem Markus Wolf diese Probleme lösen wollte, dokumentiert die Karriere des Diplom-Psychologen und promovierten Juristen Gerd L., Jahrgang 1948. Er war gerade 20 Jahre alt und schon Mitarbeiter des MfS, als er das Psychologiestudium an der Humboldt-Universität begann. Sein Studienwunsch, so mutmaßt Gerd L. vor Gericht, sei erfüllt worden, weil »von vornherein die Überlegung bestand, meine erworbenen Fachkenntnisse innerhalb des MfS zu nutzen«.

Nach dem Diplom arbeitete er zunächst beim Zentralen Medizinischen Dienst des MfS, 1986 wurde er zur HVA in die Abteilung VI (Operativer Reiseverkehr, Dokumente) versetzt, wo er mit zwei Kollegen den Bereich Psychologie aufbauen sollte. Als Schwerpunkte der drei Diplom-Psychologen nennt Gerd L. vor Gericht: klinische Psychologie, Therapie und Diagnostik. Schon in den Jahren zuvor hatte die HVA ihn als »Konsultant zu Fragestellungen der operativen Psychologie« herangezogen.

Der Diplom-Psychologe im Rang eines Oberstleutnant beschreibt die Betreuung zurückgekehrter Agenten als wichtigste Aufgabe. In einer polizeilichen Vernehmung am 13. November 1991 hatte er zu Protokoll gegeben: »Allgemein kann ich sagen, daß die zurückgekehrten Kundschafter ein großes Potential an ›kaputten Typen‹ bildeten, welche von ihrer operativen Tätigkeit nicht freikamen und dringend psychologischer Hilfe bedurften.«

Vor Gericht modifiziert er seine Aussage und sagt präzise, woran die Agenten nach ihrem Einsatz gelitten haben: an Reintegrations- und Anpassungsproblemen, die sich in psychosomatischen Reaktionen zeigten und an krankhaften Auffälligkeiten, die sich als Querulantentum manifestierten. Die Symptome traten vor allem bei Leuten auf, »die aufgrund ihrer besonders gefahrvollen und herausgehobenen Tätigkeit im Operationsgebiet eine hohe Anerkennung erwarteten«. Eine extra intensive Betreuung brauchten also Kundschafter, die aus einem westdeutschen Knast in die DDR zurückgekehrt waren.

Der Psychologe kümmert sich auch während der Einsätze um Kundschafter, unter ihnen Romeos und ihre Quellen in Ministerien und Parteizentralen: »Die operativen Anforderungen waren in der Regel so belastend, daß psychische Reaktionen ab einem gewissen Zeitpunkt sozusagen das Ende einer fast logischen Entwicklungskette waren. Zwar konnte sich bei den einzelnen über die Jahre auch ein Lern- und Gewöhnungsprozeß einstellen. Ebensogut möglich war es aber auch, daß sich psychische Situationen zuspitzten.«

Ob der Psychologe sich eines Agenten annahm, hat nach Aussage von Gerd L. immer der Leiter der HVA entschieden. Das war auch schon dann der Fall gewesen, als L. noch nicht in der Abteilung VI der HVA arbeitete, sondern im Zentralen Medizinischen Dienst des MfS.

Der ehemalige führende Psychologe der HVA gibt in einem Gespräch im Februar 1999 zu, sich nicht damit zufriedengegeben zu haben, die Feuerwehr oder den Notarzt für die Seele zu spielen, also erst dann eingreifen zu können, wenn »das Kind schon in den Brunnen gefallen« war: »Mein Ziel war es vielmehr, die operativen Mitarbeiter so zu sensibilisieren, daß sie in der Lage waren, rechtzeitig die für die operative Arbeit wichtigen psychischen Befindlichkeiten der Zielperson zu erkennen. Darüber habe ich auch mit Markus Wolf gesprochen. Er stellte sich permanent die Frage, wie die Psychologie, operativ mehr profiliert, zum Bestandteil der operativen Arbeit gemacht werden konnte. Es war die Stärke von Markus Wolf, die Wertigkeit der psychologischen Stabilisierung zu erkennen.«

Gelegentlich ist Gerd L. schon vor dem Einsatz eines Kandidaten nach seiner Einschätzung gefragt worden. Bei potentiellen Agenten und Agentinnen aus der Bundesrepublik hat er »nach Aktenlage, im übrigen aufgrund der Bewertung durch den Führungsoffizier beziehungsweise Leiter der HVA, der den IM schon kannte«, seine Bewertung abgegeben. Wer aus der DDR ins Operationsgebiet abkommandiert wurde, den hat der Psychologe persönlich in Ostberlin begutachtet. »Es hat auch Fälle gegeben, in denen ich gesagt habe: ›Der ist ungeeignet, mit dem ist eine operative Zusammenarbeit nicht möglich.‹ Darauf wurde dann auch gehört.«

Die konspirativen Regeln des Gewerbes galten gleichfalls für den Chef-Psychologen. Gerd L.: »Mir ist nie der ganze operative Hintergrund offenbart worden. Die genaue Plazierung von einem IM oder der Klarname sind mir in der Regel nicht mitgeteilt worden.« L. hat aber immer gewußt, wenn er eine Sekretärin aus der Bundesrepublik psychologisch zu betreuen hatte. »So unterschiedlich wie die Biographien der Frauen, so unterschiedlich waren auch ihre Motive und ihre Bedürfnisse.«

Der Psychologe hat etliche analysiert und therapiert, ihnen angeblich auch schon mal empfohlen, aufzuhören. Das ist nicht unbedingt aus Empathie für die einzelne Frau geschehen, sondern um Risiken für ihren Romeo und die HVA zu begrenzen. »Ein Doppelleben läßt sich nicht durch Macht und Druck erzwingen«, behauptet Dr. L., »nur durch Vertrauen entsteht Stabilität.« Allenfalls könne man durch »coaching«, eine Art psychologische Stabilisierung, auch einem Agenten helfen, das Leben in der falschen Maske zu meistern.

»Die Entwicklung enger Freundschaften und Liebesverhältnisse war und ist eine tragende, stabile und nachgewiesenermaßen erfolgreiche Basis für die operative Zusammenarbeit mit IM-Sekretärinnen. Es konnte in der operativen Praxis wiederholt festgestellt werden, daß sich weibliche IM zuerst für die von ihnen geachtete oder geliebte Person engagieren und erst in zweiter Linie für die Sache, die diese Person vertritt. Für den Werber kommt es in der Bearbeitung deshalb vorrangig darauf an, daß er behutsam, einfühlsam und auch mit relativ großem Zeitaufwand an die Interessen und Probleme einer Frau anknüpft, ›für sie da ist‹ und ihr das sichere Gefühl gibt, als gleichberechtigter Partner anerkannt, geschätzt und auch geliebt zu werden«, heißt es in einer Schulungsanweisung der HVA, »Zur Berufsgruppe der Sekretärinnen in der BRD«, die in der Sammlung der Gauck-Behörde über »Die inoffiziellen Mitarbeiter« von 1992 veröffentlicht ist.

In der Richtlinie 1/79 hat das MfS den Agentenführern auch die Bedingungen genannt, unter denen die erwünschte Zuneigung bei Frauen erst aufkommen kann: »Gute Rasur, gepflegte Haartracht, saubere Hände, Vermeidung starken Mund- und Schweißgeruchs.« Und: Ein zu eng sitzender Anzug und ausgetretene Schuhe können lächerlich oder komisch wirken.«

Doch da das Engagement für den geliebten Mann – trotz dessen Beherzigung der MfS-Etikette im Umgang mit Frauen – bei einer Sekretärin nicht ewig reichte, hat sich der Diplom-Psychologe Dr. L. bald auf die Suche nach einer neuen Motivation begeben. Er charakterisiert in einem Gespräch seine Ziele so: »Welche Bedürfnisse kann man befriedigen? Wie läßt sich etwas Neues aufbauen jenseits der Liebesbeziehung?«

Das Konfliktpotential der Spionin gleicht dem, was andere auch ohne Doppelleben aus der Bahn werfen kann: Partnerprobleme, emotionale Enttäuschung, fehlende Anerkennung in Beruf und Privatleben, Mobbing am Arbeitsplatz, Schuldgefühle. Einige der Frauen haben an Überarbeitung gelitten, weil sie in ihren beiden Identitäten perfekte Arbeit leisten wollten.

»Als bemerkenswert darf die Erkenntnis bezeichnet werden, daß ausnahmslos alle Bonner Sekretärinnen übereinstimmend angaben, ›ordentlich‹ gearbeitet zu haben. Nicht so sehr, weil sie sich in die – illegitime – Pflicht genommen wußten, sondern weil sie sich diesen Rest psychologischer Stütze bewahren wollten und deshalb Ordnung und Pflichterfüllung ins Gegenteil verkehrten«, schreibt Heinz Hülser, der für das Bundesamt für Verfassungsschutz eine Reihe ehemaliger Agentinnen interviewt hat. Dieses Phänomen schien ihn selbst zu überraschen: »Nachrichtendienstliche Tätigkeit – illegales Handeln – als Pflichterfüllung!«

Gerd L. erinnert sich, einige Sekretärinnen über einen längeren Zeitraum betreut zu haben, unter anderem Edith Rosina D., ehemalige Ordensschwester und Oberregierungsrätin. Sie war derart in einen Strudel von Beziehungen mit sieben Männern der HVA, Führungsoffizieren wie Instrukteuren, geraten, daß sie aufhören wollte. »Sie war einsam, suchte einen Partner, jemanden, an den sie sich anlehnen konnte«, berichtet ihr Therapeut vor Gericht. »Es war notwendig, bei der Therapie sehr komplex vorzugehen.« An mehr erinnert sich Dr. Gerd L.

nicht; seine frühere Patientin, die bei einem ihrer Romeos um eine Pause gebeten hatte, wird Wochen später als Zeugin aussagen, es sei L. gelungen, sie »so zu stabilisieren, daß sie weitermachen konnte«. Sie spionierte bis zur Wende.

Der Diplom-Psychologe L. behauptet, Agentinnen nicht manipuliert zu haben. Was während der Anamnese und später bei der Therapie von zweifelnden und verzweifelten Agentinnen geschah, darüber gibt es keine Aufzeichnungen mehr.

Hülser schreibt, daß freilich schon der Führungsoffizier seine Agentin/seinen Agenten »laufend manipuliert«, wenn er nicht erst der Täterin/dem Täter das Motiv für die Zusammenarbeit mit ihm »in manipulativer Absicht« gegeben habe. »Er manipuliert desto stärker, je schwächer das Motiv. Das gehört zum Grundmuster aller personalbezogenen nachrichtendienstlichen Verbindungen. Im Falle eines gefestigten Tatbereitschaftsmotivs können manipulative Handlungen sich erübrigen.«

Als Zeuge im Prozeß gegen Markus Wolf hat Gerd L. recht ausführlich die psychologische Betreuung einer Agentin geschildert: Es war keine Sekretärin, sondern eine Journalistin, kein Opfer eines Romeos, aber beladen mit vielen Problemen. Sie hatte jahrelang als IM für die Abteilung II der HVA (Parteien und politische Organisationen) die SPD ausspioniert. Als die Mittvierzigerin im Winter 1986 bei Dr. L. erschien, litt sie unter chronischen Kopfschmerzen und einer »psychischen Labilität«. Sie war frisch geschieden, hatte einen erheblich jüngeren türkischen Freund.

»Die von mir erbetene Hilfestellung«, so sagt L. vor Gericht, »bestand darin, ein stabilisierendes Gespräch mit ihr zu führen. Für mich kam es in erster Linie darauf an, festzustellen, ob sie an Beschwerden litt, die nicht therapeutisch beseitigt werden konnten ... Erst bei einem zweiten Gespräch gab sie zu verstehen, daß sie nicht mehr wollte, daß sie ohne die psychische Belastung leben wollte.«

Zum ersten Gespräch reisten nach Darstellung von Dr. L. an: die Agentin, ihr Führungsoffizier und Markus Wolf, der zu diesem Zeitpunkt schon als Chef der HVA ausgeschieden war. L.: »Um der Dame Entspannungsmöglichkeiten zu liefern, wurden längere Spaziergänge mit ihr durchgeführt, ich erinnere Saunabesuche und eine gemeinsame Bootsfahrt auf dem Müritzsee ... Wir haben immer den Quellen der HVA viel Emotionalität geboten.«

Über ein zweites Treffen Monate später in einer Jugendstilvilla an einem See in der Mark Brandenburg berichtet er: »Wiederum verteilten Wolf und ich ... die notwendigen ›Streicheleinheiten‹ und bereiteten sie dadurch auf den nächsten Tag vor.«

Am nächsten Tag hat sie dann ihren Führungsoffizier getroffen, als sei nichts gewesen. Er hat, wie der Psychologe aussagt, die »eigentlich handwerklich-operative Arbeit« fortgesetzt. Die Streicheltherapie der marxistischen Psychologie hatte abermals Wirkung gezeigt.


## Markus Wolf: Der Meisterspion und die ledigen Fräuleins

Ein Mythos verblaßt. Selbst bei den von Spionage besessenen Engländern droht der Meisterspion Markus Wolf in Vergessenheit zu geraten. Eingeläutet hat das Ende der Legende ausgerechnet John le Carré, nachdem die HVA von ihrem eigenen Untergang überrascht worden war und Markus Wolf öffentlich mit dem Gedanken kokettierte, er habe le Carré als Vorbild für dessen Roman »Der Spion, der aus der Kälte kam« gedient.

Der Autor dementierte. Nicht etwa Markus Wolf, sondern sein Rasenmäher der Marke Wolf, so le Carré in einem Brief an die Zeitung »Guardian«, habe ihn zur Namensgebung für eine Figur in seinem weltberühmten Thriller inspiriert. Er habe aber einen neuen Namen gewählt, nachdem er von der Existenz eines Mr. Wolf in Ostberlin erfahren hätte. Die Zeitung versah den Brief mit der Überschrift: »The lawn-mower who came in from the cold« (»Der Rasenmäher, der aus der Kälte kam«) – und Großbritannien amüsierte sich.

Markus Wolf weiß freilich, wie man sich im Vereinigten Königreich wieder in Erinnerung bringt. Sein Konzept ist so einfach wie genial: Im Land des legendären James Bond setzt sich Mr. Wolf für ein Interview wie der deutsche Bösewicht Blofeld in Szene. Das ist jener üble Typ, der in einem seiner Nobelverstecke genüßlich der letzten Schlacht mit 007 zu harren pflegt, während er eine schneeweiße Angorakatze krault. Markus Wolf hat einen schwarzen Kater auf seinem Schoß, als er einem Kamerateam von Channel 4 Fragen zu einem Thema beantwortet, über das er in Deutschland nicht gern spricht: die Romeos.

»Spying for love«, lautet der Titel dieser Folge aus der anspruchsvollen Serie »Secret History«, und ist trotz ein paar offenkundiger Fehler ein bemerkenswerter Beitrag, denn Markus Wolf spricht erstmals mit einer zynischen Offenheit über das Sujet, das er am liebsten meidet. »Er mag dieses Thema nicht, weder in öffentlichen Diskussionen noch im privaten Gespräch, ist allenfalls bemüht, es mit einer provokativen Replik zurückzuweisen, indem er sich beispielsweise auf jene Fälle hinausredet, in denen aus einer nachrichtendienstlichen Operation eine aufrichtige Beziehung und Lebensgemeinschaft wurde, oder wenn er in der geschmacklosen Bemerkung Zuflucht sucht, er könne nicht verstehen, was jene Bonner Sekretärinnen an den Romeos gefunden haben, die die HVA auf sie angesetzt hatte«, schreibt Gabriele Gast in ihrem Buch »Kundschafterin des Friedens«. Die Top-Agentin aus dem Bundesnachrichtendienst, zu Beginn ihrer Karriere in Wolfs Revier auch das Opfer eines Romeos, ist eine der drei Frauen, die sich für die britische Fernsehdokumentation befragen ließen. Ihr Vorwurf der Geschmacklosigkeit bezieht sich auf eine Aussage Wolfs in »Spying for love«.

Die Aussagen Wolfs müssen alle, die für einen seiner Kavaliere ihre bürgerliche Existenz aufs Spiel gesetzt haben, als blanken Hohn empfinden. Die promovierte Politologin Gast, nach Aussagen ihres früheren Romeos von Wolf mehr entzückt als von ihm, wird vom Ex-Spionagechef zwar hoch gelobt: »Gabi war eine der besten. Die Frauen waren vielleicht ohnehin die besten gewesen«, aber gleichzeitig degradiert er sie wie alle anderen zu Schachfiguren in seinem Spiel. Gesetzt, geopfert und am Ende noch verhöhnt. Zum Beispiel Dagmar K.-S., für die von der HVA auf einem Standesamt in Ostberlin eine Operettenhochzeit mit allen Accessoires ausgerichtet worden war. Wolfs Kommentar: »Es war ihr Wunsch zu heiraten. Eine vorgetäuschte Hochzeit zu organisieren, ist keine Frage der Moral. Ich nehme an, daß über eine solche Inszenierung jeder Kollege eines Nachrichtendienstes – ob in Ost oder West – nur lachen kann.«

In seinen Memoiren als »Spionagechef im geheimen Krieg« stellt Wolf fest, daß »die Verknüpfung von Spionage und Liebe naheliegend, ja zwangsläufig ist«. Und er nennt als »Motivation derer, die sich für meinen Dienst engagierten«, neben politischer Überzeugung, Idealismus, Geld, Ehrgeiz, auch das Motiv »der Liebe, der Zuneigung zu einem Mitarbeiter meines Dienstes«.

Er schiebt die Schuld den Medien zu für die Verbreitung der angeblichen Mär, »meine HVA habe regelrechte Romeo-Spione auf unschuldige weibliche Wesen in der Bundesrepublik angesetzt ... um auf diesem Weg die Geheimnisse der Bonner Regierung auszukundschaften«. Und er behauptet kühn, daß »dieses Romeo-Klischee überhaupt entstehen konnte, hat damit zu tun, daß die meisten Kundschafter, die wir in den Westen entsandten, alleinstehende Männer waren«.

Das Märchen à la Wolf könnte also so beginnen: Es war einmal ein armer, einsamer Kundschafter des Friedens, der zufällig beim Klassenfeind ein »lediges Fräulein« (so Wolfs Wortwahl für die angeworbenen Frauen) kennenlernte, das – welch ein Zufall – als Sekretärin in einem Bonner Ministerium arbeitete, sich auch noch zufällig in ihn verliebte und fortan fröhlich für ihn geheime Dokumente aus seinem Büro zum Rendezvous anschleppte ... In einem der wenigen Interviews, in dem er sich auf das Thema eingelassen hat, beschreibt er die »Spionage aus Liebe« gar als logische Konsequenz einer Beziehung. »Es liegt doch in der Natur der Sache, daß ein Mann, der allein lebt, sich nach einer Frau umschaut«, sagte er dem »Playboy« im Oktober 1995. »Und wenn er motiviert ist, dann sucht er sich eben keine Friseuse oder Straßenbahnschaffnerin aus, sondern eine Sekretärin – und von denen gibt es ja genug.«

In seinen Erinnerungen schreibt Wolf, daß die HVA ihren Agenten »von unserer Seite nicht untersagt« habe, im Westen »Freundinnen« kennenzulernen. »Und wenn sich dabei Bekanntschaften ergaben, die für unseren Dienst lohnende Aussichten beinhalteten, sahen wir es nicht als geboten an, unsere Leute davon abzuhalten.«

Danach erzählt er ungeniert über all jene Fälle, in denen Sekretärinnen erfolgreich von seinen Agenten angeworben wurden, und verbrämt sie mit Anekdoten. Er verstümmelt die Fälle – aus der Perspektive von zwei Frauen, deren Geschichten von ihm zu fast heiteren Episoden umgedichtet werden – bis zur Unkenntlichkeit.

In der Dokumentation von Channel 4 schwankt Markus Wolf zwischen gespielter Zurückhaltung und stolzer, nahezu prahlerischer Offenheit. »Wenn du nach einem Lebenspartner suchst, halte nach einer Sekretärin Ausschau. Am besten nach einer hochqualifizierten Sekretärin, denn sie wird dir wichtigere Informationen beschaffen als ihr Boß.« Diesen Rat will er den jungen ledigen Männern vor ihrem Einsatz im Operationsgebiet gegeben haben. An anderer Stelle bekennt er, Herbert Sch. mit »einem speziellen Auftrag« an die Sprachschule Alliance Française nach Paris geschickt zu haben: »Er wußte, wo die Tanzbars sind und wo die Mädchen wohnen.« In die Schule, in der Herbert Sch. binnen weniger Wochen die erst 19 Jahre alte Gerda O. umgarnen konnte, hatte die HVA noch andere Agenten geschickt – nicht zum Französisch lernen, sondern um potentielle Quellen weiblichen Geschlechts zu finden.

Günter Bohnsack charakterisiert die Karriere seines früheren

Chefs so: »Der junge General Markus Wolf scheint der geeignete Kristallisationspunkt für die neue Entwicklung zu sein. Seine Voraussetzungen sind beeindruckend: Sohn eines deutschen Emigranten in der Sowjetunion, perfekte Kenntnisse der russischen Sprache und der russischen Mentalität, hohe Intelligenz, gute Anpassungsfähigkeit der persönlichen Karriereabsichten an die jeweiligen Entwicklungen in Moskau und Berlin.« Diese Anpassungsfähigkeit an Situationen und Personen, die in seinem Gewerbe auch die Kunst der Verstellung genannt wird, beherrscht Wolf ungebrochen bei seinem Blick zurück auf seine Zeit als Leiter der HVA von 1955 bis 1986. Er weiß immer, wo er etwas wie sagen kann oder besser verschweigt, wie in seinem ersten Prozeß vor dem Oberlandesgericht in Düsseldorf.

Zu seinen Ideen, die Romeo-Methoden auf fundierter, wissenschaftlich abgesicherter Basis zu verbessern, die Maschen noch feiner zu stricken, zu seinen – vom Chefpsychologen Dr. Gerd L. vor Gericht bekundeten – Initiativen der psychologischen Vorbereitung, Begleitung und Therapie der Romeos und ihrer Julias hat Wolf sich nicht geäußert. Aber es gibt Dokumente, die belegen, wie sehr er die Forschungsarbeit forciert hat und die Erkenntnisse in die Praxis umsetzen ließ.

Der Briefwechsel zu den Forschungsergebnissen der Oberste Genschow und Wendel zum Thema »Die Entwicklung operativer Prozesse zum systematischen Eindringen in bedeutende Führungsstellen« zwischen HVA-Chef Wolf und der dem MfS unterstellten Juristischen Hochschule in Potsdam wie dem Leiter der dazugehörenden Hauptabteilung Kader und Schulung bietet genug Belege. Der ursprüngliche Titel der Arbeit: »Probleme des Aufbaus operativer Vorgänge zum systematischen Eindringen in die exekutive Führungszentrale des westdeutschen Bundeskanzlers« zeigt genau, um was es ging. In einem Brief vom 14. Juli 1970 schreibt Wolf an den Leiter der Hauptabteilung Kader und Schulung, Generalmajor Mühlpforte: »Ich bitte Sie zu veranlassen, daß diese Arbeit zusätzlich in das Forschungsprogramm der Juristischen Hochschule aufgenommen wird und nach Fertigstellung in ein Promotionsverfahren übergeleitet wird. Ich beabsichtige, diese Arbeit aus der Sicht der Aufklärungspraxis selbst zu betreuen.« Er hebt hervor: »Das Thema ist für die weitere operative Arbeit auf der Linie I der HVA von großer Bedeutung. Es handelt sich um ein entscheidendes Schwerpunktthema.«

Dem Verlangen trägt die Juristische Hochschule Potsdam in einem »Beschluß der Kommission des Wissenschaftlichen Rates der Hochschule zur Verteidigung der Forschungsergebnisse der Genossen Oberst Genschow und Oberst Wendel« Rechnung. Die Begründung für die Annahme der Dissertation mit der Note magna cum laude am 19.12. 1974: »Die vorgelegten Forschungsergebnisse entsprechen echten operativen Bedürfnissen. Sie stehen mit den vom Minister für Staatssicherheit und seinen Stellvertretern und dem Leiter der HVA für die weitere Qualifizierung der politisch-operativen Arbeit gegebenen Orientierungen in Übereinstimmung. Mit der vorgelegten Forschungsarbeit wurde das im MfS vorhandene Wissen über das Eindringen in Spitzenobjekte des Bonner Staates zusammengefaßt und die sich daraus ergebenden politisch-operativen Konsequenzen für die weitere Erhöhung der Schlagkraft der vom MfS eingesetzten Kräfte, Mittel und Methoden herausgearbeitet ... Die in der Forschungsarbeit getroffenen Aussagen beinhalten analytisch erarbeitete Werte, die sowohl vom politisch-operativen Regime als auch der operativen Methodik für alle zentralen Objekte des Bonner Staates von hoher Bedeutung sind und somit eine wichtige Grundlage für die Arbeit aller Leiter auf der Linie der Aufklärung bilden.«

Unterschrieben ist der Beschluß von Markus Wolf in seiner Eigenschaft als Kommissionsmitglied des Wissenschaftlichen Rates der Hochschule. Daß die Forschungsarbeit über die ersten Romeo-Einsätze getarnt werden mußte, versteht sich von selbst: »Zur Abdeckung des geheimzuhaltenden Themas wird in der offiziellen Urkunde die Verleihung des Doktorgrades mit wissenschaftlichen Leistungen auf dem Gebiet des ›Staatsrechts der Bundesrepublik Deutschland‹ begründet.«

In dem Channel 4-Interview wagt sich der frühere Spionagechef am weitesten vor, bekennt sich unbekümmert zum Einsatz der Romeos: »Für die Agentinnen war der Preis hoch, vielleicht zu hoch, aber nicht für einen Nachrichtendienst.« Er vergleicht sich gar mit einem militärischen Befehlshaber, der nach einem Krieg auf dem Schlachtfeld die Leichen zählt und sich fragt, ob der Einsatz es wert war. »Er war gerechtfertigt«, meint Wolf. »Der Kalte Krieg war eine Schlacht. Wir haben sie verloren.«

Der inzwischen ältere Herr tut in dem Interview so, als ob ihn die Frage der jungen Journalistin schmeicheln würde, ob er selbst in die Rolle eines Romeos geschlüpft wäre. Er antwortet als Gentleman in holprigem Englisch: »Wenn die Basis für einen Romeo wahre Liebe gewesen wäre, hätte ich es tun können.« Doch bei der Frage, ob er es denn getan habe, paßt er: »Das ist eine indiskrete Frage.«

## XIII. Blick zurück nicht nur im Zorn

### Das neue Leben der Agentinnen

Wer Dagmar K.-S. 1999 zum ersten Mal begegnet, ist beeindruckt. Eine große blonde Frau, Anfang 50, freundlich, selbstsicher, nicht nur erfolgreich in ihrem Beruf, sondern ebenso zupackend in ihrem sozialen Engagement. Jahrelang hat sie sich um jugendliche Straftäter gekümmert, inzwischen nimmt sie sich der Senioren an. Wenn sie über ihren Beruf als Sekretärin spricht oder über die Probleme von Menschen, mit denen sie zu tun hat, verheißt ihre Stimme Kompetenz, Sicherheit, Vertrauen. Keine Frage: In ihrem Job, in ihrem Umfeld, in ihrem Bekanntenkreis ist sie wer.

»Äußerlich bin ich wieder auf die Beine gekommen«, bekennt sie, »aber trotz zweijähriger Therapie ist alles noch zu lebendig. Ich muß damit leben. Aber ich möchte es vergessen.« Dagmar K.-S. sitzt nach Dienstschluß in ihrem Büro und scheint schon zu bereuen, daß sie nach zwei langen Telefonaten zu einem Gespräch bereit ist, über eine Phase ihres Lebens zu sprechen, an die sie am liebsten nicht erinnert werden möchte, aber an die sie immer wieder erinnert wird: ihre Zeit als Spionin im Bundeskanzleramt.

Alle Jahre wieder, wenn in Bonn eine Sekretärin als Spionin enttarnt wurde, erschien ihr Name in den Zeitungen und abermals jenes Bild, das angebliche Freunde für eine erkleckliche Summe verhökert hatten. Das Foto, Mitte der 70er Jahre auf einer Party aufgenommen, suggeriert süßes Leben, weit weg von der Realität: eine attraktive Blondine mit tiefem Dekolleté, genüßlich rauchend. Zu Bild und Namen wurde zum x-tenmal die erfundene Behauptung eines Boulevardblattes zitiert, sie habe bei ihrem Agentenführer Herbert Sch. ihren ersten Orgasmus erlebt. Und alle Jahre wieder mußte

Dagmar K.-S. die simple Geschichte von Mata Stasi, der liebeshungrigen, einsamen Bonner Sekretärin lesen, die nur dann einen Mann ins Bett kriegt, wenn sie mit Geheimakten lockt.

1987 hat ihr Fall gar als Vorlage für ein zweiteiliges Fernsehspiel in der ARD gedient. In der Vorankündigung des zu einem mit erfundenen Figuren aufgemotzten Eifersuchtsdramas, angesiedelt im deutsch-deutschen Geheimdienstmilieu, mit dem Titel »Schlüsselblumen«, tauchte noch einmal die Geschichte der Dagmar K.-S. in alten und neu erfundenen Details auch im »Kölner Express« auf: »Erst in der Hochzeitsnacht erfuhr die Braut, daß er Agent sei ...« Versuche, über den Deutschen Presserat die volle Namensnennung in Zukunft zu verhindern, sind bisher fehlgeschlagen: Die Sekretärin K.-S. gilt als Person der Zeitgeschichte.

Mehr als 20 Jahre nach ihrer Festnahme, den zwei Prozessen und der Verbüßung von zwei Dritteln der verhängten Freiheitsstrafe von vier Jahren und drei Monaten kommen immer noch Verbitterung und Verzweiflung hoch, wenn sie über die fatale Beziehung zu Herbert Sch. spricht und über die von der HVA arrangierte Hochzeit in Ostberlin: »Die Gefängnisstrafe war nicht das schlimmste, das schlimmste war der doppelte Verrat.« Denn das, was nach der ersten Phase des Verliebtseins folgte, hat sie in ihren Grundfesten erschüttert. Sie spricht davon, sich manchmal wie ein dressierter Hund gefühlt zu haben oder wie eine Marionette, hin- und hergezerrt an tausend Fäden bis zu dem Tag der Verhaftung. Sie vergleicht ihr Leben mit einem Trip auf der Achterbahn: »Am Ende habe ich mich selbst verloren.« Wie fast alle anderen Frauen, die sich in dem feingesponnenen Netz der psychologischen Kriegsführung von HVA und KGB verfangen haben, hat sie zuerst die Schuld bei sich gesucht.

Jahrelang hat Dagmar K.-S. nicht gewußt, ob sie verheiratet war oder nicht. Kein einziges Wort der Erklärung ist von ihm gekommen, auch nicht nach der Festnahme, als die HVA einen Starverteidiger aus Berlin in die Zelle entsendete, der ihr klar machte, daß es keinen Austausch gäbe, wenn sie vor Gericht aussage. Kein Wort, kein Signal von Sch., weder nach ihrer Entlassung aus der Haft noch nach der Wende. Sie erzählt im Januar 1999 von der Hochzeit im Mai 1976, als sei es gestern gewesen. Sie kämpft mit den Tränen, ihre Stimme wird brüchig, sie zerknüllt das Taschentuch in ihrer Hand. Sie erinnert sich an die mitleidigen Blicke der Standesbeamtin, die wahrscheinlich wußte, was die Braut nicht ahnen konnte: Daß alles Lug, Betrug, eine Inszenierung war. Den Ehering hat man ihr nach der Feier sofort abgenommen, die Präsente (eine Erstausgabe der gesamten Werke von Bertolt Brecht und ein Eßservice aus Meißener Porzellan) wieder eingepackt für die gemeinsame Zukunft des Paares Sch. in der DDR. Nur den Vorsteckring hat man ihr gelassen, aber den haben dann ein Jahr später Beamte des Bundeskriminalamtes als Beweismittel kassiert.

Dagmar K.-S. hat das Kapitel Herbert Sch. noch nicht abgeschlossen, nicht abschließen können, weil eine Frage sie weiterhin quält: Hat er sie geliebt oder ihr Liebe nur vorgegaukelt? »Was hat er sich als Mensch, als Mann gedacht, als er mich belogen, betrogen und meine Gefühle mißbraucht hat?« Manchmal hat sie mit dem Gedanken gespielt, zu ihm nach Chemnitz zu fahren und ihm eine Antwort abzuverlangen. Sie hat es bisher nicht getan, sich statt dessen selbst gefragt, ob sie inzwischen überhaupt noch fähig ist zu einer Beziehung, zu einer Bindung. »Mein erster Mann wollte durchs Studium kommen, da habe ich gearbeitet, damit er es schafft. Der zweite Mann wollte nur die Papiere aus dem Bundeskanzleramt und hat mich als Werkzeug benutzt. Was will ein dritter von mir?« Sie weiß es nicht, aber sie ist sich sicher, was sie will: »Ich möchte einmal um meiner selbst willen geliebt werden.«

Das Team des britischen Fernsehsenders Channel 4 hat Dagmar K.-S. im Jahre 1997 ebenfalls für den Beitrag in der Serie »Secret History« interviewt. Eine Reporterin wagte, sie am Ende eines quälenden Interviews ganz unbefangen zu fragen, ob trotz aller Enttäuschung und Verbitterung in ihr noch etwas von ihrer Liebe zu Herbert Sch. übriggeblieben sei. Dagmar K.-S. schaut in die Kamera, als blicke sie plötzlich in einen Abgrund. Die Antwort geht in einer Flut von Tränen unter: »Muß ich diese Frage beantworten?«

### Die fortgesetzte Verdrängung

Wenn Frauen zurückblicken auf ihr Leben im Zwielicht der Spionage, blenden sie Fakten aus, an die sie sich einfach nicht mehr erinnern wollen: an das Geld, das sie von ihren Romeos angenommen haben, an die Urlaubsreisen, an den Schmuck, an die Mithilfe bei der Finanzierung eines Autos, einer Eigentumswohnung oder auch nur einer Waschmaschine. »Ich habe nur aus Liebe spioniert und Liebe als Lohn dafür bekommen«, behauptet eine ehemalige Agentin, die ihrem Gegenüber versichert, was sie alles hätte fordern und bekommen können, wenn sie nur gewollt hätte. »Aber ich war so dumm, es umsonst zu tun.« Angesprochen auf den Agentenlohn von 40 000 Mark für anderthalb Jahre Verrat, den sie nach dem Urteil des Oberlandesgerichts Düsseldorf zurückzahlen mußte, scheint sie für Sekunden irritiert und behauptet dann: »Das habe ich ganz vergessen.«

Die Verdrängungsmechanismen, die früher verhindert haben, die Fallstricke rechtzeitig zu erkennen, funktionieren fast wie ehedem. Von allen Motiven, die sie zum Doppelleben stimuliert haben, bleibt beim Blick zurück die Zuneigung übrig, obwohl diese – in den meisten Fällen zumindest – so schnell oder so langsam erkaltet ist wie sonst im Leben auch. Selten hat das erotische Feuer länger als die üblichen zwei Jahre gelodert, und wenn, dann weil die Beziehung künstlich frisch gehalten wurde. Das Paar sah sich allenfalls alle paar Wochen für wenige Tage; selbst diese Intermezzi hatten ihren Preis. Bundesanwalt Joachim Lampe, seit 1987 Ankläger in Staatsschutzverfahren und wohl einer der besten Kenner der Romeo-Szene, beschreibt die Risiken für die auserwählte Julia: »Zum Nulltarif waren die schönen Männer nicht zu haben.«

Es gab fast immer noch andere Beweggründe, die den ersten Anlaß für das Spionieren bald in den Hintergrund drängten: Geld (bis zu einem Drittel des Nettogehalts), Abenteuerlust, das wunderbare Gefühl, plötzlich wichtig genommen zu werden und scheinbar befähigt zu sein, ganz allein den Weltfrieden zu retten, das Spiel mit dem Feuer, der Spaß am Spiel mit gezinkten Karten, der Reiz des Verbotenen und auch die Allmachtsphantasie, es im Fall der Fälle mit der geheimnisvollen Organisation aufnehmen zu können. Ganz selten war es das Verlangen nach Sex pur, so daß nur irgendein potenter Instrukteur zum Debriefen oder Abholen des Materials anreisen mußte; übrigens waren die Nymphomaninnen (drei aktenkundige Fälle) fast ebenso selten wie die beiden Frauen, die aus rein ideologischen Motiven spionierten.

Da die HVA und der KGB immer anstrebten, die nachrichtendienstliche Verbindung von einem Romeo auf eine Art geschäftlicher Ebene zu bringen, waren die Übergänge von der Liebe zum Agentenlohn und/oder anderen Begehrlichkeiten, wie beispielsweise die nach konspirativen Wochenenden mit Ordensverleihung in einer Datscha außerhalb Ostberlins, fließend. »In der Praxis sah das dann so aus, daß man während der Freizeit (?) abends und nachts in einer abgesicherten Villa zusammensaß und dabei – Hochgefühl sozialistischen Bürgerglücks – Karten spielte«, schreibt Heinz Hülser vom Bundesamt für Verfassungsschutz über die Wochenenden, an denen die aufkeimenden Zweifel einer Agentin meist erfolgreich bekämpft wurden. Das Team, das Kollektiv bot beim Kartenspiel die vermißte Nestwärme. Der ironische Unterton Hülsers ist nicht zu überhören, da auch bei den beschriebenen Treffen der blanke Zynismus der Gastgeber vorherrschte: Die Angst der Agentin, endgültig den geliebten Mann und den Traum von einer schöneren Zukunft zu verlieren, etwa als Diplomaten-Ehepaar für die DDR auf immer und ewig in ein »warmes

Land« geschickt zu werden, wurde schamlos ausgebeutet für eine neue Runde in der Materialbeschaffung.

Die Anmerkungen, basierend auf den Beweisaufnahmen in einer Reihe von Spionageprozessen vor dem Oberlandesgericht Düsseldorf und auf den Gesprächen mit Verteidigern, sollen erklären, warum frühere Agentinnen in ihrem neuen Leben beim Blick zurück nur das sehen wollen (oder vielleicht auch nur können), was ihnen bei der Bewältigung der Vergangenheit hilft. Manche möchten angesichts ihrer Schuld- und Schamgefühle nicht mehr über ihre Erfahrungen reden und erst recht nichts über ihr neues Leben preisgeben.

### Sehnsucht nach einem Schlußstrich

Helge B., Ex-Spionin aus dem Auswärtigen Amt, lebt mit ihrem Mann fern von Bonn und will endlich einen Schlußstrich ziehen. Das neue Leben ist ihr zu wichtig, um es durch Hinweise auf ihr altes zu gefährden. Sie ist nicht auf der Flucht vor ihrer Vergangenheit, aber sie will ihre Gegenwart und Zukunft schützen – um jeden Preis.

Elke F. hat im Gefängnis eine Lebensgefährtin gefunden und möchte nicht durch irgendeinen Satz Anlaß geben zu Spekulationen über das neue Kapitel in ihrer Biographie. Sie hat einen guten Job in Bonn, nicht weit von ihrem ehemaligen Arbeitsplatz, möchte das Private ganz privat sein lassen. Sie hat lukrative Angebote ausgeschlagen, vor Fernsehkameras ihr Leben noch einmal Revue passieren zu lassen.

Gerda O. erzählt Journalisten immer wieder von den miesen Spielarten des Agentenlebens, sie hat in Informationsfilmen des Bundesamtes für Verfassungsschutz schonungslos ihren Fall geschildert. Gerda O., die als einzige Agentin den Ausstieg gewagt hat, macht keinen Hehl aus ihrer Vergangenheit. Ihr heutiges Leben in Spanien bleibt jedoch privat.

Wie Dagmar K.-S. und Gabriele Gast, Ex-Spionin im Bundesnachrichtendienst, ließ sie sich vom britischen Channel 4-Team filmen, als sie nach Jahrzehnten Berlin wieder besuchte. Eine unvergeßliche Szene: Da steht sie vor dem Brandenburger Tor und schaut ungläubig auf die Orden der DDR, die dort von fliegenden Händlern verramscht werden. Ende der 60er Jahre ist Gerda O. in Ostberlin reichlich mit solch buntem Blech behängt worden. In der TV-Dokumentation zeigt sie ihrem Mann die Orden und Ehrenzeichen, die ihr nichts bedeutet haben. Beide schauen sich prüfend an – und verlassen lächelnd den Markt für Relikte aus einer längst vergangenen Zeit.

»Spionage, das war für mich der Film ›Der dritte Mann‹ mit Orson Welles und sonst nichts«, erinnert sich Ursula S., die wegen geheimdienstlicher Agententätigkeit fast zwei Jahre hinter Gittern verbracht hat, »bis ich das Gedicht von Jorge Luis Borges ›der Spion‹ gelesen habe.«

Eine Strophe des großen argentinischen Dichters über das Elend der Agenten soll deshalb zitiert werden: »Ich habe meiner Ehre abgeschworen,/ ich habe die verraten, die mich für ihren Freund hielten/ ich habe Gewissen gekauft/ ich habe den Namen des Vaterlands verwünscht./ Ich finde mich mit der Niedertracht ab.«

Irene S. hat gedacht, daß mit einem Schlag die Welt untergehen müßte, als im Juli 1994 Beamte des Bundeskriminalamtes an ihrer Haustür in Bonn klingeln und nach Hans Türke fragen. Sie bestreitet, ihn zu kennen, beginnt aber zu weinen, als sie das Foto des Mannes sieht, mit dem sie acht Jahre zusammengelebt hat. Am nächsten Tag, als die Beamten zurückkehren, korrigiert sie ihre Aussage vom Vortag.

Irene S. fühlt sich in einer Falle: Die Polizei konfrontiert sie mit höchst peinlichen Fragen, der Mann, mit dem sie seit nunmehr 14 Jahren verheiratet ist, macht ihr Vorwürfe. Irene S. weiß spätestens seit der Wende, für wen sie jahrelang aus dem Bundeswirtschaftsministerium Verratsmaterial nach Hause geschleppt hat: für die HVA und nicht für dieses internationale Friedenskomitee in London, an das sie angeblich bis zum

Schluß geglaubt hat – trotz der vier Besuche in Ostberlin und trotz der falschen Pässe für sich und ihren Lebensgefährten im verklebten Abflußrohr in der Garage.

1990 hat Irene S. mit Hans Türke, der in Wahrheit Wilhelm Richard M. heißt, telefoniert und erfahren, daß er zum drittenmal verheiratet ist. Während dieses Telefonats, dem ersten Kontakt nach 12 Jahren, hat sie ihm gesagt, daß sie ihn nie mehr sehen will, ihm vorgehalten, sie die ganzen Jahre belogen und betrogen zu haben. Sie hat ihn auch beschimpft: »Warum habt ihr das mit mir gemacht? Was seid ihr für Menschen!« Dennoch versucht sie vier Jahre später, die Ermittler vom BKA zu belügen. Nur um ihn zu schützen, oder denkt sie dabei auch an sich selbst? Sie gibt keine Antwort, sondern erzählt von ihrer ohnmächtigen Wut und Traurigkeit, die immer noch ihr Leben verdüstern.

Seit der Trennung von ihrem Romeo hat Irene S. mehrfach versucht, sich das Leben zu nehmen, sich die Pulsadern aufgeschnitten, ihren Kummer, ihre Enttäuschung und ihre Wut mit Alkohol und Tabletten betäubt. Einmal hat sie zur Axt gegriffen, um in ihrem Haus all das zu zertrümmern, was sie noch an Hans Türke erinnert. Aber irgendwann tauchen plötzlich und unerwartet wieder schöne Erinnerungen auf, und sie spricht über den falschen Hans Türke, als sei er der einzige, der richtige Mann auf der Welt und in ihrem Leben. Und wenn sie erzählt, was sie von ihm weiß, scheinen alle Zweifel zu verfliegen, ob das, was er erzählte, vielleicht nur ein Lügenmärchen war. Außenstehende bleiben ratlos angesichts der ambivalenten Gefühle einer betrogenen Julia. Das Geheimnis, das sich hinter diesen Emotionen verbirgt, ist vielleicht der Schlüssel zum Verständnis einer Beziehung, die beiden oft mehr bedeutete, als sich andere in ihren wildesten Phantasien ausmalen können.

Irene S. hat jahrelang mit keinem Menschen über das Drama ihres Lebens sprechen können, auch nicht, als alles längst vorbei war. Wie die meisten Agentinnen war sie aufgrund ihres Doppellebens sehr einsam. Ihre Nervosität und Reizbarkeit der heimlichen Wegnahme von Dokumenten wegen, die sie nach Hause bringen sollte, führten wiederholt zu Reibereien mit ihren Kolleginnen. Was sollte sie ihnen sagen? Wie ihren Streß erklären? Sie wagte es nicht, sich jemandem anzuvertrauen, dem Mann, den sie kurz nach der Trennung von Türke geheiratet hat, schon gar nicht: »Er hat die meiste Zeit mit mir rumgebrüllt, er hat schon bald nach unserer Hochzeit meine Mutter rausgeekelt. Wie sollte ich da mit ihm reden?« Erst als ihr im Januar 1998 vor dem 7. Strafsenat des Oberlandesgerichts Düsseldorf der Prozeß gemacht wird, kann sie darüber reden, zunächst mit dem psychiatrischen Gutachter, dann mit der Vorsitzenden Richterin Ina Obst-Oellers.

Im Januar 1998 stellt der Psychiater fest, daß Irene S. 20 Jahre nach der Trennung von ihrem Romeo die Beziehung emotional noch immer nicht verkraftet habe. Er nennt sie naiv, ihr Abblocken gegen die Wirklichkeit sei aber »kein bewußtes, kalkulierendes Verdeckenwollen«. Er sagt, sie habe versucht, einen kleinen Schleier über Probleme zu legen, um sich der unangenehmen Materie zu entziehen: »Sie weicht den Dingen aus, um mit ihnen leben zu können.« Sie behauptet unter Tränen: »Ich habe immer nur Hans, Hans, Hans gesehen.« Sie sucht nach Taschentüchern, trocknet ihre Tränen, als Hans Türke alias Wilhelm Richard M. als Zeuge seine Version der Beziehung zu schildern beginnt, und sie nickt ihm lächelnd zu, als er den Gerichtssaal verläßt. Im Herausgehen hat er versprochen, sie bald anzurufen.

Irene S., 63, lebt heute als Rentnerin in einem Häuschen im Elsaß, allein, am Rande der Sozialhilfe. Alles, was sie sich seit ihrer Schulzeit erarbeitet hat und was ihr im Alter einmal mehr bieten sollte als das Existenzminimum, ist weg, die Zusatzversorgung des öffentlichen Dienstes ihrer Verurteilung wegen verloren. Monate sind seit dem Verfahren ins Land gegangen. Hans Türke/Wilhelm Richard M. hat nicht angerufen. Sie ist darüber enttäuscht, aber nicht überrascht, mutlos, aber nicht lebensmüde. Sie ahnt, daß sich das erfüllen wird, was ausgerechnet der Ankläger, Bundesanwalt Joachim Lampe, in seinem Plädoyer vorhersagte: »Sie hat unter der Tat gelitten, sie hat unter dem Prozeß gelitten und sie wird auch unter der Strafe leiden – mehr als andere.«


### Ein Neubeginn mit 53 Jahren

Margret H. ist wieder heimgekehrt. Seit ihrer Haftentlassung 1989 wohnt sie in ihrem Elternhaus, das sie 30 Jahre zuvor im Zorn verlassen hat. Vater und Mutter leben nicht mehr, die Schwester wohnt mit ihrer Familie gleich nebenan. Sie sagt, daß sie nach der Entlassung aus der Haft – tatsächlich war es der letzte von DDR-Rechtsanwalt Wolfgang Vogel initiierte formale deutsch-deutsche Agentenaustausch, allerdings ohne einen Austausch von hüben nach drüben – nicht gewußt hätte, wohin. Ein Neubeginn mit 53 Jahren? Margret H., die bereits als Freigängerin im Strafvollzug eine Weiterbildung begonnen hatte, machte ihren Abschluß und fand eine Anstellung als Lehrerin an einer Sprachschule in Bielefeld: neue Erfahrungen, neue Kollegen, neue Bekannte, neue Chancen, neue Niederlagen, und immer wieder neuer Mut. Anfangs hat sie keinem Menschen von ihrer Vergangenheit erzählt, und keiner hat danach gefragt; später, wenn es einen Anlaß gab, hat sie darüber gesprochen. Sie dramatisiert niemals, erwartet kein Mitleid, sondern sagt mit entwaffnender Offenheit: »Das war so.«

Im Laufe der Jahre hat Margret H. Abstand gewonnen zu den Ereignissen, die ihr Leben auf den Kopf stellten. Sie hat viel nachgedacht über sich, die Begegnung mit Franz Becker und über alles, was folgte. Natürlich war sie neugierig auf seine wahre Identität, seinen Lebenslauf und das, was er im November 1998 vor Gericht über ihre Beziehung ausgesagt hat: Ja, er hat sie geliebt, und später sei aus der Liebe eine innige Freundschaft geworden. Und er hat es öffentlich bekannt, obwohl er bei der ersten Begegnung mit ihr schon verheiratet war und immer noch verheiratet ist mit derselben Frau.

Margret H. hat für sich selbst eine Erklärung gefunden im zentralen Glaubenssatz des Buddhismus. Der besagt, daß das Schicksal eines Menschen von seinen früheren Daseinsformen abhängt. Die Lehre vom Karma, die die Verschiedenheit der menschlichen Anlagen und Lebenswege erklären soll, bietet ihr nicht nur einen Erklärungsansatz, sondern auch eine Art Trost für das, was sonst unerklärbar bliebe. Sie beschreibt heute ihr Leben als Lernprozeß und hat es so auch mit allen für sie belastenden Folgen akzeptieren können: die Selbstzweifel, die Schuldgefühle, die tiefe Enttäuschung über einen geliebten Menschen, die Jahre in der Haft, die erheblichen finanziellen Einbußen bis zum heutigen Tag.

Sie spricht von dem subtilen psychischen Druck, den Franz Becker auf sie ausgeübt hat. Sie wirft es ihm aber nicht vor, weil sie sagt, daß sie auch auf seiner Seite immer die große psychologische Belastung gespürt habe. Sie nimmt ihn sogar in Schutz: »Er war kein kalter berechnender Mensch.« Die Probleme mit dem Leben in einer falschen Maske beschreibt sie aus beiden Perspektiven. »Wir feierten seinen Geburtstag. Aber es stimmte gar nicht, es war ja alles gelogen. Ich habe mich später furchtbar darüber geärgert«, erzählt sie, aber im nächsten Moment stellt sie die Frage: »Aber wie muß das erst für ihn gewesen sein?«

Auf der Suche nach dem Sinn des Lebens hat sie sich den Rosenkreuzern angeschlossen, einer Geheimgesellschaft mit mystisch-reformatorischen Zielen. Sie hat dort gefunden, was sie braucht. Aber es wäre falsch, nur diese Facette ihres Lebens zu sehen. Seit sie ihre Arbeit aufgegeben hat, widmet sie sich intensiv ihrem Garten, züchtet Gemüse und Kräuter, liest viel, pflegt alte und neue Freundschaften, spielt leidenschaftlich Schach – und tut alles, was sie schon immer tun wollte. Mit 63 Jahren sagt Margret H. ausgerechnet jenen Satz, mit dem sie vor 30 Jahren ihr Lebensgefühl in der Anfangsphase ihrer Liebe zu Franz Becker ausgedrückt hat: »Ich lebe jetzt erst richtig auf.«

Ein Dorf in der Südeifel, idyllisch gelegen zwischen Wäldern und Wiesen auf sanft geschwungenen Hügeln. Tagsüber ist der Ort wie ausgestorben: Außer den beiden Bauern, die noch ihre Höfe bewirtschaften, arbeiten andere nicht im Dorf, manche fahren täglich anderthalb Stunden zu ihrem Arbeitsplatz nach Köln. Die etwa 700 Einwohner zählende Gemeinde ist kein Dorf, das schöner werden will: viel Beton, grauer Stein, verklinkerte Bungalows, zwei Friesenfertighäuser, ein paar Fachwerkbauten, überwiegend lieblos modernisiert, nur ein Schmuckstück darunter mit gepflastertem Hof, mit einem Bauerngarten hinter der Küche und einer Hausherrin, die stolz auf das Siegel neben der Haustür zeigt. Das Anwesen, auf dem Ursula S. mit ihrem Mann seit 15 Jahren wohnt, steht unter Denkmalschutz.

In dem Dorf kennt keiner ihre Vergangenheit als Spionin. »Es ist ein Geheimnis, das ich mit meiner Familie teile«, sagt Ursula S. »Mein Mann kennt es, und die Kinder wissen es seit der Wende.«

Die Kinder: der Sohn Richter an einem Amtsgericht, Anfang 30, selbst schon zweifacher Vater; die Tochter, Ende 20, arbeitet als freie Journalistin für einen Rundfunksender. Ursula S. hat die Kinder das erste Mal gesehen, als diese wenige Monate zuvor die Mutter verloren hatten. Frau S. war gerade aus dem Gefängnis Villich entlassen worden und bemühte sich um einen neuen Job, als sie vom Tod einer entfernten Cousine erfuhr, den Problemen des Witwers mit zwei halbwüchsigen Kindern und seiner verzweifelten Suche nach einer Haushälterin. »Ich hätte nie daran gedacht, so etwas zu tun, wenn die Kinder nicht irgendwie zu meiner Familie gehört hätten«, sagt sie heute. »Jetzt weiß ich – es war die beste Entscheidung meines Lebens.«

In der Haft, so erzählt sie, habe sie sich nur mit sich selbst beschäftigt, sich bemitleidet, sich Sorgen um ihre Zukunft gemacht. Nach wenigen Wochen im Haushalt mit den zwei »zwischen Verzweiflung, Aggression und tiefer Traurigkeit hin- und hergerissenen Kindern« kam Ursula S. sich »furchtbar egoistisch und töricht« vor. Heute sagt sie, daß das Leid der

Kinder sie verändert habe: »Ich habe nach vorn geschaut, in die Zukunft.«

Sie erzählt, wie sie in das große Haus in Köln-Lindenthal gezogen ist, ins Gästeappartement, wie sie allmählich nicht mehr auf die vereinbarten Dienststunden achtete, sondern »da war, wenn die Kinder mich brauchten«.

Sie berichtet, wie sie nach zwei Jahren zum erstenmal mit den Jugendlichen zum Wintersport fuhr, wie sie »nach und nach, ganz, ganz langsam« auch mit deren Vater vertrauter wurde. Sie sagt: »Nach vier Jahren haben wir geheiratet. Es war keine Leidenschaft, aber tiefe Zuneigung und Vertrauen. Vielleicht war es auch schon Liebe.«

Über das, was an bitteren Erfahrungen hinter ihr lag, hat sie mit ihrem Mann erst gesprochen, als sie selbst Abstand gewonnen hatte – durch die emotionale Herausforderung der Kinder. »Ich hatte Wichtigeres zu tun, als meinem Verlobten nachzutrauern. Ich war sehr beschäftigt und hatte eine wichtige Aufgabe. Ich hatte Glück«, bekennt sie beim Blick zurück. Kurz nach der Wende kamen Erinnerungen hoch, als ein Journalist bei ihr anfragte, ob sie sich für einen zeitgeschichtlichen Beitrag interviewen lassen würde. Diskretion war angeblich Ehrensache, Schattenriß und verzerrte Stimme sollten eine Identifizierung unmöglich machen. Sie hat abgelehnt, weil sie weder »getarnt wie eine Spionin« noch mit offenem Visier auftreten wollte, letzteres aus Rücksicht auf ihren Mann.

Damals hat sie gemeint, daß es an der Zeit sei, auch mit den Kindern darüber zu sprechen. Sie wollte nicht, daß sie es zufällig von anderen erfuhren. Zu ihrer eigenen Überraschung konnte sie fast frei von Gefühlen darüber reden, als ginge es nicht um sie, sondern um eine andere Person. Nach dem Gespräch fühlte sie sich sicher, ihre Vergangenheit überwunden zu haben. Zum erstenmal, so sagt sie, habe sie überhaupt nicht mehr wissen wollen, wer ihr langjähriger Verlobter und Führungsoffizier eigentlich war. »Die Kinder haben meine Geschichte gelassen hingenommen, obwohl sie es irgendwie nicht fassen können. Bei Agentinnen hatten sie bisher immer an platinblonde Gespielinnen von James Bond gedacht«, sagt Ursula S. und lacht so laut, daß nebenan das jüngste Enkelkind aus dem Mittagsschlaf erwacht.

### Das befleckte Lämmchen

An dem Abend, als Frank Dietzel alias Dr. Rudolf R. ihr sagt, daß er sie nicht heiraten werde, bricht für Gabriele K. eine Welt zusammen. Als sie ihm vorhält, daß sie sieben Jahre auf ihn gewartet, ihn nie betrogen und belogen habe, antwortet er: »Ich heirate dich doch nicht als Belohnung dafür.«

Gabriele K. hat diese Demütigung und alles, was davor geschehen ist, nicht vergessen. Alles bleibt gegenwärtig, auch als sie nach der Trennung von Rudolf R. im Jahr 1985 einen Amerikaner kennenlernt, mit ihm zusammenzieht und ihn ein Jahr später heiratet. Die Erinnerungen an die Zeit mit jenem Mann, dem sie hörig war, überschatten die Ehe. Sie wird 1988 geschieden.

Trotz der maßlosen Enttäuschung bei der Begegnung im Herbst 1984 sieht Frau K. bis zum Frühjahr 1990 Dietzel/ Dr. R. viermal im Jahr, und bis zum Schluß gibt sie die Hoffnung auf eine Zukunft mit ihm nicht auf. Bis zum 30. Juni 1990, so hat er ihr versprochen, will er sein Leben ordnen, ihr seine Entscheidung mitteilen; aber auch sein letztes Versprechen hält er nicht. Erst bei ihrer Festnahme am 13. März 1991 erfährt sie, daß ihr früherer Geliebter in Rostock verheiratet und nicht – wie er immer behauptet hat – längst geschieden ist. Die Ermittlungen gegen Gabriele K. und Rudolf R. wegen Landesverrats und geheimdienstlicher Agententätigkeit und die dabei zwangsläufig zutage geförderten Details leiten das Ende seiner Ehe ein, obwohl R. auch daheim von seiner Erfahrung im Legenden-Erzählen reichlich Gebrauch macht: Er sagt seiner Frau (und später den Ermittlern), Gabriele K. habe schon vor seiner Bekanntschaft mit ihm für die HVA spioniert; er habe sie nur übernommen.

Abermals bricht für Gabriele K. eine Welt zusammen, schließlich sucht und findet sie eine Erklärung für seine Version: »Seine Frau und Tochter könnten ihm nie verzeihen, wenn er zugibt, was er getan hat. Mich durch ein Heiratsversprechen und durch vorgetäuschte Liebe und sexuelle Abhängigkeit in einem ausgeklügelten und perfiden Plan dazu gebracht zu haben, Spionage zu betreiben.«

Frau R. hat nicht verziehen. Nachdem ihr Mann 1995 bei einem Autounfall mit einer fremden Frau auf dem Beifahrersitz ums Leben gekommen war, ist unter der Traueranzeige nur der Name seiner Tochter erschienen.

Frau K. sitzt allein auf der Anklagebank, als im heißen Sommer 1996 ihr der Prozeß gemacht wird. Das Ermittlungsverfahren gegen Dr. R. war schon vor dem tödlichen Unfall eingestellt worden, weil gegen ihn der Vorwurf des Landesverrats nicht zu halten war. Er hatte das Verratsmaterial nur transportiert. Und die Täter hinter dem Täter R., die ihn von Ostberlin hinausschickten, um Gabriele K. über Jahre immer wieder als williges Werkzeug zu benutzen, kamen nach der Entscheidung des Bundesverfassungsgerichts vom 15. Mai 1995 quasi in den Genuß einer Amnestie.

Da Rudolf R. nicht einmal mehr als Zeuge gehört werden kann, gibt es nur eine Variante der Tragödie – und Gabriele K. trägt sie dem Gericht vor, wie sie später in der Fernsehdokumentation von Elisabeth Pfister »Unternehmen Romeo« Teile davon erzählen wird, vor der Kamera allerdings mit gebremstem Temperament. Im unterirdischen Saal des Oberlandesgerichts gerät sie immer wieder in Panik. Sie weint, sie schreit, und wenn sie ihr Lämmchen herzt, es wie ein Kind seinen Lieblingsteddy an sich drückt, bekommt das weiße Fell Flecken: mal Blau, mal Lila, mal Rosarot, immer vermischt mit Schwarz, je nachdem welche Farbe ihr Make-up passend zum Outfit, von der Brille über Ohrgehänge, Kleider und Tücher bis zu den Schuhen, hat. Dennoch entgeht ihr nichts: kein

Widerspruch eines Zeugen, kein falsch zitierter Satz, kein Detail. Immer ist sie hellwach.

Das Gericht hält die hochintelligente und hypersensible Frau für vermindert schuldfähig. Das Zusammentreffen der bei ihr seit Kindheit vorliegenden »massiv ausgeprägten hysterischneurotischen Persönlichkeitsstruktur mit dem durch diese Neurose bedingten und geförderten, sich bis zur Hörigkeit verstärkenden Abhängigkeitsverhältnis zu Dr. R.« führte nach Auffassung des Gerichts »bei voll erhaltener Einsichtsfähigkeit zu einer erheblich verminderten Steuerungsfähigkeit«. Denn diese hysterische Neurose in Verbindung mit dem pathologischen Beziehungsgeflecht habe eine Persönlichkeitsstörung hervorgerufen, deren Schweregrad einer anderen seelischen Störung im Sinne der Paragraphen 20 und 21 Strafgesetzbuch gleichkomme. In diesen beiden Paragraphen sind die Voraussetzungen definiert, die zu einer Schuldminderung und damit zu einer milderen Strafe führen können. Neurotische Hysteriker, so hat der psychiatrische Gutachter vor Gericht vorgetragen, seien Persönlichkeiten, die egozentrisch imponieren, unrealistisch im Geltungsanspruch sind, ihre Gefühle demonstrativ zur Konfliktbewältigung einsetzen. Oder wie der Psychiater Jan Bastiaans schreibt: »Hysterie ist der Zustand der Übertreibungen.«

Die Beschreibungen des seelischen Ausnahmezustandes von Gabriele K. sind notwendig, um ihre Perspektive und ihr Empfinden beim Blick zurück zu verstehen. Denn die diagnostische Persönlichkeitsbeschreibung als Hysterikerin ist kein Werturteil. Sie signalisiert nur, daß Gabriele K. in ihrer Hypersensibilität und Egozentrik, gepaart mit einem scharfen Intellekt, bestimmte Ereignisse in einer stärkeren Intensität als andere erlebt und sie deshalb auch treffender darstellen oder erst durch Überzeichnung für andere nachvollziehbar machen kann. Noch bevor sie einen Blick in ihre Akten werfen konnte, war ihr sofort klar, wie ihr Romeo immer wieder neue Ansatzpunkte für ihre Verstrickung fand. Wenn er nicht da war, sie sehnsüchtig auf ihn wartete, hat sie in ihrer Einsamkeit ihm seitenlange Briefe geschrieben, in denen sie ihre intimsten Empfindungen mitgeteilt hat.

»Es ist besonders grauenhaft für mich, jetzt zu wissen, daß all diese Gefühle dann vom Staatssicherheitsdienst ausgewertet wurden«, sagt sie. »Er hat ja denen bestimmt alle meine Briefe gegeben. So bekam dann die Stasi immer wieder neue Anhaltspunkte, wie er mich benutzen konnte ... Ich war für die Stasi nichts als ein gesichtsloser Fall. Ich hatte ja diesen Codenamen, ich war ein Neutrum für sie. Das Schlimme ist, daß sich jeder gerechtfertigt fühlt, mich so entmenschlichend zu behandeln. Ich bin dadurch irgendwie vogelfrei geworden.« Die Frau mit dem Decknamen »Gerhard« fühlt sich deshalb auserwählt, weil »sie eben wußten, daß ich leicht beeinflußbar bin, daß ich allein bin, daß ich mich leicht verliebe, und daß ich in einer Traumwelt lebe und leicht getäuscht werden kann. Man hat mein Leben also bewußt, gezielt und geplant zerstört ...« Sie sieht sich nicht als Täterin, sondern als Opfer eines Verbrechens: »Mein ganzes Leben ist daran zerbrochen, meine Vergangenheit hat sich als Lüge erwiesen, meine Gegenwart ist zerstört.«

Gabriele K. lebt heute in einer holländischen Kleinstadt und arbeitet als Stoffdesignerin. Seit 1992, als sie sich die Eigentumswohnung in den Niederlanden als Zufluchtsort kaufte, beschäftigt sie sich intensiv mit Seidenmalerei. Inzwischen hat sie sieben Hunde aus fünf Heimen, den ersten Hund ihres Lebens hatte ihr Rudolf R. geschenkt. Der Mann, den sie bald nach der Trennung von ihrem Romeo geheiratet hat, brachte sie dazu, den Hund Poochie einzuschläfern. Danach mußte sie vier Wochen lang stationär in der Psychiatrie behandelt werden. Vor Gericht hat sie behauptet, Mitglied in sechs Tierschutzvereinen zu sein und ihr gesamtes Vermögen diesen vererben zu wollen.

Die Zukunft? Malerei, Kunsttherapie, Esoterik und Hunde. Beziehungen zu Männern will sie nicht mehr eingehen. »Für mich verkörperte Frank so viele Jahre lang den Inbegriff der Liebe, der Zuwendung, des inneren Lebens an sich. Ich kann es einfach nicht fassen, daß es diesen Menschen nie gab, sondern daß er ein grausamer, eiskalter, total fremder Mensch ist. Frank Dietzel und Rudolf R. sind für mich zwei total unterschiedliche Personen, die nichts miteinander zu tun haben. Allein die Vorstellung, daß Frank ein so hoher Stasi-Mensch war, der so hoch dekoriert wurde, auch weil er mich verführt und mich von ihm in so vielfältiger Weise abhängig gemacht hatte, ist so perfide, daß ich diesen Gedanken nicht zu Ende denken kann.«

Nach zwei gescheiterten Ehen, zahlreichen chaotischen Beziehungen und dem Trauma mit Frank/Rudolf sagt Gabriele K., warum sie von einem Mann nichts mehr wissen will: »Wenn ich nicht erkennen konnte, daß der Mann, den ich über alles geliebt habe, vom Staatssicherheitsdienst ist, dann wäre der nächste Mann vielleicht mein Mörder.«

# XIV. Das kalte Herz

### Romeos auf der Flucht vor ihrer Vergangenheit

»Die wichtigste Voraussetzung für einen Geheimdienstler ist seine vollkommene Loyalität, er muß ein klares Feindbild haben, exakt auseinanderhalten, was gut und was böse ist, sonst gerät sein Wertesystem aus den Fugen«, behauptet Jürgen Albertz unter dem Titel »007, germanisch – die Lizenz zum Lesen« in einem amüsanten wie lehrreichen Beitrag in der »Süddeutschen Zeitung« vom 25./26. Januar 1992 über die Grundregeln im zweitältesten Gewerbe der Welt. Albertz hat seine Analyse verfaßt, als die Feindbilder in Ost und West keine scharfen Konturen mehr hatten. Der Autor erinnert auch an die drei Maximalanforderungen, die Felix Dscherschinskij, der Gründer der russischen Tscheka, an seine Agenten gestellt hat: einen kühlen Kopf, ein brennendes Herz und allzeit saubere Hände.

Das MfS und speziell die Hauptverwaltung Aufklärung, welche sich so gern auf die Tradition der Tschekisten berief, haben – wie andere Geheimdienste auch – immer Schwierigkeiten mit den sauberen Händen gehabt, aber offenbar nie mit dem brennenden Herzen.

Blutrot und übergroß prangt es zum Beispiel auf der Brust des Titelhelden »Der Kundschafter«. Das Buch ist 1989 beim Kinderbuchverlag Berlin in dritter Auflage erschienen. Das für Leser ab 12 Jahren empfohlene Werk erzählt die Geschichte vom Sonderauftrag eines tapferen IM aus Dresden, der gelegentlich sogar von Gewissensqualen beim Lügen und Betrügen des Klassenfeindes heimgesucht wird und mutig den Verführungskünsten der schönen Abwehragentin trotzt. Denn der Kundschafter denkt an Frau und Kind daheim, Tag und Nacht, immer. Wer das angeblich auf einem authentischen Fall beruhende Heldenepos der DDR-Spionage gelesen hat, wird beim öffentlichen Auftritt ehemaliger Romeos allerdings von einer Frage gequält: Wo ist bloß das heiße Herz geblieben?

Romeos möchten von ihren Einsätzen am liebsten gar nichts mehr wissen. Lang, lang ist's her, vergessen, vergangen, verdrängt. Sie berufen sich notfalls wie Herbert Sch. auf die Pflichten eines Hauptamtlichen IM oder wie Roland Gerhard Conrad G. auf den Gehorsam eines Majors und Parteisoldaten der DDR.

Vor Journalisten bleiben die beiden auf der Flucht, auch wenn es gelegentlich einem Kamerateam gelingt, ihnen aufzulauern. Zu einem Gespräch kommt es nie, allenfalls zu einem heftigen Wortwechsel oder gar zu einem Schlagabtausch mit Fotografen. Nur als Zeugen vor Gericht haben die beiden Ex-Agenten öffentlich über ihr halbseidenes Gewerbe ausgesagt, aussagen müssen, um nicht mit Zwangsgeldern oder Beugehaft belegt zu werden. Überdies will man sich ja auch nicht in Anwesenheit des früheren Chefs, Generaloberst a. D. Markus Wolf, von einem Richter aus dem früheren Operationsgebiet Feigheit vor dem Feind vorwerfen lassen. Die alte Loyalität lebt dann schnell wieder auf, wenn es gilt, das angestaubte Feindbild blank zu wienern, um sich selbst im besten Licht zu präsentieren.

Bei den Auftritten im Prozeß gegen Markus Wolf am 3. Juni 1993 kommen die beiden Herren der Wahrheit wohl ziemlich nahe. Wahrheit, das heißt in diesem Fall, den trotz aller Vernichtungsaktionen der HVA noch reichlich vorhandenen dokumentierten Fakten. Ein Stück Zeitgeschichte wird im Gerichtssaal aufgeführt, ein Lehrstück ohnegleichen, doch das Interesse des Publikums hält sich in Grenzen. Nur 20 Zuhörer inklusive Journalisten lauschen am Vormittag den Offenbarungen des Roland G., nachmittags noch weniger den Abenteuern des Herbert Sch. Dabei bieten die beiden Rentner mehr brisanten Stoff über zwischenmenschliche Beziehungen als 1 000 Folgen der ARD-Vorabendserie »Verbotene Liebe«.

»Seine moderne Garderobe, sein gepflegtes Äußeres und

seine ausdrucksstarke hochdeutsche Sprache hinterlassen einen angenehmen Eindruck. Aufgrund seines Aussehens fällt es ihm auch relativ leicht, Kontakte zu weiblichen Personen herzustellen«, so wird Roland G. in dem »Auskunftsbericht« vom Dezember 1956 charakterisiert, den das MfS von frisch angeworbenen Mitarbeitern anzulegen pflegte. In diesem Fall stammte der Autor des Textes aus der Abteilung XV der Bezirksverwaltung Karl-Marx-Stadt, heute wieder Chemnitz. Das wichtigste Merkmal der Wahl des Schauspielers G. für die Rolle des Romeo war wahrscheinlich seine dialektfreie Sprache, denn wenn man eine westdeutsche Sekretärin unter Vorspiegelung falscher Tatsachen umgarnen wollte, galt ein regionaler Akzent als großes Hindernis, Sächsisch sogar als Liebestöter. Auch der KGB, so der Ex-Führungsoffizier von Margret H. mit Decknamen Franz Becker, wünschte stets Kundschafter, deren landsmannschaftliche Herkunft nicht auf Anhieb zu erkennen war.

Es bedarf viel Phantasie, sich im Juni 1993 den mittlerweile 63 Jahre alten Rentner G. auf dem Zeugenstuhl als Romeo vorzustellen. Er erinnert an einen in die Jahre gekommenen Vorstadt-Casanova, der nicht von früheren Eroberungen erkannt werden will. Die in seinen umfangreichen HVA-Akten dokumentierte Eitelkeit und Wichtigtuerei hat er aber noch nicht ganz abgelegt, als er versucht, im Dialog mit dem Gericht den Mann von Welt herauszukehren. »Dem würde ich nicht mein Fahrrad zum Halten geben«, ruft eine Journalistin halblaut einer Kollegin zu. Gelächter im Saal, und sogar Andrea Wolf, die Ehefrau des Angeklagten, kann sich ein Lachen nicht verkneifen.

Der Zeuge G. versucht bei seiner Aussage gleichzeitig die Bundesanwälte auf der rechten Seite, das Gericht in der Mitte und den früheren Chef links auf der Anklagebank im Blick zu behalten. Während seiner Vernehmung gibt er potentiellen Romeos beiläufig Tips für den Umgang mit Frauen: »Kleine Geschenke erhalten die Freundschaft. Gibt man zuviel, dann besteht die Gefahr, daß die Tätigkeit aufgedeckt wird. Ich hab ihr mal einen Ring und eine Kette mitgebracht, was man einer

Frau halt so schenkt, wenn man sagt, daß man sie liebt. Und Blumen natürlich, und ich bin mit ihr gut essen gegangen. Einmal hat sie 2 000 oder 5 000 Mark für ein Auto bekommen.«

Doch dann wandelt er sich plötzlich, aber nicht unerwartet, vom ausgebufften Akteur zur verfolgten Unschuld. Romeo Roland G. beklagt sich bitter: »Ich muß hier mal zur Sprache bringen, wie sehr mir die ganze Sache geschadet hat. Seit meine MfS-Anbindung bekannt geworden ist, kann ich nicht einmal mehr in Annaberg auftreten. Das hat der Kulturausschuß erzwungen. Ich habe Berufsverbot. Selbst einen Waffenschein als Jäger gibt man mir nicht mehr seit 1991, obwohl ich 1971 meine Jagdprüfung gemacht habe.«

Er erzählt von seinem Verfahren vor dem Verwaltungsgericht und ist nicht mehr in seinem Klagelied zu bremsen. Einer der Verfahrensbeteiligten wird angesichts der Arie des Ex-Majors über sein Leiden nach der Wende im Protokoll statt der üblichen wörtlichen Zitate nur vermerken: »Der Zeuge lamentiert über sein Schicksal.«

Alle scheinen ungerührt. Wolf liest Zeitung. Nur Roland G. trieft vor Selbstmitleid. Schließlich sagt der Schauspieler den Satz, der ihm selbst die Tränen in die Augen treibt: »Ich habe meinen Auftrag in gutem Glauben für das MfS erfüllt.«

Drei Jahre später wird er sich als Zeuge im Prozeß gegen Margarete L. eher wortkarg geben, das Gericht ihn in der Urteilsbegründung charakterlos nennen. Dem 7. Strafsenat ist da das Repertoire von G. an Spitzel- und Denunziantendiensten für das MfS über Kollegen, Bekannte und sogar Freunde noch nicht bekannt. Aber um zu diesem Werturteil über den Zeugen G. zu kommen, reichen die Details im Fall der Margarete L. aus. Die strafrechtlichen Vorwürfe gegen ihn waren ohnehin vor der Wende schon verjährt.

## Nach Bedarf Macho oder Kuschelbär

Herbert Sch. ist sich auch im Alter von 66 Jahren noch seiner Wirkung auf Frauen bewußt. Er hat für die HVA Gerda O. und Dagmar K.-S. zu Top-Agentinnen gemacht und danach derart schnell so viele Frauen an diversen Ferienorten umgarnt, daß er bei seiner Führungsstelle in Ostberlin Mißtrauen und Neid erregte. »Ich war immer daran interessiert, Leute für den Sozialismus zu gewinnen. Daß ich dabei Damen kennenlernte, war ganz natürlich«, so beschreibt er vor Gericht seinen Auftrag als Hauptamtlicher IM – und untertreibt mächtig.

Er spielt bewußt seine Rolle herunter, seine Anziehung auf Frauen und seine Fähigkeit, sie emotional und sexuell abhängig zu machen. Er kann offenbar mühelos die männliche Rolle übernehmen, die den Wünschen der jeweiligen Frau am meisten entspricht: mal Macho, mal Softie, mal Voreifel-Tarzan der gezähmten Art, mal väterlicher Freund oder Kuschelbär, aber immer Kavalier vom Scheitel bis zur Sohle. »Ich bin zu höflich, um Frauen zu widersprechen«, sagt er, als der Vorsitzende Richter Wagner Näheres über den Ehekrieg zwischen Gerda O. und ihm erfahren will.

Nur gelegentlich läßt er seine Verachtung für Frauen erkennen und enthüllt dabei vielleicht etwas von seiner hinter vielen Rollen verborgenen Persönlichkeit. Da fragt ihn der Richter nach einer Schweizerin, die Mitte der 80er Jahre seinetwegen ihren Mann verlassen wollte und bereit schien, für das MfS zu arbeiten: »Die Dame soll Ihnen hörig gewesen sein, stimmt das?« Herbert Sch. entgegnet: »Aber doch nicht politisch, Herr Vorsitzender, nur sexuell.«

Das Leben des Super-Romeos bietet genug Stoff für einen Thriller. »Ich war im Krieg Scharfschütze bei der SA-Standarte ›Feldherrenhalle‹, später bei der Panzergrenadierdivision, habe das Eiserne Kreuz I und das Silberne Scharfschützenabzeichen erhalten. Ich hatte mich mit 22 Jahren freiwillig zur SA gemeldet. Während des Krieges bin ich dreimal in Gefangenschaft geraten, aber dreimal wieder abgehauen. Wer beim Rückzug der Deutschen deren Greueltaten gesehen hat, für den war kein Gesinnungswandel nötig, um für das MfS zu arbeiten.« Mit diesen Sätzen beschreibt Herbert Sch., warum er sich im Alter von 43 Jahren 1963 von der HVA anwerben und ein Jahr später nach Paris schicken ließ.

Im Spätherbst 1963 war er nach einem fünfjährigen Intermezzo im Westen in die DDR zurückgekehrt, die er angeblich in einer Kurzschlußhandlung verlassen hatte. Die meisten seiner Aktivitäten in der Zeitspanne außerhalb der DDR liegen im dunkeln. Allein die Aufzählung der Berufe erinnert an den Titel eines Romans von John le Carré: Schlosser, Kaufmann, Söldner und Spion. Herbert Sch. bleibt ein Wanderer zwischen zwei Welten.

Welchen Auftrag er in den zwei Jahren an der Sprachschule in Paris zunächst erfüllen sollte, hat Sch. in einer polizeilichen Vernehmung so beschrieben: »Ich sollte zunächst nach DDR-positiven oder linkslastigen Menschen Ausschau halten aus allen Berufen, aber vor allem im Bereich der Journalisten, die für die DDR interessant sein könnten. Die Staatsangehörigkeit spielte keine Rolle. Gefragt waren alle Leute, die aus NATO-Ländern kamen.«

Hinter ihm auf der Schulbank saß aber Gerda O., mit der er schnell anbändeln und auf die er sich umgehend konzentrieren konnte. Vor Gericht sagt er, er habe die Bekanntschaft seiner Führungsstelle gemeldet, gleichzeitig sich auch ihr »ein bissel dekonspiriert«.

»Aus Sicherheitsgründen« will er sie bald nach Ostberlin mitgenommen und dort vorgestellt haben. Die Beziehung zu ihr beschreibt er als »vertrautes, echtes Liebesverhältnis«, angeblich auf Anweisung der HVA zögerte er erst die Heirat mit ihr hinaus. »Ich denke«, sagt Sch., »daß es den späteren Einsatz, für den ich vielleicht damals noch eingeplant war, behindert hat.« Die Ehe sei später nicht am MfS, sondern am Alkohol gescheitert. Trotz der bevorstehenden Scheidung, trotz der Verbitterung und des Zorns hat Gerda O. ihren Ehemann noch gewarnt, bevor sie sich ihrem Arbeitgeber offenbarte.

Das Verhältnis zu Dagmar K.-S. beschreibt Herbert Sch. als »echte Zuneigung«, und der Wunsch nach einer festen Bindung sei nicht nur von ihr, sondern »eigentlich von beiden« gekommen. Die Parallelen der beiden Anbahnungen lassen den selbstsicheren Profi erkennen. Beiden Frauen hatte er schnell reinen Wein über seinen Auftrag eingeschenkt, beide haben Verpflichtungserklärungen in Ostberlin unterschrieben, beide – Gerda O. war gerade mal 20 Jahre alt – ahnten dennoch nicht, worauf sie sich eingelassen haben. Die entwaffnende Offenheit, mit der Sch. kundtat, wer er war und was er wollte, hat beide nicht geschreckt, sondern erst recht gereizt. Und beide, so beteuert er vor Gericht, hätten keinen Lohn fürs Spionieren bekommen, nur einen Ersatz der Auslagen – unter anderem auch die 400 Mark für die Eheringe, die Dagmar K.-S. mit nach Ostberlin zur inszenierten Hochzeit brachte.

Als Herbert Sch. nach seiner Vernehmung den Saal verläßt, in dem Gerda O. und Dagmar K.-S. wegen geheimdienstlicher Agententätigkeit verurteilt worden waren, will ein Fotograf vor dem Portal Bilder von ihm machen. Sch. rennt auf ihn zu, beschimpft ihn, versucht ihm die Kamera aus den Händen zu schlagen. Der junge Mann tritt verwirrt den Rückzug an, der Romeo a. D. verschwindet plötzlich nach nirgendwo – wie in alten Zeiten.

Vier Jahre später, im Frühjahr 1997, versucht das Team von Channel 4 Herbert Sch. zum Reden zu bringen. Mit versteckter Kamera nähert es sich der Wohnungstür in einem Plattenbau in Chemnitz. Es wird Sturm geklingelt, Frau Sch. erscheint an der Tür. »Wir haben eine Nachricht für Herrn Sch.«, ruft eine Journalistin. »Was haben Sie denn?« will die Frau wissen, mit der Herbert Sch. seit 1980 verheiratet ist. »Wir haben eine Nachricht von einer ehemaligen Freundin«, lautet die Antwort. »Ach ne, dankeschön«, schreit Frau Sch. in die Kamera und will die Tür schließen. Doch irgend jemand behält den Fuß in der Tür. »Herbert, Herbert, komm mal her«, brüllt sie ins Wohnungsinnere.

Er erscheint, aber nur wenig ist von ihm zu sehen: eine dunkle Brille, ein bißchen Strickjacke, ein sich über dem Bauch wölbendes Hemd. Er versteckt sich hinter der Tür, die Journalistin ruft durch den Spalt die einzige Frage, die Dagmar K.-S. beantwortet haben will. »Haben Sie Dagmar geliebt?«

Die Ehefrau baut sich vor der Tür auf und wehrt ab: »Wir geben keine Auskunft.« Die Reporterin wiederholt ihre Frage. Hinter der Tür ist eine heisere Stimme zu vernehmen: »Was? Was?« Dann wagt Herbert Sch. einen Schritt auf den Flur: »Das ist alles in der Vergangenheit.« Seine Frau ist außer sich, fuchtelt mit den Armen, schreit sich fast die Kehle aus dem Leib: »Das hat sich erledigt. Hauen Sie ab. Weg! Weg!« Sirenen eines Rettungswagens übertönen ihre letzten Worte. Die Tür wird zugeknallt.

Ein kühl kalkulierender, skrupelloser Draufgänger wie Herbert Sch., der gleichzeitig seinem Staat so verbunden blieb, daß er den Verlockungen des Lebens im Feindesland nicht unterlag: Das war der Idealtypus des Romeos. Doch was geschah, wenn der Job trotz psychologischer Vorbereitung die Psyche überforderte?

Ein ehemaliger, vom Verfassungsschutz enttarnter KGB-Casanova, von seiner Führungsstelle zum Ausforschen der Jagdgründe nach Bonn beordert, klagte ganz offen über seine Überforderung: »Jede Beziehung mußte ich unter dem Aspekt beurteilen, wie ich sie nachrichtendienstlich ausschlachten könnte. Eine echte persönliche Beziehung zu meiner späteren Sekretärin-Agentin, die ich sogar heiraten sollte, war unmöglich. Ich mußte beim Debriefen über jede Gefühlsregung Auskunft geben. Jede kleinste Sympathie-Regung war für sie gleichbedeutend mit ›Dekonspiration‹.«

Ohne Blessuren an Leib und Seele ist auch einer der erfolgreichsten KGB-Führungsoffiziere nicht davongekommen, selbst wenn er es anderen nicht eingestehen mag. Er hat gezögert, sich gewehrt, ist aber dann doch zum Gesprächstermin erschienen, um über seinen Part im falschen Spiel mit Margret H. zu reden. Er gibt sich gelassen, cool, aber dann sagt er immer wieder Dinge, die seine innere Anspannung verraten. Als der Mann, den alle als Franz Becker kannten, sich in Erklärungsnot glaubt, greift er zu einem Manuskript und beginnt daraus vorzulesen. Es ist das Statement, das er im November 1998 vor dem 7. Strafsenat des Oberlandesgerichts Düsseldorf vorgetragen hat, um seine Situation zu erklären: eine Art politisches Bekenntnis zur eigenen Vergangenheit, zum Staat, in dem er aufgewachsen ist und der ihn geprägt hat.

Es ist eine denkwürdige Begegnung im Büro einer renommierten Berliner Sozietät mit einem Menschen, den man nur aus Beschreibungen kannte: ein vages Bild, gezeichnet vor allem von einer Frau, die ihn liebte, der er aber Jahre ihres Lebens gestohlen hatte. Die Züge von Franz Becker waren im Prozeß gegen Margret H. 1987 unklar geblieben, obwohl der Vorsitzende Richter Wagner versucht hatte, dem Geheimnis des »schönen Franz« auf die Spur zu kommen. »War der Franz wirklich Junggeselle? Eine Frau merkt das ja«, behauptete Wagner und bemühte sich, ihr mit seiner Hauruck-Methode auf die Sprünge zu helfen. »Hatte er Löcher in den Socken?« Fehlanzeige. Neuer Versuch mit der Westentaschenpsychologie über die Unterschiede zwischen einem dressierten Ehemann und einem Single: »Ein Junggeselle pflegt nicht abends in Pantoffeln vor dem Fernseher zu sitzen, den drängt es raus in die Kneipe oder in die Disco.«

Margret H. wurde sich auch bei den ganz simplen Fragen des Gerichts zum ersten Mal bewußt, wie wenig sie in 15 Jahren tatsächlich von Franz Becker erfahren hat: Bruchstücke seiner Legende stimmen vielleicht mit Teilen seiner echten Identität überein, der Rest ist Lug und Trug.

Es fällt ihm nicht leicht, Jahre danach über sich selbst und seine Beziehung zu Frau H. zu sprechen: über die Liebe zu ihr, die spätere Freundschaft, den Befehl, sie zum Spionieren zu stimulieren, ihre Widerborstigkeit gegen seine Wünsche – das Ende der Affäre, ihre Festnahme. Er beteuert, schon immer geplant zu haben, mit ihr noch einmal über alles zu reden, doch er hat schnell eine plausible Ausrede parat, warum er es nicht getan hat. Vor seinem Prozeß hätte das Gericht ein Treffen als Versuch bewerten können, die Zeugin Margret H. zu beeinflussen.

Er läßt sich ihre Telefonnummer geben, sagt, daß er in einem Gespräch mit ihr und seiner Frau zusammen reinen Tisch machen will. Doch als er ihr Grüße ausrichten läßt, wird schon klar: Franz Becker wird nicht anrufen, kein Treffen arrangieren, nicht mit ihr reden.

Das Verhalten von Margret H. vor und nach ihrer Verhaftung, daß sie sich in Untersuchungshaft nicht vom KGB dazu bewegen ließ, nicht auszusagen, statt dessen ihre Entscheidung, auszupacken und sich selbst dabei extrem zu belasten: Das alles hat der Geheimdienstprofi nicht verstanden. Aber darüber kann er trefflich streiten und auch noch beklagen, daß sie sich nicht an seine Anweisungen gehalten habe, den Koffer mit seinen Anzügen aus der Wohnung zu entfernen.

Franz Becker spielt das Spiel: Was wäre gewesen, wenn sie nicht gestanden und das Gericht ihr nichts hätte beweisen können außer ein, zwei Treffen mit einem KGB-Agenten im Schatten des Kölner Doms? Seine Argumentation verrät, daß er immer noch nicht begriffen hat: Margret H. wollte sich von ihm und dem ganzen Gespinst aus Angst, Lügen und Verrat befreien.

Über die Rolle, die er in ihrem Leben spielte, kann er keine Theorien entwickeln, keine Spekulationen anbieten. Er sucht nach Worten, spricht von tragischer Verstrickung, von Trauma, von der Last der Erinnerung. Aus Abenteuerlust, Neugier und der Suche nach einem besseren Leben hat er sich mit 23 Jahren auf das Geheimdienstgewerbe eingelassen, mit 24 hat er einen Job akzeptiert, der ihn physisch und psychisch kaputtmachte – seine junge Ehefrau und Margret H. ebenfalls. An der unsichtbaren Front des Kalten Krieges gab es keine Helden, keine Sieger, nur Verlierer. Franz Becker knackt in regelmäßigen Abständen Nitrokapseln, spült sie herunter. Das Herz, Angina pectoris. Manchmal ringt er um Fassung. »Nie«, sagt er, »niemals würde ich mich noch einmal auf so etwas einlassen.«

## »Es war alles wahr und doch gelogen«

In der Katakombe des Oberlandesgerichts Düsseldorf sitzt am 15. Januar 1998 der Rentner Wilhelm Richard M. aus Eisenhüttenstadt und wartet auf seine Zeugenvernehmung im Verfahren gegen Irene S. Vor 20 Jahren hat der Zeuge sich von ihr als Hans Türke in Ostberlin verabschiedet und sie seither nicht mehr gesehen. Wilhelm M. hockt im Pressezimmer und stellt Fragen an die einzige, ebenfalls wartende Journalistin über das Prozedere vor Gericht. Er hingegen will keine Fragen beantworten, denn er hat einen Exklusivvertrag mit »Superillu«, Exklusivfotos inklusive und außerdem alles, was er sagen kann, auch noch in einem Interview für eine Fernsehdokumentation des WDR gesagt.

Daß er für »Superillu«, für das Fernsehen und auch für den 7. Strafsenat seine Antworten hübsch zu variieren weiß, um allen Erwartungen gerecht zu werden, versteht sich von selbst. Man kann es ihm nicht einmal vorwerfen, denn es ist ein Symptom der Berufskrankheit fast aller Agenten: Wilhelm M. hat als Hans Türke gelernt, die Wünsche anderer vorauszuahnen, um sie perfekt zu erfüllen. Weil er sich langweilt, beginnt er doch über die Einsamkeit eines Spions zu klagen, empfiehlt Mario Simmel zur Lektüre und sagt einen bemerkenswerten Satz: »Es war alles wahr und doch gelogen.«

An diesem Januartag wartet Wilhelm M. vergebens auf seinen Auftritt als Zeuge, die Angeklagte ist nicht erschienen. Der Grund: ein Selbstmordversuch gemeinsam mit ihrem Mann. In einem blutverschmierten Abschiedsbrief erwähnt Irene S. Zukunftsangst und Eheprobleme. Eine Woche später findet die von ihr gefürchtete und dennoch ersehnte Begegnung mit dem früheren Gefährten statt. Sie braucht eine Weile, bis sie ihre Hände vom Gesicht nimmt, sich die Tränen trocknet und ihn prüfend anschaut. Sie greift nach Taschentüchern, als er seine Version der Beziehung schildert: große Sympathien, ein harmonisches Verhältnis, seine erstaunliche Karriere beim Klassenfeind als Prokurist einer Baugesellschaft, das Leben in bürgerlicher Idylle. Er erzählt aber auch von ihrer Angst, ihren Schweißausbrüchen, wenn sie Material aus dem Bundeswirtschafts- und später aus dem Bundesarbeitsministerium nach Hause brachte. Doch sie davon abzuhalten, das nennt er wegen seines Auftrags »unmöglich«.

Wilhelm M. hat wohl beide Rollen als Ostagent und überzeugter Sozialist einerseits wie als strebsamer Bundesbürger und einfühlsamer Liebhaber andererseits binnen kurzer Zeit beherrscht und verinnerlicht. »Ich habe meine Rolle gespielt, so wie es in der Legende festgelegt war. Ich hatte meinen Auftrag von Partei und Regierung. Da konnte ich mich doch nicht jeden Tag fragen, wem schadest du damit. Natürlich habe ich hier alle belogen, denn ich war ja ein anderer. Aber vom Gefühl habe ich es ehrlich gemeint.«

Mit diesen Worten biegt Wilhelm M. sich die Realität eines Doppellebens zurecht. Als er noch betont, Irene S. immer fair behandelt zu haben, hakt die Vorsitzende Richterin Obst-Oellers ein: »Frau S. hat Sie geliebt.« Der Zeuge erinnert sich vage: »Es gab Gespräche über Heirat.«

Irene S., die dem Gericht schon erzählt hatte, wo in der gemeinsamen Wohnung das Kinderbettchen stehen sollte, sitzt plötzlich kerzengrade und hört aufmerksam zu. Wilhelm Richard M., inzwischen 66 Jahre und zum drittenmal geschieden, erzählt, er wäre gern bei ihr geblieben. Aber aus seinen Schilderungen darf geschlossen werden, daß er nicht nur aus Zuneigung zu Irene S. sein Leben in Bad Breisig am liebsten weitergeführt hätte, sondern weil er sich hier weitaus wohler fühlte als in der DDR. Er, Sohn aus einer armen und kinderreichen Familie mit typischer Nachkriegsbiographie, schätzte gerade das, was andere vielleicht als bürgerlich und langweilig empfinden: ein beschauliches, bequemes und harmonisches Leben. Reisen, ein gemütliches Heim und einen Beruf, der ihm Geld und Anerkennung brachte wie kein Job zuvor. Die Nachbarn mochten ihn wegen seiner Hilfsbereitschaft und zupackenden Art. Von der anderen Seite seines Lebens ahnten sie nichts.

Seine Führungsstelle in Ostberlin muß wohl genau gewußt haben, daß ihr IM Wilhelm M. die Lebensart im Operationsgebiet schöner fand als die Tristesse in seiner Heimat. Sie hat ihn im Oktober 1977 zu einem Führungstreff bestellt und auf der Transitstrecke »aus dem Verkehr gezogen«, wie ein Referatsleiter der Abteilung I des HVA vor Gericht aussagt. Der Grund für die »Rückübersiedlung« blieb unklar: Angst vor Enttarnung oder Furcht der HVA, daß ihr Mann in der rheinischen Provinz endgültig an den Kapitalismus verlorengehen könnte. Denn was seine Gefährtin geliefert hat, schien kaum den Aufwand zu lohnen, Kuriere zu schicken. Ihr Material erhielt von den Auswertern in der HVA maximal die Note befriedigend. Für den ehemaligen Unterstufenlehrer brach eine Welt zusammen, als er begriff, daß er nicht in den Westen zurück durfte.

Vor Gericht hat Wilhelm M. erst einmal Mitleid mit sich selbst: »Das war für mich sehr hart.« Und er erzählt in epischer Breite, wie er sich nach seiner Rückkehr in die DDR Gedanken über seine guten Wintersachen und vor allem um seinen neuen Audi gemacht hat. Irgendwann fällt ihm ein, daß er noch ganz gut davongekommen ist, auch wenn er die Wohnung im Reihenhaus von Bad Breisig gegen eine Zweizimmerwohnung im Plattenbau von Eisenhüttenstadt eintauschen mußte. »Es tut mir leid«, sagt er am Ende seiner Befragung. »Irene ist die einzige, die leiden muß.«

## »Spionage macht müde und schlapp«

Das Doppelleben von Werner Wendt alias Gerhard B. funktionierte perfekt. Der gutaussehende Ingenieur mit den geschliffenen Manieren machte in der Bundesrepublik schnell Karriere und stieg zum Direktor einer Versicherungsgesellschaft auf, während er in seinem zweiten Job als Agentenführer Sachbearbeiter und Sekretärinnen auf ihre Bosse ansetzte, Forscher und

Techniker aushorchte, im Bundespatentamt Patentschriften, in Universitäten Promotionen analysierte und in internationalen Fachzeitschriften nach verheißungsvollen Veröffentlichungen suchte. »Etwa 80 Prozent der Informationen stammten aus legalen Quellen«, so erinnert sich B. an die kaum zu bewältigende Flut zugänglicher Informationen. Der KGB, der in der Bundesrepublik bevorzugt die Dienste von abkommandierten HVA-Agenten nutzte, soll nach seinen Informationen in den 80er Jahren allein 2 000 Wissenschaftler beschäftigt haben, die Arbeiten westlicher Kollegen auswerteten.

Seine Agenten hat der frühere HVA-Führungsoffizier Wendt alle unter falscher Flagge angeworben, unter anderem für den Bundesnachrichtendienst. Einer Sekretärin spiegelte er vor, Mitarbeiter eines mysteriösen NATO-Geheimdienstes zu sein. Auf seinen Rat hin bewarb sie sich bei der Europäischen Gemeinschaft in Brüssel und später in Luxemburg als Schreibkraft. Ob und was sie geliefert habe, konnte er nicht wissen, denn zum Abschöpfen kamen andere Herren angereist. Die Rolle eines Romeos will der falsche Wendt nie gespielt haben, weil er es angeblich nicht nötig hatte.

Wenn Gerhard B. den Ermittlern die Wahrheit sagte, dann hat er bis Mitte der 70er Jahre wahllos getestet, welche der Damen zum Ausplaudern neigen und welche nicht. In einer Vernehmung nach seiner Festnahme 1983 hat Wendt alias B. jedenfalls behauptet, er habe sich das alles gar nicht merken können, was ihm nacheinander mehrere Bonner Sekretärinnen im Bett über ihre Chefs und ihre Dienststellen erzählt hätten. Auch beim Bundesamt für Verfassungsschutz beklagte er später ausdrücklich das überdurchschnittliche Mitteilungsbedürfnis der Damen in der »postkoitalen Phase«, in der er sich nicht auf die von ihnen reichlich fließenden Informationen habe konzentrieren können. Von dem mit seiner Rolle im Laufe der Jahre immer unzufriedener werdenden Teilzeit-Romeo und nicht von einer Figur aus einem Roman von Mario Simmel stammt auch das schöne Zitat: »Spionage macht müde und schlapp.«

Nachdem Wendt alias B. zehn Jahre lang Sekretärinnen im Visier hatte, verliebte er sich in eine so sehr, daß er sich weigerte, sie anzuwerben. Aus Liebe zu ihr gab er zwar nicht seinen Zweitberuf auf, wohl aber das geheimdienstliche Zielobjekt Sekretärin. Auf einer »kühlen geschäftsmäßigen Ebene« will er fortan seine Aufträge aus Ostberlin in den zehn Jahren bis zu seiner Enttarnung erfüllt haben. Er heiratete, wurde Vater, schien ein lebender Beweis für alle, die an die Veränderung eines Menschen durch Liebe glauben – bis zu dem Tag, da sein Anwalt bei der Vorbereitung des Prozesses vor dem Oberlandesgericht Koblenz 1984 feststellen mußte, daß der falsche Werner Wendt bei all seinen Offenbarungseifer über 20 Jahre geheimdienstlicher Agententätigkeit einen wichtigen Teil unterschlagen hatte: Als Gerhard B. war er schon in der DDR verheiratet und Vater von zwei Kindern. Der Mann mit dem perfekten Doppelleben war auch ein fast vollkommener Bigamist.

Der Geheimdienst-Profi konnte fast 20 Jahre lang unerkannt in West-Europa seinem Gewerbe nachgehen und ist nach seiner Verurteilung zu vier Jahren Haft in seinem Privatleben mit heiler Haut davon gekommen. Nach seiner Verhaftung war zwar die Nachricht von seinem Doppelleben wie ein Lauffeuer durch die Nachbarschaft gegangen. Doch die Gemüter in dem Dorf in der Nähe von Trier müssen sich bald beruhigt haben. Aus der Familie Wendt wurde die Familie B., man wechselte das Namensschild aus und entschied sich zum Bleiben. Während B. noch in Untersuchungshaft saß und über drohende finanzielle Probleme der monatlichen Ratenzahlungen wegen für das Haus nachdachte, fanden sich Freunde und Nachbarn als Nothelfer. Solange B. in Haft saß, tilgten sie die Schulden. Als er wieder nach Hause zurückkehrte, setzte er sein Leben fort, als sei nichts geschehen. Niemand hatte sich abgewandt.

# Glossar

| | |
|---|---|
| Abschöpfen: | geheime Gewinnung von Informationen |
| Anlaufstelle: | Ort, an dem Mitteilungen und Materialien an Personen weitergeleitet werden, die sich »durch vereinbarte Erkennungszeichen und Parolen ausweisen. Ihr Einsatz dient der Erhöhung der Konspiration zwischen IM und Zentrale.«* |
| Aufklärung: | geheimdienstliche Ermittlung und Analyse |
| BfV: | Bundesamt für Verfassungsschutz |
| BND: | Bundesnachrichtendienst |
| Chiffrieren: | Verschlüsseln von Nachrichten |
| CIA: | Central Intelligence Agency, Auslandsnachrichtendienst der USA |
| Codes: | Buchstaben oder Zahlenkombinationen, die zum Verschlüsseln von Nachrichten dienen |
| Code-, Deck- oder auch Tarnname: | falscher Name für Agenten, Zielpersonen oder geheimdienstliche Vorgänge |
| Debriefen: | Berichte erstatten über Einsatz |
| Deckadresse: | Anschrift für geheime Postsendungen |
| Desinformation: | gezielte Falschinformation; in der HVA konzentrierte sich die Abteilung X ausschließlich auf Desinformation |
| Einschleusen: | getarnte Einreise eines Agenten in das Operationsgebiet |
| Ermittler: | IM, die »Informationen über operativ interessante Personen, Objekte und Sachverhalte festzustellen haben ... Sie haben sich der verschiedenen Methoden der Informationsgewinnung zu bedienen, vor allem der Befragung, der Beobachtung, des Einsatzes operativer Technik sowie der gezielten Auswertung und Analyse offizieller und halboffizieller Quellen.«* |
| Führungs-IM oder HIM – Hauptamtlicher IM: | betreut auf der Grundlage von Befehlen und Weisungen Quellen oder andere IM, »werden vorrangig IM eingesetzt, die für den tatsächlichen Beziehungspartner** geworben wurden und ideologisch fest an das MfS gebunden sind«.* |
| Führungsoffizier: | hauptamtlicher Geheimdienstmitarbeiter, der IM und Quellen betreut und koordiniert |
| HVA: | Hauptverwaltung Aufklärung; Aufklärungsdienst des MfS |

---

\* Zitate aus dem »2. Kommentar zur Richtlinie 2/79« in der BStU-Veröffentlichung, Reihe A: Dokumente
\*\* Als tatsächlicher Beziehungspartner tritt das MfS mit seiner wirklichen Identität auf und nicht unter einer Legende, z. B. als Friedenskomitee oder fremder Nachrichtendienst

| | |
|---|---|
| IM: | Inoffizieller Mitarbeiter, geheimer nebenamtlicher Mitarbeiter des MfS und der HVA |
| Instrukteur: | IM aus der DDR, der als Beauftragter der MfS-Zentrale auf der Grundlage von Befehlen und Weisungen IM im Operationsgebiet anleitet; »Instrukteure müssen in der DDR eine berufliche und gesellschaftliche Position besitzen sowie in solchen persönlichen Verhältnissen leben, die eine zeitweilige konspirative Herauslösung aus ihrer Tätigkeit und ihrem familiären Bereich ermöglichen.«* |
| KGB: | Komitet Gossudarstwennoj Besopasnosti, Komitee für Staatssicherheit der UdSSR, Geheimdienst der Sowjetunion |
| Kontaktperson: | Person, die ohne ihr Wissen Kontakt zu einem Agenten hat und deren Informationszugang von diesem genutzt wird |
| Kurier: | Bote zwischen Geheimdienstzentrale und Quelle; als Kuriere »sind besonders IM zu nutzen, die aus beruflichen oder anderen Gründen häufig Reisen zwischen Westberlin und der BRD bzw. anderen imperialistischen Ländern durchführen.«* |
| Legende: | Vorwand, um unter Täuschung über den Hintergrund der nachrichtendienstlichen Tätigkeit Kontakte zu knüpfen oder Ermittlungen anzustellen. Die Legende wird durch gefälschte Papiere untermauert. |
| MAD: | Militärischer Abschirmdienst der Bundeswehr |
| Maulwurf: | Agent, der innerhalb eines Geheimdienstes für einen gegnerischen Dienst tätig ist |
| MfS: | Ministerium für Staatssicherheit |
| MI 6: | genannt auch SIS, Secret Intelligence Service: britischer Auslandsnachrichtendienst |
| Observation: | Beschattung von Zielpersonen |
| OibE: | Offizier im besonderen Einsatz |
| Operationsgebiet: | Einsatzgebiet für nachrichtendienstliche Tätigkeit |
| operativ: | geheimdienstlich |
| Perspektiv-IM, PIM: | IM, die »aufgrund ihrer Voraussetzungen künftig eine Tätigkeit als Quelle, IM für besondere Aufgaben, Werber, Führungs-IM u.a. ausüben können und durch zielgerichtete Maßnahmen bzw. operative Kombinationen, insbesondere zur Schaffung der erforderlichen gesellschaftlichen und beruflichen Positionen, auf ihren Einsatz vorbereitet werden ...«. Sie »... müssen bereit sein und in der Lage sein, die gesamte persönliche Entwicklung, einschließlich der Berufswahl, der operativen Perspektive unterzuordnen ..., politische Auffassungen vorzutäuschen, persönliche Eigenschaften zu entwickeln, die eine Einstellung in feindlichen |

---

* Zitate aus dem »2. Kommentar zur Richtlinie 2/79« in der BStU-Veröffentlichung, Reihe A: Dokumente

| | Objekten oder den Kontakt zu Geheimnisträgern ermöglichen, ohne den feindlichen Abwehrorganen verdächtig zu erscheinen.«* |
|---|---|
| Quelle: | Person, die Material für den Geheimdienst liefert. »Die Beschaffung der Informationen kann durch direkten Zugang, durch Abschöpfung oder unter Einsatz operativ-technischer Mittel erfolgen.«* |
| Resident: | getarnter Führungsoffizier oder Leiter einer Agentengruppe, der »durch ständigen Wohnsitz, Übersiedlung oder legale Abdeckung in DDR-Institutionen«* legalisiert ist. |
| Residentur: | getarnte nachrichtendienstliche Führungsstelle außerhalb der Geheimdienstzentrale (legale Residentur: Botschaft oder Handelsmission; illegal: Agentengruppe mit Führungsoffizier) |
| Tipper: | überwiegend IM aus der BRD, der aus seinem Kollegen-, Bekannten- und Freundeskreis Hinweise auf potentielle Agenten gibt |
| Treff: | geheime Zusammenkunft von Agent und Instrukteur, Führungsoffizier oder Kurier im Operationsgebiet oder in einem Drittland |
| Tscheka: | 1917 bis 1922 politische Polizei des bolschewistischen Rußland, trug unter Felix Dscherschinski als Instrument des »Roten Terrors« zur Stabilisierung des Systems bei. Arbeitsweise galt als Vorbild für Geheimdienst des Ostblocks |
| Werber: | IM, die »planmäßig operativ interessante Personen mit dem Ziel bearbeiten, ihre operative Perspektive festzustellen und sie für eine bewußte operative Zusammenarbeit zu gewinnen ...«. Sie »... müssen aufgrund ihrer tatsächlichen oder vorgetäuschten gesellschaftlichen Stellung ... beruflich, im gesellschaftlichen Leben, in der Privatsphäre oder im Freizeitbereich den Kontakt zu Werbekandidaten schaffen und entwickeln«.* |
| Zielobjekt: | Objekt der Aufklärung wie Behörden oder militärische Einrichtungen und Unternehmen |
| Zielperson: | Person, die der Geheimdienst anwerben will oder die wegen Verdachts der Spionage beschattet werden soll |

---

* Zitate aus dem »2. Kommentar zur Richtlinie 2/79« in der BStU-Veröffentlichung, Reihe A: Dokumente

## Literaturverzeichnis

Adler, Alfred: Psychotherapie und Erziehung, Frankfurt a. M. 1983
Bauer, Werner: Der Kundschafter, Berlin 1986
Bohnsack, Günter: Die Legende stirbt, Berlin 1997
Fisch, Mascha M.: Zwischen Abenteuer und Frust – Frauen in ungewöhnlichen Berufen, Osnabrück 1984
Fricke, Karl Wilhelm: Die DDR-Staatssicherheit. Entwicklung – Strukturen – Aktionsfelder, 3. aktualisierte Auflage, Köln 1989
Fricke, Karl Wilhelm: MfS intern. Macht, Strukturen, Auflösung der DDR-Staatssicherheit, Köln 1991
Gast, Gabriele: Kundschafterin des Friedens. 17 Jahre Top-Spionin der DDR beim BND, Frankfurt a. M. 1999
Genschow, Rudolf und Wendel, Otto: Forschungsergebnisse zum Thema »Die Entwicklung operativer Prozesse zum systematischen Eindringen in bedeutende Führungsstellen – am Beispiel zentraler Vorgänge untersucht«, Juristische Hochschule des MfS, 1976
Greene, Graham: Ways of Escape, New York 1980
Günther, Heinz: Wie Spione gemacht wurden. Texte zur Zeit, Berlin 190?
Halter, Hans: Krieg der Gaukler, Göttingen 1993
Henkels, Walter: Der Kanzler hat die Stirn gerunzelt. 35 Jahre Bonner Szene, Düsseldorf 1984
Hülser, Heinz: Der unbewußte Vorgang. Der Versuch einer Gesamtbetrachtung von Bestimmungselementen und Handlungen auf der Grundlage psychologischer Erkenntnisse und praxisbezogener Analysen, Köln 1993
Koeppen, Wolfgang: Das Treibhaus, Stuttgart 1953
Kuo, Xing Hu: Wodka in Sektgläsern. Cocktail meiner liebeswürdigen Stasi-Damen, Böblingen 1993
le Carré, John: Eine kleine Stadt in Deutschland, Wien 1968
Schlomann, Friedrich-Wilhelm: Operationsgebiet Bundesrepublik. Spionage, Sabotage und Subversion, München 1986
Schlomann, Friedrich-Wilhelm: Die Maulwürfe. Noch sind sie unter uns, die Helfer der Stasi im Westen, München 1993
Wagner, Klaus: Die Sitzung ist eröffnet. Spione vor dem Oberlandesgericht Düsseldorf: Ein Richter erinnert sich, Ort? 1997
Walser, Martin: Dorle und Wolf, Frankfurt a. M. 1987
Weber, Jürgen und Piazolo, Michael (Hg.): Eine Diktatur vor Gericht. Aufarbeitung von SED-Unrecht durch die Justiz, München 1995
Wolf, Markus: Spionagechef im geheimen Krieg, München 1997
Wolf, Markus: Die Kunst der Verstellung. Dokumente, Gespräche, Interviews, Berlin 1998
Worst, Anne: Das Ende eines Geheimdienstes oder: Wie lebendig ist die Stasi?, Berlin 1991

Zitat von Seite 5: Gottfried Benn. Sämtliche Werke. Stuttgarter Ausgabe. In Verb. m. Ilse Benn hrsg. v. Gerhard Schuster. Band 1: Gedichte 1. Klett-Cotta, Stuttgart 1986

## Dokumente

»Referat des Stellv. des Ministers, des Genossen Generalleutnant Wolf, auf dem zentralen Führungsseminar vom 1.-3. März 1971«, GVS MfS 008-252/71

»Richtlinie 2/68 für die Arbeit mit Inoffiziellen Mitarbeitern im Operationsgebiet«, GVS MfS 008-1002/68

»Richtlinie Nr. 2/79 für die Arbeit mit Inoffiziellen Mitarbeitern im Operationsgebiet«, GVS MfS 008 Nr. 2/79

»2. Kommentar zur Richtlinie 2/79: Die Anforderungen an Inoffizielle Mitarbeiter der Diensteinheiten der Aufklärung des MfS. Die IM-Kategorien«, VVS-MfS 198 A 31/80

Alle Richtlinien veröffentlicht in: »Die Inoffiziellen Mitarbeiter. Richtlinien, Befehle, Direktiven«, Teil I + II, Veröffentlichung des BStU Berlin, Reihe A: Dokumente, April 1992

»Übersicht über die relevanten IM-Kategorien der HVA des ehemaligen MfS«, Auszüge aus den MfS-Richtlinien 2/68, 2/79 und 2. Kommentar zur Richtlinie 2/79 mit Kommentaren des BfV von 1992

Briefwechsel von Generalleutnant Markus Wolf, der Juristischen Hochschule Potsdam und der »Beschluß der Kommission des Wissenschaftlichen Rates der Hochschule zur Verteidigung der Forschungsergebnisse der Genossen Oberst Rudolf Genschow und Oberst Otto Wendel« über die Dissertation »Die Entwicklung operativer Prozesse zum systematischen Eindringen in bedeutende Führungsstellen – am Beispiel zentraler Vorgänge untersucht« zwischen 14. Juli 1970 und 19. Dezember 1974; BStU 000003 bis 000013